JN287500

Steve de Shazer
Words Were Originally Magic

スティーヴ・ド・シェイザー
長谷川啓三 監訳

解決志向の言語学
言葉はもともと魔法だった

りぶらりあ選書／法政大学出版局

Steve de Shazer
WORDS WERE ORIGINALLY MAGIC

© 1994 by Steve de Shazer

Japanese translation published by arrangement
with W. W. Norton & Co. Inc., New York
through Japan UNI Agency, Inc., Tokyo.

本書を

インスー・キム・バーグ

ダル（チャールズ・ダーウィン）・ド・シェイザー

ジョン・H. ウィークランド

私の大好きな三人に捧ぐ

目次

謝辞 vii

序章 viii

第Ⅰ部

第1章　「ことばのやり取りに他ならない」　3
第2章　ことばと構造，構造とことば　14
第3章　ラカンの穴と全体　30
第4章　問題の表層への到達　37
第5章　ベイトソンの「認識論」
　　　　——ブラックホールか？　51
第6章　フロイトのあやまち
　　　　——ことばは魔力を失わず　61

第Ⅱ部

第7章　プロブレム・トークと
　　　　ソリューション・トーク　83
第8章　表層の「問題」にたどり着く　119
第9章　クライアントが話す内容を
　　　　そのまま受け取ること　147
第10章　「何か良いことはありましたか？」
　　　　——初回面接以降　187
第11章　成功の物語を構成すること
　　　　——コンサルテーション面接　220
第12章　かろうじて5になるということ　263
第13章　表層
　　　　——そこに解決を求める　307

第14章　ちょっと待って，
　　　　それが奇跡なんだ！　346

第15章　エピローグ　389

引用文献　393

訳者あとがき　399

索引　403

謝　辞

　最初にインスー・キム・バーグの変わらぬ支援に感謝したい．彼女無しではこの著作は決してできなかったと思う．実際，私の著作の中の心理療法へのアプローチは彼女無しにはありえないであろう．
　共通した関心事について何年にもわたってたくさんの時間をかけて議論を尽くしたジョン・H.ウィークランドにも私は筆舌に尽くせぬ感謝をささげたい．ジョンは私が初めて出会った時から私のすべての研究に影響を与えつづけてくれた．
　次に，ゲイル・ミラーとレイ・ガーニィが手書きの初稿以来注意深く読んでくれたことと，ここで扱った多くの話題について審議を続けてくれたことに感謝したい．
　さらにまた，たくさんのワークショップや，ここ数年，私も一端を担ったセミナーで，ともに学んだすべての人々に感謝をささげたい．そこでの質問や論評無しで，この本を考えつくことすらできなかったであろう．
　残念なことに，お世話になったすべての人々に謝辞を尽くすことはできない．ただW.W.ノートン社のスーザン・B.ムンロさんの，高度で見事な編集と忠実さこそ感謝されなければならないものである．
　もちろん，何年もの間，私が話をしたり，ワンウェイミラーを通して観察した数多くのクライアントが私に教えてくれたことに，心からの感謝をささげる．

序　章

> 彼は目標にあまりにも接近しすぎて，かえって自分の視界を損なった．一つか二つの点はたぶんはっきりと見えたであろう．しかし彼のやり方では，必然的に，全体像を見失ってしまった．かように，深淵し過ぎて及ばざる事がある．真実はいつも深い井戸の中にあるとは限らない．
>
> ── C. オーギュスト・デュパン（モルグ街の殺人）

　昔々の話である．魔法の帝国の首都そして夢の都ウィーン．そこにジグムント・フロイトは住んでいた．20世紀初頭．そこでは，みかけどおりなものは何一つとしてなかったようである（Janik & Toulmin, 1973）〔以下，原語で表記した著者名・刊行年は巻末の「引用文献」と対応する──訳者〕．フロイトの仕事は，ご存知のように，悩める人々がその苦悩に満ちた人生について話すことを聞くことであった．フロイトはこれらの話がかなり奇妙で，時には謎めいて，しばしば理解が不可能であることに気づいた．それで，今度はクライアントを催眠下におき，再び彼らの人生について話すのを聞いた．しかし，トランス状態で語られた話は，より謎に満ちて神秘的なものであった．フロイトはどちらが真実で，どれが彼らの人生の真相を言っているものなのだろうかと思った．悩める人々は自分たちが見た夢の話もした．その話はより支離滅裂で意味が無いように思われた．いかに，魔法の王国に住んでいるといえども，とっぴな話やひどく異様な話が取りたてて理由も無くグロテスクであったり，風変わりなものではないのだとフロイトは知った．つまり，それは現実を隠す仮面なのである．

　そこでフロイトは彼の聞いた話を以下の三類型に分けた．(a)人々が覚醒状態にある時に話したもの，(b)トランス状態にある時の話，

そして，(c)夢か，さもなくば彼らが実際には眠っている間に起きた話に．

そして，フロイトはどれが本当に本当なのかを悩んだ．

フロイトはそんな変わった現象の深層にある法則を，見つけ出そうと考えた．これらを説明する方法は，この三種の話のさらに深く，本能あるいは動因のような，何かがあると仮定することで解けるとフロイトは考えたのである．

ひとたびフロイト流の分析を始めると，すなわちいったんその真実を発見すると，フロイトは，悩む人々の話を分類し説明することができた．そしてそれらの話の深層にある真実についてフロイトの所説を他の人々に伝え始めた．医師であったフロイトは，疾病，範疇，原因，メカニズム，精神内力動，転移，抑圧そして抵抗——すべては「なぜ」わずらわしい悩みが起こるかを説明するための道具——によって，そう彼の時代の科学的で実証的なモデルに基づき，彼の理論を立てたのである．ドン・ジャクソンが指摘するように，フロイトのスーパーエゴとマクスウェルの悪魔との間には正確な科学的（隠喩的）相似性がある（Jackson, 1967）．

そして世界は魔法にかかった．つまるところ，これがウィーン物語，つまりはフロイト派から見た患者達の話，そこには見かけどおりのものはまったく無いという不思議な話なのである．

幸いなことに，これらの身の上話をさせる方法は，時として人々がより悩みを少なくしていくのに役立った．他の医師たちがジグムント・フロイトによって開発されたプロットを使うことで，訳の分からない悩ましい話を形を変えて，再び話にできることがわかるようになった．こうして科学的，精神分析のパラダイム——つまりは「お話業」——が生まれた．

近代になって誰もが科学を信じ，上記の理論の真実を信じ込んだ．これらの訳の分からない悩ましい話は，悩みに満ちた心，苦しむ魂，

混乱した精神が作り出し，現実認識を失敗していることは，まずは疑いの無いことであった．

時とともにやがて，多くのセラピストは，科学者であろうとなかろうと，彼らにとってこれらのウィーン物語のプロットは価値のある言い換えであることに気がついた．「お話業」は全ヨーロッパばかりか海外へも広まった．

＊　＊　＊

不思議のウィーンからいろいろな意味で最も遠い都市パロアルトにはドン・ジャクソンがいた．彼は医師でかつ科学者でもあり，ジャクソンは言い換えをするための新たないくつかのプロットを開発した．ドン・ジャクソンに訳の分からない悩ましい話をする人々は，一緒に長い間住んでいる自分たちの家族についての話をした．そして，それは精神分析の範囲を超えていた．つまりフロイト派の利用できる特徴やプロットはそこにはなかった．グレゴリー・ベイトソンやジョン・ウィークランド，そしてジェイ・ヘイリーの研究グループとともに活動した医師であったジャクソンの作り替えた話は，システム論，ホメオシスタス，リダンダンシィ（冗長性），暴走，カテゴリー，コミュニケーション，関係性，対称性，非対称性，円環的因果論，メカニズム，クラスとメンバー，二重拘束，そして抵抗という，当時の科学的なモデルに基づいたものであった．

百聞は一見にしかずという事はご承知のとおりだが，当初，彼らジャクソン，ベイトソン，ウィークランドとヘイリーもまた研究者として，言い換えのプロットの原形として，細かく尋ねる当時の科学的なモデルを使ったばかりか，最も先端的で有効な技術も使った．彼らは壁に穴を開けてワンウェイミラーを設置し，テープで録音し，訳の分からない悩ましく混乱した話をする家族の映画をとった．もはやセラピストの行う言い換えの一つ一つの言葉を熱心にしがみつ

くように聞かなければならないということはなくなった．

　近代的で科学的な他のセラピストたちは，パロアルトで開発された新たなプロットを使って混乱した人々の話を作りかえることができるのに気づくようになった．こうして新しい競争相手となるお話業である新たな科学的なパラダイムは生まれた．――この新しいお話の形はアインシュタインの相対性理論を連想させる．すなわち，"x"という出来事はさまざまな観察者によって異なって見える．たとえば，父親はそれを一つの見方で，母親はそれとは異なった見方で，そして娘はさらに第三の見方でみなすように．

　恥ずかしくない程度に科学的で近代的な，違う穴が違う町の違う壁に違う医者によって空けられた．それはサルバトール・ミニューチンである．ジャクソン同様，家族が語る悩みそして不安な話を聞いて，彼は理解できなかった．その話はウィーン物語ではなかった．彼は高度にそして過度とも言える複雑なプロットを発明した．パロアルトにいたジェイ・ヘイリーはウィークランド達の短期理論にパロアルトを任せ，このライバルのお話業に参加するために東海岸に飛んだ．ジェイ・ヘイリーにはヒエラルキーというところがよりフィットしたようだ．（ジャクソンの理論とミニューチンのそれとの相違点は，物理学の理論を長い間にわたって二分したプロットである「波動理論」と「粒子理論」との相違に似ている．）

　他の科学者たちは海を超えてきたプロットで家族の話を言い換えた．イタリアの近代的で客観的でもある医師のマーラ・セルビーニ・パラッツォーリは，イタリア人家族によって語られた，どろどろとして下品ともいえるマキアヴェリ流の話を語り直して述べた．

　もちろん，古い科学が失われようとしていたわけではなく，ネイサン・アッカーマンと幾人かの頭の固い近代科学者がこれらの家族の話を，フロイト派の特徴や物語を使って，語り直した．マーレイ・ボウエンと仲間の語り部は，当然の成り行きとして，人を強く

動かす古式科学のもつ力というものに気づいた．彼らは混乱した家族の身の上話を言い換えるのに，古式科学と物語がとてつもなく力強いものであることに気づいた．その古いやり方とは，話を不可解で神秘的にこんがらからせて絡める，ウィーンジャンルを使うのだ．それは，例えば分類できない家族エゴの固まりであったり，ワルツと偽ったジルバであったりするものである．

また遠い砂漠の中から別の声が聞こえた．彼のプロットはあまりにオーソドックスなプロットとは違うため，科学者たちは，魔術師か呪術師の物語――そんな風に非科学的な物語――であると言った．ジャクソンとミニューチンの話と同様，彼すなわちミルトン・H.エリクソンの物語は精神分析を超えている．ミルトン・H.エリクソンは大いに非科学的であった．つまり，以下のものが無いのである．タイプ，範疇，原因，メカニズム，精神内力動，転移，抑圧そして抵抗――さもなくば存在からの再定義――ばかりでなく，システム論，ホメオシスタス，リダンダンシィ（冗長性），暴走，カテゴリー，コミュニケーション，関係性，対称性，非対称性，円環的因果論，メカニズム，クラスとメンバー，二重拘束，そして抵抗――というような新しい科学的な用語――もすべてない．エリクソンのプロットは変わった形をしているが，ハイゼンベルクによって語られた所説を我々に思い起こさせる．すなわち彼の「波動」説か「粒子」説かについて，観察者とその道具が決着をつけたことである．さてさてまた別のライバルのお話業が生まれた．

* * *

ストーリーセラピストの多数派は，シャーロック・ホームズスタイルの話になっていく傾向がある．シャーロック・ホームズスタイルではセラピストは――フロイトであれ，アッカーマンであれ，ジャクソンであれ，エリクソンであれ――類似の結果やパターン，論

理，観察力，真実を追究することに集中する能力，本当の手がかりと混乱させる罠との相違を見抜く能力という特別な知識が必要である．ホームズはさまざまな意味で近代科学者の原形である．彼はすべての証拠や手がかりを集め，そしてこれらを論理的に解釈し，推論によって誰もがたどり着けなかった「真実」に到達する．シャーロック・ホームズスタイルは，真実を隠してしまう非常にたくさんある罠にセラピストが引っかからずに，クライアントとともに発見した真実への手がかりに集中する場合には有効である．しかしいつもこう簡単には進まない．つまり，警部レストレイドのように行動し，まちがった罠の方を追いがちになってしまうからだ．

　最近，セラピストのスタイルで衝撃的な変化がおきた．シャーロック・ホームズの語り代えの物語は姿を消し，ドクター・フーのスタイルに置き換わったのである．ドクター・フーのスタイルでは，システミックで不思議な力によってセラピーは行われる．ドクター・フーはK-9として知られるロボット犬を含めた数人のパートナーとともに，すべての時と銀河を超えて活動する．

　腕のいい医師というものは，しばしば意図することなしにうまく問題点や解決法をみつけるものだ．しばしばドクター・フーのタイムマシンは故障し，タイミング悪く困った場所についてしまう．が，そこでドクター・フーは思いがけなくも，解決されるのが当然であるような状況を作り出す．かようにドクター・フーと彼のチームは，いさかいをし，彼らが誤解されているのと同様に多くの間違いも起こしてしまう．ドクター・フーはさまざまな問題を，論理と偶然，そして幸運によって解決する．さらに先進的なテクノロジーを使っても解決する．友，敵，機械，彼のチームがごった煮になる．しかし，いつも何とか解決してしまうのである．彼らのやり方は本質的にでたらめである．しかし結局うまくいく．彼のチームはいつもドクター・フーの後についていく．というのは彼が何もしないように

ついてゆくのである．彼の介入はいつも解決と同じくらい問題をめんどうにしてしまうからだ．

ドクター・フーのやり方では，セラピストはよいチームを必要とする．チームはランダムで予測不能な出来事に対応する特別な知識をもっている必要がある．クライアントとセラピストとチームは，ドクター・フーと彼のチームのように，生じる誤解を活用し，日々の人生で起きるいろんな出来事をも活用して，クライアントに起きる偶然の出来事を幸運に変えるのを助けるのである．

仏教徒が言うように，客観性は幻であることを思い出す必要がある．近代人であり，新しい科学者であり，客観的で実証的であらんとする前述の語りべたちは（シャーロック・ホームズが一度ドクター・ワトソンについていったように），見るには見たが，しっかりとは見ていなかったのである．彼らが見たのは混乱した家族が語る悩み，ただそれだけであった．彼らはあまりにも間近から見て，多くを見過ぎて，ワンウェイミラーをじっと見詰めている間に大事なものを見出すことにしくじったのである．彼らの科学と客観性はセラピストを網膜上の盲点に置きとどめ，セラピストと観察者を混乱した話しの語り手から切り離し，見えるべきものを見えなくしてしまう．

* * *

そんなに過去のことではないが，ウィーンとパロアルトからいろいろな意味で最も遠い場所で，私たちはワンウェイミラーを見つめ，私たちがわかったものに衝撃を感じた．最初はそれは不可思議で信じがたいものであった．きわめて驚異なる発見をしたことに驚いた．というか，目覚しいばかりの発明をしたことに驚いた．私たちの観察したことは，とても簡単で明白，かつ誰にでも理解できることであった．というのはそれは見た目どおりで，どの観察者にとっても

ずっと以前から難なく手に入るものであった．それはまた今まで近代科学の主張する客観性によって隠されたままであったものである．私たちが見出したもの．それはクライアントと話をしているセラピスト自身である．

　セラピスト，すなわち話を言い換える人，は単なるレポーターではないことがすぐに明確になった．実際のところ，言い換えをする人はその人自身が言い換える話の一部分になっていることがわかった．言い換えられるべきクライアントの話の中に既にセラピストがとり込まれていたのである．ある日，クライアントは，「彼ら（ワンウェイミラーの向こうにいるセラピストたち）はどう思っているの？」と尋ねた．私たちは，クライアントから見えないチームのメンバーも語られた話の一部に既になっていることを知ったのである．私たちは一体であって，そしてまた離れても見ることができる観察者でもあった．私たちも，ともに鏡に映っていた．こうしてまた別の新しい競争相手となるお話業が生まれたのである．

　　　　　　　　　　＊　＊　＊

　フロイト派のプロットに由来する質問はフロイト派の考え方になじむ話になってしまうのはすぐにはっきりとした．また，ジャクソン流のプロットからできた質問は，家族問題についての話になっていく．同様に今までのほかの派の質問も魔法使いのプロットに導くということだ．

　つまり，私がシャーロック・ホームズみたいにすれば科学的な方法で話を言い換えるだろう．もし私がドクター・フーみたいにすれば，システミックなやり方で同じ話を言い換えるだろう．そこではどれが真実の話かは問題ではない．それがいったい本当に本当なのかも問題ではない．ドクター・フー・スタイルの話は精神分析の範疇には無く，通常の理解を超え，まるでハイゼンベルクが波動と粒

子について結合させて言いかえ，一つの理論にしたのとよく似ている．

ドクター・フー・スタイルの語りべの話す物語はもはや近代的な意味でいう科学ではない．それは物語りの物語りである．混乱した人々が苦しみに満ちた話を，そうではないものに変えるための物語の物語りである．ここにはもはやタイプ，範疇，原因，メカニズム，力動，転移，抑圧，ホメオシスタス，リダンダンシィ（冗長性），暴走，カテゴリー，コミュニケーション，関係性，対称性と非対称性，円環的因果論，メカニズム，クラスとメンバー，二重拘束，そして抵抗といったものはない．

これらの物語は悩む個人と不幸な家族の産物というだけではない．それらは悩める人たちとセラピストと観察者の同時作業の産物である．セラピーの話は悩んでいる人の「内面」から出てくるものではなく，かつまた悩む人々の間からでもなく，さらに内面と間柄の何かでさえない，むしろすべては問題を抱えた人々とセラピストの間で起きる何かほかのプラスアルファによる．

フロイトがよく知っていたように，理解することは思ったほど簡単ではない．

第1部

CALVIN AND HOBBES copyright 1993 Watterson. Dist. by UNIVERSAL PRESS SYNDICATE. Reprinted with permission. All rights reserved.

① 「ぼく単語を動詞にするのが好きなんだ」
② 「えっ？何だって？」
③ 「つまり，名詞や形容詞を動詞のように使うのさ．例えば「アクセス（接近）」という言葉は昔は名詞として使われていたのに今は「アクセする」という動詞としても使われているでしょ．こうやって名詞が動詞になっていくんだよ」
④ 「言葉を動詞にかえていくって不思議なかんじだなぁ」
⑤ 「言葉はこうやってだんだんワケがわかんなくなっていくんだろうなぁ……」

《解説》 最近のアメリカ英語の使われ方の傾向として名詞の動詞化がおこってきている．マンガの作者 (B. Watterson) も含め多くのアメリカ人はこの傾向を憂えている．

マンガの主人公 Calvin はこの傾向（名詞・形容詞を動詞化して用いること）をカッコいいと思って使っているのだが……．

今のアメリカ英語の言葉の乱れを皮肉ってマンガ化している．

そして著者ド・シェイザーはそれをよろこんで引用している．

第1章 「ことばのやり取りに他ならない」

> ことばは傷ついた心を癒す．
> ——アイスキュロス

　私が最初にセラピーを「会話」(de Shazer, 1988) とか，または「単なるおしゃべり」(de Shazer, 1989) として表現し始めたころ，ジグムント・フロイトがすでに1915年に「精神分析入門」で以下のように述べていたことを忘れてしまっていたのだと思う．

> 　精神分析では，何か特別なことが生じるのではなく，患者が何事かを語り……医師がそれに耳を傾ける……という，単なることばのやり取りがあるだけなのだ．
> 　もともと，ことばは呪術であったのであり，今日にいたってもその力は衰えていない．人をこの上なく幸せにすることも，あるいは絶望に陥れることもできる……．ことばはこころをかきたてる．そして人が互いに影響を与えるためのものである．それゆえ心理療法では，その使い方について慎重であるべきである．もし，分析者と患者の間で交わされることばを聞く機会に恵まれるなら，それは貴重なことである．(Freud, 1915-1917, Vol. 15, p. 17, 強調は筆者)

　ことばは，もちろん言語体系の一部である．沈黙も，身振り手振りも，表情などもそうである．ことばの不思議な力を知るためには，その力を発揮するコンテクストで言語というものを考察する必要がある．言語でセラピーは行われる．そして治療者とクライアントが治療を行うのに使うものこそが言語である．ゆえに，フロイトが言

ったように治療はまるで,「ことばのやり取り」すなわち会話であるかのようにみなすことができる．だが，このように言ってしまうのはいくらか言い過ぎだ．というのは会話というものは，一緒に何かをしようとする人がいれば，それは特別なことではなく普通のことであるからだ．

「会話[(1)]」という言葉を使う時，我々はそれが自明のことのように思い込んでいる．会話をともにするために，「会話」というものが何であるかをまったく知る必要がないことは，一見単純かつ明快なことに思われている．ここで見られるように，私たちはよく使われることばの意味はよく知っているものだと決め込むので,「不注意にも──考える道具（の一つ）としてではなく，考えることの代わりとして（Weakland, 1993a, p.139）」ことばを使ってしまうことになる．

このような使い方がおそらく，"a" から "i" への母音変化を生じさせることになる〔すなわち本来 "as" なのに，使っているうちにいつのまにか "is" になっているような──訳者〕．そして本来は有用な役立つ概念であるはずのものを二つの未定義なメタファーに変換してしまう．前の章の例では，家族をシステムとして見ること（"as"）から，家族をシステムである（"is"）と言うことへの切り替えが含まれていた[(2)]．

---

(1) 少なくともワークショップやトレーニングセッションで，それは既に起こりつつある．
(2) 「である（"is"）」は以下の2つのはっきり違う使い方がある．
　　①バラは赤である（"is"）．
　　②2の倍は4である（"is"）．
後者のみ私たちは「である（"is"）」を「同じ事（equals）」の代用として使える．「家族はシステムである」と「治療は会話である」という表現では、明白に「である（"is"）」は「等しいこと」あるいは「同様なこと」という二つ目の意味で使われている．

いわく,「セラピーは会話である」. こんなふうに宣言がなされる. すると当然,「セラピーは会話と同じ事だ」と思い始める.（方程式＝セラピーが会話であるならば会話はセラピーである. すなわち意味をとりすぎて, ある名詞を他の名詞に取り替えている. これこそがまさしくメタファーである.）

　「である（"is"）」を中心に文法は形作られるために, 私たちは不注意にも, セラピーを行うことについてそれがなんであるかのすべてを知っていると勘違いしてしまう. というのはセラピーでの技術は, 会話をうまく支え続けることや対話をし続けることに関連するからなおさらなのである. そういうわけで会話自身がセラピーそのものであるかのように誤ってしまう. すなわち一緒に話をすることが,「治療的要因」ということになる. それ以前の「治療的関係」のように,「セラピーは会話である.」はセラピーというものがなんであるかを説明するかのように見えるたとえである. しかしながら,「セラピーは会話である」という言葉はあまりにもぼんやりとしてとらえどころがなく, 実のところセラピーについては何もわかっていないのである. というのも私たちは自分達が知っていると信じ込んでいる時にはあえてそれ以上, 再考しようとはしないものなのである.

　セラピーするということが会話としてみなしうるという考え方は, 実はともすると簡単に見逃してしまう必死の活動である相互作用の側面を指摘しているのである.

　加えてセラピーを（二人以上の人々による活動としての）会話としてみなすことから発展したその見解は, 患者やクライアントに治療術をいたすものなのだと誤解させるような, 伝統的で辞書的な意味としての「治療」"セラピー"（セラピーの語源はギリシャ語で看護するとか治癒するという意味）という言葉に疑問を投げかける. たとえば辞書には以下のごとくある.

治療的（セラピューティック）：治癒や癒しを施すこと，治療法，病気について発見や治療の応用に関すること．それは，病気についての処置や治療（キュアー）に関する医学の一部．

つまり治療を会話と見ることは便利な名辞矛盾であるのである．それは「セラピー」のありふれた辞書的な定義を徐々に蝕むやり方で，セラピーを「行う・こ・と・」と，セラピーという用語を「使う・こ・と・」を同時に理解させてくれる（この用語は辞書的定義をあいにく自動的に伴っているものだが）．

以前の著作（de Shazer, 1991）とこの本の叙述を通して「セラピー」という言葉を使いつづけるのは，耐え難い思いとためらいを感じさせる．十分適切な言葉ではないのだが，この言葉を私は使ってきた．というのも私が今語っていることと，クライアントと私がしていることについて語ろうとするのにまさに利用可能な唯一の言葉だからである．不幸なことに私がこの用語を使う時に「セラピー」という言葉は，私のいわんとすることよりも多くを語りすぎたり，逆にその言葉では言い表せなかったりもする．しかし，いまだに私はこれに代わりうるほかの言葉を考え付いたりそんな言葉を聞いたことはない(3)．両著とも私は以下の方法で書くべきであった．~~セラピー~~（この種の取り消し線は本当の意味ではないけれど使っていることを示す．つまりこの言葉が不適当なので，取消線をし，この言葉が必要なので読み取れるように残すのである）．~~セラピー~~はよりましであるが，取消線がずっと繰り返して使われることは，（著者であり読者である）私と（読者である）あなたが飽き飽きもするし，気を散らせることになる．しかし，「~~セラピー~~」？　これをどんな風に言ったらいいのだろうか？

(3) 第7章を見よ．

＊　＊　＊

　　　　　　　　　　　　科学を簡単に学びたいって？
　　　　　　あなた自身のことばの体系を学ぶことからはじめなさい．
　　　　　　　　　　　　　　　　　　　(Condillac, 1947, pp. 216-217)[(4)]

　どの会話もマジカルな言葉に満ちている．そして，言葉，沈黙，身振り手振りなどは言語体系の一部である．セラピーをあたかも会話のようにみなすという考え方は，セラピーについて学ぶためには私たち自身の言語を学ぶべきだという，コンディヤックの考え方と同じ事になる．実際，会話，ナラティブ，ストーリー，あるいはそのほか人間のさまざまな努力というものについて学ぶためには，自分達の使っている言語体系について学ぶ必要がある．なんといっても会話，ナラティブ，ストーリーは道具としてもコンテクストとしてもすべて言語を使っている．

　確かにコンディヤックの読者は私の読者同様，自分の使っている言語のことは知っていると信じているし，ここに執筆している私自身も確かに，そう思い込もうとしている．何といっても，私たちは言語をいつも使っている．特に話す時，相手の言っていることを聞く時，読む時，書く時などはそうである．自分自身の言語を使うということは簡単で単純なことに思える．

　さて，実験その1として，フロイトによって書かれた1914年版の記念すべき本を読んでいると想像してみよう．4ページにその本で初めて使われた「鬱（"ディプレッション"）」という単語をみつけることになる．（おそらく，実際にフロイトが書いたのは「メランコリー（"メランコリア"）」であろう．）この時，フロイトの真意を

(4) 18世紀におけるE.コンディヤックによる「科学」の定義の範囲は，もちろん20世紀後半のそれよりもずっと広い．

自信を持って正確に理解できるだろうか.「イエス」と答えたい.でも多分,間違っているだろう.

フロイトは何年もの実践を経て,何人もの仲間と時間をかけて議論をし,そのことばで彼が見たことを書こうと思いついたのである.現代の私たちは,フロイトの時代からなされてきた「鬱」についての膨大な量の文献を前提として「鬱」という言葉を読んで,自分達が見たことを理解してしまう.誰もがこの膨大な鬱の研究のいくつかを読んだことがある.しかしそれはフロイト自身は全く知ることができなかったものである.確かにフロイトと私たちの間で最小限の共有できるところはあろう.しかし,それは普通の辞書に記載されている程度のことに過ぎない.それゆえ,私たちはフロイトの真意を正確に知ることは決してできないのだ.

実験その2として,あなたと私が壁に止まったハエになって,フロイトがこの本を書いている様子を見つめているところを想像してみよう.月曜の正午に,ちょうど「鬱」という言葉を書いたその時,筆を置いた.彼はその日のその午後には,この本とは全く関係のない様々なことをして過ごした.

火曜の正午にフロイトが再び筆を執った時に,筆を置いた所――「鬱」という言葉をフロイトが読むとする.火曜の正午というこの時点で,月曜の正午に考えていた「鬱」という用語と同じものを表現しようとしたと,フロイト自身が確信を持っていえるだろうか.直感に反しているようであるが,再びこの答えは「多分間違っている」.

やはりフロイトが鬱について抑制したのか,抑圧したのか,あるいは単に何も考えていなかったのかもしれないが,筆を置いてから再び筆を執るまでの丸一日の間は,鬱を彼がどう見るかに関して何らかの影響をあたえる何かが起こっていたかもしれない.――いや起こったのだ.

その上，火曜の正午に「鬱」という言葉で表現したことが水曜日にも同じ意味であったと，その時点でフロイト自身が確信を持っていえるだろうか？　今度も答えは「多分間違っている」。というのは，その後の24時間に，直接的な出来事であれ間接的な出来事であれ，「鬱」という言葉で表現したことについて，自分自身の考え方を変えるようなどんな事が起こるかを知ることは不可能だからである。

　この試みは少しばかり単純化し過ぎたところもあるが，にもかかわらず，何かを表明することについての，この不安定さが言語機能の一部でもあるのだから。（著作家が自分の書いたものを校正する主たる理由の一つがこの事であることはおわかりいただけるであろう。）

自分自身の言語を学ぶこと

> 意味と無意味いずれも無しには言語は存在し得ない．
> (Gaita, 1991, p. 105)

　次の章で「ラング（言語体系）」をもっと詳しく考えてみることになる。以下は，言語についての4つの見方を概略したものだが，これは読者にとって，続く章がどのように構成されているかを知るための手がかりとして述べたものである。

　1．一つ目の常識的な考え方は，言語は既存の事実を表現しているゆるぎない伝達手段であるというものである．すなわち，私たちが「木」，「川」，あるいは「夫婦の問題」または「性的障害」，さもなくば「鬱」というような，その意味がわかっている用語を使う時，あらかじめその意味は決まっており，そしてずっとその

ままということである．言葉の意味ははっきりと明瞭なものであり，一つの言葉はその事物自身を指すものである．つまりは言語で揺らぎは起こらないということを示すか，そうまで言えなくとも暗示はしている．言語というものは，それ自体は変わらずに，実際に起きた様々な変化をいつも反映するだけであると考えられている．著作家や語り手は実際に起きたことの真実を認識できるかのように，また，言語を通じてその体験を表せるかのように思われている．このようにして読者や聞き手は，著作家や語り手の真意を正確に知ることができるのである．明らかにその時は常識を使っており，夫婦の問題は夫婦の問題であり，鬱は鬱である．まったく単純なことである．すべての人は自分達が言葉を使う時，それが何を意味しているのか，正確に知っている．つまり，個人の問題は夫婦の問題とはっきりと区別されるのである．

（上述したことの反証として，私たちは最近6ヵ月の追跡調査から，以下のような興味深いことを見出した．夫婦の問題については夫婦面接でうまくいくこと（81%）よりも，夫婦のどちらか一人との面接での方（86%）が，よりクライアントの問題解決に成功する．）

時と場合によっては，様々な事に，常識的な観点でも「ことたりる」．しかしながら先ほど見てもらった反証例のように，それほど単純なことではない．少なくとも，他に言語の機能について3つの違った考え方がある．

2．二つ目の見方として，欧米の伝統的な思想では，言語というものはいつも現実の何らかを反映していると見られている．たとえば「夫婦の問題」とか「鬱」ということばはそれに対応する特別な何かが現実に存在するという考えである．これはもちろん，言語は「真実」を描写することができるという考え方につながっ

ていく．そしてそれは不可避的に，欧米科学の背景にある伝統的な思想になる．もっとはっきりと言えば，言語科学や意味論は言葉の背景や深層にあるものを探求することで進めていくことができるという考えにつながっていく——このような研究法は普通「構造主義」と呼ばれる（Chomsky, 1968, 1980 ; Saussure, 1966）．構造主義は催眠療法や心理療法を考察するためにバンドラーとグリンダー（Bandler & Grinder, 1975 a, b）によっても使われた．

　常識的な見方であろうと，構造主義の観点であろうと，個人の問題と夫婦の問題は現実の世界と呼ばれている，まさしくそこに存在しているようにみなされている．そして「現実の世界」と呼ばれているところには，既に様々な相違が存在しているので，個人の問題と夫婦の問題という二つの集合の違いを私たちは理解できるのだと考える．そのため明白に解決は問題に依存するのだと更なる仮定がなされる．たとえば，夫婦の問題についての解決は夫婦関係の在り方にあり，個人の問題についての解決は個人の中にある．しかしながら，こういった見方には限界があり，解決への選択肢を制限する．このような枠組みでは，夫婦間の問題を改善するために，これを何とかしようとしている妻の方にだけセラピストが働きかけることはまったく考えられない．同様に，夫の抑鬱を直すために夫婦にともに働きかけることも考えられない．常識的な見方であろうと構造主義の観点であろうと，ともに解決の探求法を限定してしまう．

　時には，常識的な観点同様，構造主義的な観点で解決までうまくいき「ことたりる」ことがある．しかしながら，事はそれほど単純なことではない．我々は言語の機能としてさらに少なくとも二つの他の違った見方を見てみたい．

　3．第三の観点として，仏教の見方があげられる．たとえば，

仏教徒であるならば,言語というものは,私たちが現実に迫ろうとするのを妨げるものだということであろう (Coward, 1990). つまりは仏教徒にとっても現実はそこにあるのである. それゆえ, まったく自然に, 仏教徒は瞑想という考え方にいざなわれる. 瞑想は, 考えることと言語を消してしまうことのために行われる. 瞑想を通して現実に触れるのである. このコンテクストでは, 欧米の科学の背景にある思想 (構造主義の見方) はもちろん, 非論理的であるのである. 仏教的な観点では,「個人の問題」とか「夫婦の問題」とか「鬱」というような言葉や概念は,「現実」を知ることを妨げる私たちの作り出した幻想ということになる. こうして私たちは黙し, ただひたすら瞑想に身を委ねるだけとなる. しかしこれでも不足である. さらにもう一つの違った考え方がある.

4. 四番目の観点として, 普通「ポスト構造主義」[5]と呼ばれる (de Shazer, 1991 ; de Shazer & Berg, 1992 ; Harland, 1997) もう一つの見方がある. この観点では単純に, 言語こそが現実であると言っている.「鬱」,「夫婦の問題」, そして「個人の問題」は単にこれらの用語の使用者の解釈に過ぎない. これらの用語が意味することは, それゆえ恣意的で不安定なものである. なぜならば, その用語を使っているのは誰であるかということと, 誰に対する特定のコンテクストで使われているかということによって, これらの用語が何を意味するかは違ってくるからである.

この考え方は, 私たちはどのように, 自分達の使っている言語で, 世界を構築してきたのかをしっかりと探求しなければならな

---

(5) "astructural" というような用語は他にもあるだろう. しかし「ポスト構造主義」という用語に私たちは固執する. これは構造主義の後で開発されたものであることを表している.

いということを教えてくれる．また，私たちの言語が（先に言葉ありき）どのようにこの世界を構築してきたのかをしっかりと探求しなければならないということを教えてくれる．このように何を探求するためであれ，言語を研究する必要があると私は確信してきている．クライアントや治療者が使う言語の背景や深層にある物を探すことよりも，クライアントや治療者が使う言語こそが私たちが研究し続けなくてはならないすべてであると私は考える．前述の例のように，著者または話し手であろうと，読者または聞き手であろうと，他人の真意を確実に知ることができるという自信は持てないはずである．なぜならば，一人一人がそれぞれの人生で味わった独自の体験を持ち出すからである．意味することは特定のコンテクストでのやり取りを通じて成り立つのだ．つまりは，メッセージというものは送られるのではなく，ただ受け取られるだけのものなのである．これは読者にとってと同じように，著者に対してもそうなのである．すなわち，この点では著者は（先の例のフロイトのように）たくさんの読者のうちの一人に過ぎないのである．常識とは反対に，変化は言語の中で起きるのがわかる．話すこと（what）と，どのようにその事を話すか（how）ということは，差異を生み出す．そして差異がさらに差異を生む．クライアントを変化に導ける．「夫婦の問題」を「個人の問題」に，さもなくば「個人の問題」を「夫婦の問題」にリフレームするようなことは，私たちが物事についてどのように語るかということにおいても，何処に解決を見出すか（where）ということにおいても，差異を生み出せる．

第2章　ことばと構造，構造とことば

> 全くわからなかった．驚くべき習慣だ．論理能力を壊しかねない．
> ——シャーロック・ホームズ（四つの署名）

> 世界はすべて，解読を通じて構成または再構成される暗号文である．
> ——ジャック・デリダ（Derrida, 1978, p. 76）

　セラピーが二人以上の人々の会話であることは，明白ではあるが，よく見過ごされる事実である．これは単純な見解であるように思われるが，そうではない．なぜなら，言語があるからこそ話し合えるし，言語自体は非常に複雑なものだからである．数千年にわたって，哲学者，論理学者，言語学者，文法家など様々な人々が，「言語はどのように機能しているか？」という問題への解答を探しつづけてきた．そして20世紀に，「構造主義」が優勢になり，それは，合理的で，明瞭で，自明のことと思われている．

　構造という見方は，きわめて人を引き付ける魅力がある．ウンベルト・エーコ（Eco, 1992）はこの構造主義の強い衝動のような魅力を，2世紀にキリスト教で異端とされたグノーシス派の聖書の解釈に通じるものと評している．グノーシス派の真実の探求は次のような考え方に基づいていた．

　　どの言葉も隠喩であり，象徴である．それぞれの言葉は，言おうとしていることを超えた何かを言っているのだ．言葉はどれでも，一つの言葉のみで何かを示すことはできないというメッセージを含んでいる．……神の知識は深層の知識なのである（なぜなら，深層にあるが故に得がたいのであるから）．このようにして真実は言わ

れずじまいのこと，さもなくば，それとなく言われたことと同じものとされる．また真実は，聖書の言葉のうわべの意味ではなく，その深い意味を，そこに表現されたものを超えて理解されなければならないということになる．神はこう言われる……象徴的で不思議なメッセージを通じて．(p.30)

　エーコはこう続けている．「真実は神秘であり，象徴や不可思議なことについてどんな質問にも決して究極の真実は明らかにならない．ただ単に秘密をどこかに置き換えるに過ぎない．」(Eco, 1992, p.35) つまりは，さらなる背景に，より深い深層のどこかに．

　いろいろなミステリーが同じ理由でこの種の魅力を持つ．推理小説の読者なら誰もが認めるように，手がかりを繰り，背景や深層を掘り起こし，「本当に起きている」事は何であるかをわかろうとすることは，ことさら面白さがある．筆者を出し抜き読者が解決に至ることが，推理小説を読む不可欠な要素なのである．

　実際に読んでみるとホームズが小さな事実から見事な推理を描き出すところに，とても魅せられる．また，ジグムント・フロイトやジャック・ラカン，そしてフェルディナン・ド・ソシュールがホームズと似たり寄ったりのことをしているのに気づけば，同様の面白さを感ずるであろう．なぜなら（構造主義の枠組みでは）何がおきているかは，おきていることの全てではないからである．おきていることの背景や深層を探る面白さがある．ホームズが創作上の人物であっても，フロイトとラカンはホームズと多くの共通点がある．（アーサー・コナン・ドイルが〔ホームズの——訳者〕モデルとしたのは，ジョセフ・ベルというエジンバラで名声の高い診察医であった．）フロイトはシャーロック・ホームズの小説を読み，自分をホームズと比べている．「手がかりにはほとんど可能性がないにもかかわらず，私はその状況をシャーロック・ホームズのように，推察し

第2章　ことばと構造，構造とことば　　15

た.」(Freud, 1974, p.234)

　ジョナサン・カラー (Culler, 1976) は，ソシュールとフロイトそしてホームズの類似性を幾つか認めている．「どちらの場合も，原因分析を意図しているが，示されていることは原因の説明ではなく，構造的な説明であると指摘されるかもしれない．潜在的な機能や規範，そしてカテゴリーのシステムにもっともらしく関連付けることで，ある行為が重要である理由を示そうとする.」(pp.73-74) これは言うならば原因と理由の混同である．説明を捜し求めて，フロイトとラカンとソシュールとホームズが，深く深く掘り下げていくのは魅力的で興味を惹かれる．途中で投げ出した本の続きを時折読んでみると，彼らは物事の本質にいつか到達できるのかどうかと思う．魅力的な所は構造という概念そのものである．すなわち，行き着くべき核心があり，なんであれ起こっていることは説明しうるのである．しかしこれは魅力の全てではない．

　フロイトとラカンはすばらしい文章で人々を引き付ける．構造主義者ではないが，これはジャック・デリダにも共通する．興味深いことに，フロイトやラカン，デリダを読むと，ディラン・トーマス (Thomas, 1971) のような詩を読んでいるのと同じように，彼らの言葉づかいに魅せられる．彼らと比較すると，ルートヴィヒ・ヴィトゲンシュタイン（「後期の」ヴィトゲンシュタインは構造主義ではなかったが）を読むことは，日本の俳句や中国の易経を読むのにより似ている．もしくは，おみくじが入ったクッキーから出てくる不可思議な短いメッセージのようでさえある．

言語は体系を構成する

> 言語は一つの体系をなす．これは言語は完全に恣意的なものではなく，論理によってある程度規則付けられるという側面である．しかしながら，言語を変形させることに対する大衆の無能さが現れるのも，またここである．体系は熟考をとおしてのみ把握されることができる複雑な機構である．毎日それを使っている人達でさえこのことに気づかない．我々は専門家や文法家，論理学者などの介入を通じてのみ，なにがしかの変化を知ることができる．しかしながら，そのような干渉はすべて失敗に終わることを経験的に知っている．
> (Saussure, 1966, p. 73)[1]

ソシュール[2]（彼は一般的には「構造言語学」そしてしばしば新たな解釈法としての「構造主義」の祖と見なされている．）によれば，「言語記号には心理学的な本質としての二つの側面がある．」(Saussure, 1966, p. 66) このことは以下のような図となろう．

概念 ＝ シニフィエ
↕　　　↕
音標 ＝ シニフィアン

概念と音標の組み合わせは，たとえば「木」といった言葉は，記号 (sign) と呼ばれている．「なぜなら，その記号は『木』の概念を担っている．その結果として感覚的な部分としての『木』の概念がその全てを暗示するのだ．」(p. 67) ソシュールによれば，彼の「シニフィアン（意味を表現するもの）」と「シニフィエ（表現され

---

[1] 『一般言語学講義』の初版本は1922年にパリの Payot で出版された．
[2] ソシュールの研究はサンスクリットから始まり，比較言語学と地域言語学へと至り，その後この一般理論に発展した．

る意味)」という用語は,「それぞれの用語は両者の対比を示すにも,そして全体とその部分を分かつ対比を示すのにも利点」があるという.(p.67) さらに,それらの用語相互と「記号」との関係を示す所にも,また利点がある.伝統的には,音標と概念との間の関係は,確定的で昔からずっと決まっているように見られてきた.たぶん,神の律法によって.にもかかわらず,(興味深くも重要なことに)ソシュールの指摘によれば「シニフィアンとシニフィエの絆は恣意的で,……(つまり)「姉妹」という概念は,s—ö—r(フランス語においては「姉妹」のシニフィエとなるが)という連続する音とはどんな内部的関係も無い.ある概念が他の音の連鎖によって同じように表示されることは,言語の間に差異がある事や,異なる言語が存在することで証明される.(pp. 67-68, 強調は筆者)」「姉妹」のシニフィエはフランス語の "soeur" と英語の "sister" というシニフィアンを持つ. "soeur" より "sister" を好む理由はない.英語のオックス Ochs とフランス語のブフ boef とビーフ beef もまた同様優劣はないのである.

シニフィアンとシニフィエの関係が恣意的で根拠がないにもかかわらず,ソシュールの見解では,「シニフィアンが象徴する概念『シニフィエ』に関して,シニフィアンは自由に選ばれているかに見えるが,それを使う言語共同体の中では,他に代える事はできず固定的で,自由ではない.(p. 71, 強調は筆者)」「なぜならば記号は恣意的なもので,伝統以外の規則には拘束されない.また伝統に基づいているが故に恣意的である.(p. 74)」そして重要なことに,「言語はこの社会的事実の外には存在しないということである.(p. 77)」

```
           ┌─  シニフィエ  ←┐
   恣意性                    固定化
           └→ シニフィアン ─┘
```

すなわち，どの言葉（シニフィアン）も恣意的にその意味（シニフィエ）に関連づけられている．しかしその意味は伝統で固定化されているのだ．さらに，ソシュールにとっては「言語においては明確な根拠無しで，相違のみが存在する（Saussure, 1966, p. 120）」ので，どの言葉（シニフィアン）も他のすべての言葉と区別され，どの概念あるいは意味（シニフィエ）も他のすべての概念と区別されるのが言語体系なのである．

> より良きは夢を見ることにあらず，夢を解くことなり．
> ——韓国の古いことわざ

　ソシュールの構造主義と同時代のジグムント・フロイトの業績との関係を理解するのはたやすい．以下のように図示できよう．

$$
\begin{array}{ccc}
\text{シニフィエ} & = & \text{無意識} \\
\updownarrow & & \updownarrow \\
\text{シニフィアン} & = & \text{意識}
\end{array}
$$

　つまりはソシュールにとってもフロイトにとっても，意味とは必ずしもわかりやすくもなく，明白でもない．そのためこれを明らかにするには深層構造（概念，シニフィエ，無意識）を探求しなければならないものなのである．
フロイト（Freud, 1912）によれば，

(3) ソシュールがフロイトの研究を知っていたかとか，フロイトがソシュールの研究を知っていたかを仮定するのは意味が無い．「たとえ……ソシュールの息子レイモンドがフロイトの門下生として精神分析医になったとしても，また，フロイトがソシュールの研究を知っていたとしても，いまだにソシューリアンの記号学はせいぜいフロイトがその理論を体系化した時に使わなかった直接関連のない知識である．」(Grosz, 1990, p. 93)

我々が精神活動を行おうとすれば，必ず無意識の段階は避けられない．どんな精神活動もまずは無意識的なものとして始まる．そしてそれは心理的な抵抗に出会うかどうかによって，無意識のままであるか意識的なものになるかのどちらかである．……仮に無意識的(4)な活動と意識的な活動との関係をよくある写真の世界に置き換えるならば，荒っぽいが，それほど外れてはいないだろう．先ず初めは「ネガ」である．どの写真も初めは，ネガ段階を経る．その中で，出来がよかったネガだけが写真という最終段階へと行き着くことができるのである．(p. 264, 強調は筆者)

　精神分析というものは以下のことによって成り立っている．(1)「夢の解釈．それは今日までなされた『精神分析』という始まったばかりの科学の最も優れた業績である (Freud, 1912, p. 265)」．もっと精密に言えば，夢の報告についての解釈．加えて (2)症状を含め，意識下で生み出された様々なものを解釈すること．

　　解釈：1．その意味について説明すること．翻訳することによってわかるようにすること．はっきりさせること．2．意味をその人なりに理解したりその理解を伝えること．……の意にとること．例) 彼は沈黙を屈辱として解釈した．3．意味するところを明らかにすること．特にその人自身が理解に基づいて芸術作品を演奏したり批評したり創作したりすること．

意識を，フロイトは以下のように述べた．(Freud, 1938)

---

(4) ここでの言葉の使い方には興味深いものがある．なぜ翻訳者は「仮に」という言葉を選んだのだろう．フロイトの文章の何がそんな弱い表現をさせたのだろう．

意識は精神というものの本質であるはずがない．精神というもの													のただ一つの質的な側面に過ぎない．しかも不安定で——存在すらも怪しい側面である．精神は，その性質がなんであれ，それ自身無意識の中にあるものである．そして精神は多分，我々が知識を得てきた他のすべての自然な過程と本質的に似ている．（p. 283）

　それゆえフロイトは（Freud, 1938）「我々の心理学における科学的な業績は，無意識の過程にあるものを意識の支配下で解釈することにある．意識的な知覚の中でその隙間を埋めるのだ．」（p. 286）という．この事は，ドイツ語がフランス語に翻訳できるのと全く同様に，あるいは少なくとも暗号を解読できるというのと同様に，一方が他方に翻訳できるほど，無意識と意識の関係は，充分に確定的なものとして見なされるということでもある．

　哲学者であるルートヴィヒ・ヴィトゲンシュタイン（Wittgenstein, 1972）は，フロイトよりもやや若いものの，同時代を生きた（ヴィトゲンシュタインもまたウィーン出身である）．1943年に彼は「フロイトとの対話」の中で，夢と解釈について以下のようなことを書き残している．

　　夢のイメージのなかには言語記号にどこかそっくりなものがあるように思われる．紙の上か砂の上の一連のしみに何か意味があるように，そこにはアルファベットのような，ありふれた記号のように見えるものは一つもないだろう．しかし，それらは何かを意味する言語であるにちがいないという印象を強く受ける．モスクワには五つの尖塔を持つ寺院がある．それらはいずれもが異なった種類の曲線的な輪郭を持つ．これらの異なった形と配置は何か意味があるに違いないと人は強い印象を持つ．

　そして夢が解釈された時，もう悩んでいなくてよくなったと我々

第2章　ことばと構造，構造とことば　　21

はいうであろう．(p. 45)

　フロイトが解釈を重要視していることで，ヴィトゲンシュタインは19世紀の力学の考え方に影響を受けたフロイトを，以下のようだと考えるようになった．

　　フロイトは夢見ることは何であるかを明らかにする何らかの説明を見つけようとしていた．フロイトは夢の本質を発見したがっていた．自分が少しでも信じることができないことは，どんなものでも否定した．もし少しでも自分が間違っていたら，フロイトにとってはすべてが間違っていることであった．――つまりフロイトは夢の本質を本当には発見してはいなかったのだ．(Wittgenstein, 1972, p. 48)

　さらに，フランスの哲学家であるジャック・デリダ (Derrida, 1988) はこの解釈の強調を (フロイトも認めているように)「無理強い」であると見た．

　　彼 [フロイト] は，自分が迷信深い男と共通する点は，解釈することを「無理強い」(Zwang) するという傾向のみであるとまで認めている．つまりは「偶然を偶然としてみなすのではなく，それを解釈する」点で．解釈学的強制——すなわちそれは迷信と「伝統的な」精神分析に共通してあることである．フロイトはそれをはっきりと言う．フロイトは迷信深い男と同じ様に偶然を信じない．これは，もし偶然の存在を信じることについて，偶然にはすべて何らかの意味があると信じ，それゆえ偶然は存在しないと解釈するならば，フロイトも迷信家も，偶然の存在を信じているということを意味する．こうして偶然で無いということと偶然を同一視し，不運と幸運

とを同一視する．(p. 22)

　ジョセフ・ジャストロウは，1932年のフロイトの研究の特徴を指摘している．そこでは構造的なアプローチの問題点と魅力の双方について，多くの事を語っている．「失敗するのが人間である．このような自明のことに関して，謎に満ちた原因を言い当てようとするのがフロイト派であるように見える．」(Jastrow, 1948, p. 154)

マジック

　最近のセラピーの流れでは，バンドラーとグリンダー (Bandler and Grinder, 1975a, 1975b) が明らかにこの構造主義の伝統を完全に受け継いでいる．その伝統は，ソシュールとフロイトからいろいろな中間的なステップを経て発展してきたものである．その関係は次のように図示できる．

$$
\begin{array}{ccc}
\text{シニフィエ} = & \text{無意識} = & \text{深層構造} \\
\updownarrow & \updownarrow & \updownarrow \\
\text{シニフィアン} = & \text{意識} = & \text{表層構造}
\end{array}
$$

　バンドラーとグリンダーによれば，クライアントが言った事（これを「表層構造」と呼ぶ）は必ずしもクライアントの真意とは違う．少なくともクライアントが言おうとしたことの全てではない．なぜなら，「表層構造とは，その根源を深層構造にもち，その意味を最も良く言い表しうるものも深層構造である」からである (Bandler & Glinder, 1975a, p. 44)．つまりは，クライアントの真意を知るために，言い換えると，表層構造で失われている部分を埋めるためにセラピストは「解釈するか推測するかを選ぶ」だろう．(p. 42, 強

調は筆者）

> 治療の効果というものは，言葉の削除が起こったという事実をはっきりさせクライアントの「抑圧された」あるいは失われた部分を回復する能力と関連している．表層構造から失われた部分こそがその素材である．(p. 43)

こういった解釈は，表層構造から失われ，深層構造に潜み，そのため隠されたままになっている真実を探る行為と考えられる．クライアントが言った意味は深層構造を探求することで正確に決める事ができるという．このようにバンドラーとグリンダーはソシュールとフロイトの両方に大変類似した閉じられた構造的な体系を述べている．

しかしながら，バンドラーとグリンダーによれば，(Bundler & Glinder, 1975b)「表層構造で重要な意味を見つけるには，……実際に述べられた表層構造から得られる深層構造の意味すること の外側から，情報が得られるべきである．」ともいう．(p. 152, 強調は筆者)これを図示すると以下のようになる．

深層構造［内面］　↔　［　？　外側　？　］
　　↕
表層構造

彼らは以下のような例を挙げている．

表層構造　↔「何かが与えられた」
　　↕
深層構造　↔「誰かが何かを誰かに与えた」

「誰かとか何かと言う言葉には，指示指標が無い．誰が何を誰に与えたのかは，深層構造でも知ることはできない．それではどのようにその意味を明確にできるのか？」(p. 153) 彼らの答えは「指示指標（名詞句）を含む新たな深層構造が，きっとどこからか現れるにちがいない……」(p. 155) しかしそれはどこなのか？ この「新たな深層構造」という考え方自体が，意味は確定的で決定できるべきであるという構造主義者自身の論理に矛盾する．

表層構造の根源である深層構造が完全であるのならば，どうして失われるものがあるのか？ 既に完全であるものの失われた部分を満たすために到達すべき，この「外側」とはどこなのか．オリジナルな表層構造／深層構造の理論にたてば，深層構造の「内面」の「外側」こそが求むべき所であるが，それはまた元の表層構造自体なのである．

　　　　　　　［外側　？］より深い深層構造
　　　　　　　　　　　　　　↕
［内面］深層構造 ↔ ［外側　？］深層構造
　　　　　　　　　　　　　　↕
　　　　　　　表層構造　［外側　？］

このような「内面」と「外側」という対立概念は，決して単純な「対立関係ではなく階層関係なのである．」(Derrida, 1982, p. 329) 完全な深層構造と，この完全さに欠けるものを埋め合わせるために使われる，もう一つの新たな「外側」の深層構造とは，いったいいかなる構造的な関係であるのか？ あるいは，完全な深層構造と，原深層構造の内面で欠けていたものを埋め合わせるために使われる「外側」にあるというより深い新深層構造とは，いったいいかなる構造的な関係であるのか？

構造上厳密に閉鎖された体系の立場では，完全な原深層構造内部に欠落するものを探すべき「外側」として考えられるところは原表層構造しかありえない．

　しかしながら，（構造主義の論理において）この原表層構造は既に見てきたように欠陥がある．こうしたことから，表層構造の穴はそもそも深層構造の概念につながるものなのである．「内面」と「外側」の階層を「外側」と「内面」に逆転させることが，この難問を扱っていく一つのやり方ではある．

> 階層的な対立はその向きを変えると，あると思われていた語句がその欠点を曝け出し，その対として定義されていた語句も同様に欠点を露呈する．これは新たな階層を確立するためではなく，古い階層を混乱させ打倒するためである．問題となっているのは支配関係ではなく二項間の双方向関係である．
> (Nye, 1988, p. 87)

　構造的に意味を決定しようとする場合，「深層構造と形式上匹敵するものを生み出す」ように，深層構造が欠けている時には何かをする必要がある．(Bandler & Grinder, 1975b, p. 155) しかし，そこから「外側」にある深層構造に形式上匹敵するものを生成することができるような表層構造に相当するものはない．唯一可能な選択は推測することである．(Bandler & Grinder, 1975b, p. 155) このことから，彼らが「解釈」(interpretation) と「推測」(guess)[5] を同一視していることが明らかになる．

　推測：推量［臆測］すること，確たる方法や知識無しに何事かの評価や推定をすること，ランダムに判断すること．

(5) ジャストロウは次のように述べている．「夢からそれが作られた過程を推測し，原始的な父権と夢とのつながりの系図をなぞり，夢を解明することは，フロイトによって幕を切って落とされた芸術の一部である．」(1948, p. 47)

（シャーロック・ホームズであれば，少なくとも，以下の言葉についてはそれぞれを区別するだろう．「推測」(guess)，「解釈」(interpretation)，「推理」(deduction)，データに基づく「判断」(drawing an inference based on data) を）．

一旦，深層構造が何らかの失われた部分を持つことが明らかになると，この「内面」と「外側」の関係が，恣意的で，不確定だと分かる．

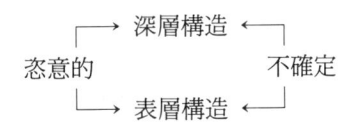

```
         ┌─→ 深層構造 ←─┐
   恣意的                  不確定
         └─→ 表層構造 ←─┘
```

テキスト中心の読解[6]

さて，このようにテキストそのものに焦点を当てて，バンドラーとグリンダーを読解するというやり方は，「価値の階層について厳密な分析を必要とし，その後，この価値によってプログラムされた論理に当てはまらない"概念"の精緻化をする」(Bass, 1988, p. 75) という作業と同じということになる．同時にこのやり方は「うのみにすることではないが，テキストの文字に常に集中する」(Norris, 1989, p.165) ということにもなる．こうして結果的に深層

---

[6] 「テキスト中心の読み（Text-focused Reading）」は普通「脱構築」と呼ばれている．これはフランスの哲学家であるジャック・デリダによる造語である．しかしながら，この「脱構築」という言葉は，かなり誤用されることが多く混乱を招いている．セラピーを論じる中で「構築主義」という言葉が使われているため，ここでの「脱構築」という言葉の使用は，より混乱を招く事になる．「脱構築」と「構築主義」は異なった流れに由来する別の用語である．それらが一緒に使われるのは，物事を混乱させるだけである．──という事をかつて自分のかつての経験から学んだ．(de Shazer, 1988, 1991)

第 2 章 ことばと構造，構造とことば

構造と表層構造の概念はむしばまれ,「解釈」と「推測」の区別がはっきりしなくなることが明白になる．どんな解釈（推測）も決め手とはなり得ないのである．というのは，この解釈（推測）の背景に隠れた何かがまだあるかもしれないということになるからだ．是が非でも深層や背景を見ようとしたり，それを理解し説明しようとしたり，そして隠された秘密を明かそうとすることは，無限の繰り返しとなる．なぜならもっと深くまで（推測し）掘り進める必要や可能性が，もうこれ以上無いと確信することは決してできないからである．

　構造主義についてこのように見てきた結論としては，深層構造と表層構造との関係については確かな事は何も言えないということである．というのは，表層構造を最もよく言い表す深層構造は，結局，不完全であることが明らかになったからである．

　繰り返せば，構造主義的な論理における分析の単位は，(a)深層構造，(b)表層構造，(c)この二つの関係ということになる．表層構造には失われた部分がある．この失われた部分は，表層構造を最もよく言い表す深層構造に見出せる．しかしながら，完全であるはずの深層構造に失われた部分がありえることが露見した！　その深層構造で失われた部分は深層構造と形式的に匹敵するものに見出されるため，それは表層構造のひとつということになる．

　たとえどこを探そうとも，失われた部分を見つけられるかどうかは決して分からない．つまりは構造のど真ん中に，決して塞がることのない穴がある．ちょうどフロイトへのデリダの批判のように，私たちは構造主義的な構想のまさにその構造の中で，不確実性と確実性，解釈と推測，運と不運を同一視している．

　構造的な階層は失われた．シニフィアンあるいは表層構造は他のシニフィアンにただ至るのみである．どれが本当に全く別のシニフィアンであるのかを深層構造あるいはシニフィエをよく調べること

で，遠まわしに探るべきかもしれないが．

> これは，言語の核心の本質的な欠如を示している．本質的な欠如とは確定性を持たないこと，つまりどの言葉も決まった意味がないという事である．どの言葉も必ずどうにでもなる．シニフィアンがシニフィエにスライドしていくのを一時的にせよ抑えられるのは，特定のコンテクストの中だけである．……すべての言語は言語全体に対して相対的にしか理解できない．(Grosz, 1990, p. 96)

構造主義の根底にあるこの穴は，フランスの精神分析家のジャック・ラカンによって1953年（Lacan, 1981）に指摘されている．

* * *

当然のことだが，手品師は自分のトリックを説明してはいけないと教えられている．つまり説明したら手品ではなくなるからである．バンドラーとグリンダーの構造主義の手品（magic）というか，手品のような構造主義は実際うまく行き過ぎた．構造は消え去り，私たちの前に残ったのはフロイトの不思議な言葉（magical words）だけだった．

第3章 ラカンの穴と全体

> 言語システムには根本的な欠陥，穴があるとラカンが主張するのは，
> 　　　　　言語の循環性と自律性のためである．
> しかし，この穴にこそ意味が込められるのではないだろうか．
> 　　　　——アンソニー・ワイルデン（Wilden, 1981, p. 217）

> 起こりうること（起こりうるリスク）が必ず起こりうること，
> あるいは，必然的な可能性だとしたらどうなるだろうか．
> もしこのような可能性があるとしたら，それでもまだ，
> 　　　　　これは偶然だと言えるのだろうか．
> 　　　　——ジャック・デリダ（Derrida, 1982, p. 324）

　構造主義には論理的に閉ざされたシステムが不可欠なため，その根底に穴，欠点が見つかれば，構造主義全体を揺るがすことになるだろう．構造主義者には，部分的には正しくても全体的にはそうでもない，ということがあってはならない．なぜなら，構造主義者の論理からすれば，部分的な間違いは構造主義の不完全性を意味し，言語の本質を全く理解していないということになるからである．しかし，ワイルデンの言う構造主義にある穴，デリダが偶然というよりは必然的な可能性と考える穴に込められる意味は，一体どこから来るのだろうか．そして，この穴に込められた意味はどこへ行くのだろうか．仮に意味が穴の中に納まっていれば，結局穴自体が底になり，構造主義者も救われるだろう．しかし，もし穴に込められた意味が消失すれば，この穴は底無しだということになる．

　ラカンはこの穴を塞ぐのに尽力したので，デリダが「本質的な」穴と考えるものに対して，私は括弧付きの "w" を付足し，"Lacan's [w] hole" という表題をつけることにする．これは，穴 (hole) が構造主義の根本的な欠点 (lack) でありながら，また意味付けにつ

いての全体像を提示する，完全な（whole）話にもなることを示そうとしたのだ．また，[w] hole という表現は，whole と hole は幾つかの点では正反対であるにもかかわらず，全く同じ発音であるという懸詞になった．

ラカンが主張する構造主義の欠陥のために，深層構造・シニフィエと，表層構造・シニフィアンとの一致が不確かになってしまった．そうなるとどのようにして意味は確定されるのだろうか．フロイトが提唱する「隔たりを埋める」行為を私たちはどのようにするのだろうか．また，意味が一つに決まらず不確かなときに，私たちはそれが何を意味するのか分かると断言できるのだろうか．「自由連想などは疑わしいものである．なぜなら，フロイトはいつ連想を止めるべきか，何が正しい解決なのかを，私たちがどのようにして判断するのかについては一切示していないからである．」(Wittgenstein, 1972, p. 42) 際限なく繰り返される推測や解釈以外に有用な手段はないのだろうか．

ことばは物事の殺人者である[1]

どんな単語であれ，その意味は言語に依存している．各々の単語や概念は，他の単語あるいは概念と異なっている．単語は必ず他の単語に依存しているのである．

メルロ=ポンティはこのラカンの見解について次のような疑問を投じている．(1951)「たとえ言語が何かを意味するとしても，それは各々の記号がその語義を伝えているのではない．記号を一つ一つよく考えてみると，すべての記号が永久に不確かなある一つの語義を暗示しているからだ．」(Wilden, 1981, p. 217 から引用) 彼はラカン

---

(1) ジャック・ラカンより．(Miller, 1991, p. 30)

の欠点をずばり指摘している．

　記号（シニフィアン＋シニフィエ）を定義する場合，シニフィエ・深層構造がシニフィアン・表層構造を規定するといったように，一つに定義しなければならない．しかし，深層構造・シニフィエが不確かだと証明された今，シニフィエとシニフィアンだけで記号を定義することはできない．

　シニフィアンが，意味を与えるべきシニフィエに依存することはできないし，シニフィアンはシニフィエの表象として機能していない．また，ジャック・アラン・ミラー（Miller, 1991）が言うように，

> 　一つのシニフィアンだけを定義することは無理だ．必ず二つのシニフィアンを定義することになる．だから，記号の最小は一つであるのに対して，シニフィアンは二つ．これが両者の違いなのである．記号は意味をその参照事項から受けるのに対して，シニフィアンはまた別のシニフィアンから受け取ることになる．結果的に後者のまた別のシニフィアンは二つの，最小限のシニフィアンを必要とすることになる．シニフィアンの最小については，このようなものとしてラカンも述べているし，それほど簡単なことなのだ．(p. 31)

　ある単語が他の単語から意味を受け取るならば，その二つ目の単語は，最初の単語と，もう一つ別の三つ目の単語の両方から意味を受け取ることになる．この意味の規定方法は果てしない鎖をたどるようなものだ．いったいどのようにして，もう十分にこの鎖をたどったのか（あるいはたどりすぎたのか）ということを判断するのだろうか．エリザベス・グロス（Grosz, 1990）によると，「この語義を確定する『ぼんやりとした意味をたどる行為』は，症状や夢，無意識の表出の作用によって終わる」（pp. 95-96）というのが，ラカンの意見なのである．

　　　　　　　　　　＊　＊　＊

　ラカンにとって，「象徴主義の活動において，そして殆ど認識されていないが，意味付けの鎖を形成する隠喩や換喩には，表象あるいは存在するその物事自体を象徴する一つの支配的なシニフィアン，対象（主体）を存在足らしめるシニフィアンが必ず存在する．この支配的なシニフィアン，男根が欲求の象徴となるのである．」(Nye, 1988, p.139) こうして，ラカンが考える穴を底無しにさせないために言語の根底にある穴を塞ぎたいという欲求が起こる．「ラカンには男根の代用などは問題外だ．なぜならこれらの象徴化なしでは，言語も，それゆえ人間の生活も存在しえないからだ．」(Nye, 1988, p.140)．ヘンリー・サリバン（Sullivan, 1991）の言葉を借りると，「欠陥の存在を示す欲求（そこから表象や意味が創造されるわけだが）に関するラカンの理論を参照せずには，人間の言語や心を説明できないのである」(p.37)．ラカンはこの欠陥，穴を「普遍的あるいは超越的なシニフィアン」，「男根のシニフィアン」で塞ぎたかったのである．ラカンにとって，

　　男根のシニフィアンはシニフィエを持たない．これは結果的に差異を学習したことを象徴するだけである．言語の本質とは，意味としての言葉を，意味を理解するための言葉と区別する．すなわち，意味は常に他の意味を，欠けている部分を指示しているのだ．(Ragland-Sullivan, 1991a, p.55)

　しかし，デリダ（Derrida, 1978）によると，言語体系の構造主義的見解は，

　　もはや意味をなさない．なぜなら，言葉と限定された言葉を総体

化することは不可能だからだ．言語の領域はゲームのような果てしない代替行為の領域なのである．それは代替行為を停止させることがない．またその基礎となる中心を欠如している．(p. 289)

構造主義者の見地からしてみれば，デリダの意見は，我慢のならないものであり，悪く言えば，全くのナンセンスである．

* * *

グロス（Grosz, 1990）は次のように考えている．「ラカンの著作における三つの重要な領域——主観性とセクシュアリティ，そして言語の連動した領域——は多くのフランスのフェミニストが関心を持つ領域である．ラカンの著作のおかげで，フェミニスト理論は，たいてい形而上学的で男性的とされてきた主観性の観念——ヒューマニズム——に束縛されなくなった．ラカンは家父長制社会の常識とは異なった観点から主観性を理解する可能性を示したのである．」(pp. 148-149)

しかしながら，フランスや他国のフェミニストがラカンの思想に共鳴していたのかは疑わしい．なぜなら

> ラカンは，原初的，超越的なシニフィアンと関連づけて，全体を象徴する秩序と意味を決定させている．彼はこのシニフィアンを男根，つまり性的相違のシニフィアンと呼び，象徴的秩序の家父長的構造を確固たるものにしている．男根は，欲求の満足，精神分析理論の原初的な力の根源の支配を通じて，象徴の秩序における権力と支配を表すのである．(Weedon, 1987, p. 53)

女性にとってラカンの思想はフロイトのそれと殆ど同じものであり，女性は相変わらず不利な立場におかれているのだ．実際，「ラ

カンによるフロイトの解釈は，女性の不利な状況をさらに確実なものにしている」(Nye, 1988, p. 140) ようだ．

すなわち，ラカンは自身の穴（全体）をただの穴，構造上の欠陥と捉えているのだ．「男根」によって塞がれる穴は，意味付けや解釈行為のための必然というより，むしろ偶然として扱われている．しかし，「男根」や「欲求」は，他の単語や概念と同様に，条件としての言語体系を持ち合わせている．「一旦，単純な男根の論理の存在／不在ということが問題でなくなれば，女性性はそれ自体価値のあるものとなり，イリガライが述べているように，両性が評価される，見せかけではない真の性の相違が生まれるだろう．」(Nye, 1988, p. 151) デリダ (Derrida, 1982) はこれを次のように言い換えている．

> この一般的な可能性は言語が陥る失敗や罠となるのだろうか．言語が消失してしまう，外側あるいは前部にある奈落の底のようなものなのだろうか．（ラカンの穴とは）溝，あるいは外側にある地獄のように言語を囲んでいるのだろうか．それとも，この危機は，実は言語体系内部にある肯定的な条件なのだろうか．外側にあるのか，内側か．活力か創生原理なのか．(p. 325)

結局ラカンの穴（全体）は，シニフィアンの卓越，意味が言葉より優れているという考え方を否定する．しかしだからといって，シニフィエが優位にあるというわけでもない．これはそんなに簡単な問題ではないのだ．しかし，デリダは「ラカンは，まさにこの誤りを犯してしまったと思う．ラカンにとってシニフィアンは，欲求の

---

(2) L.イリガライ (Luce Irigaray, 1985)「他者のスペキュラム」(G.ジル訳). イタカ：コーネル大学出版局.

構造を通じて，対象と無意識をつなげる象徴である．」(Spivak, 1976, p. 64) デリダにとって，「シニフィアンとシニフィエは交換可能である．一方は他方の別の部分である．記号の概念自体はわかりやすい，しかし消えやすく，避けることのできない道具にしかすぎない．」(Spivak, 1976, p. 65) つまり，誤解は言語を使う者同士の間に起こる偶然ではない．むしろ，どんなに不安定であろうとも，最初に意味付けや解釈を可能にするのは誤解だと言ってもよい．

どんな言語であれ，意味論の基礎を形成する構成要素は対概念になるようである(3)．男性／女性，生物／無生物，動物／人間，内側／外側，といったように．従って，男根／男根でないもの，欲求／欲求でないもの，も意味付けの構成要素となる．「真実／虚偽，覆われたもの／覆われていないもの，隠蔽されたもの／暴露されたもの，これらすべてが，どちらか一方が他方に対する優先性を明らかにすることで意味付けの働きをする．」(Nye, 1989, p. 189) また，「概念の対立は対等な二つの言葉が対立しているというわけではない．序列性であり，従属の順位性なのだ．」(Derrida, 1982, p. 329) 私たちはこれまでこの階層的な秩序の限界を見てきた．深層構造の「内側」は必ずしも排除すべき「外側」を伴っているわけではない．こうして，概念の秩序，構造主義は確実にナンセンスとなるのである．ラカンの欠陥は回避すべき失敗ではなく，むしろ「出現の力と法則」なのである．(Derrida, 1982, p. 325)

---

(3) 例えばC.ファーガソンとE.モラビスク（編）(Ferguson & Maravisk, 1978)「言語の諸世界」スタンフォード大学出版局．

第4章　問題の表層への到達

> 中国では，多すぎる財産を持つよりはほとんど持たない方が良く，
> 物事に手を加えすぎるよりは何もしないでおくほうが良いと言う．
> そうすれば，それほど遠くへ進まなくとも，
> 正しい方向には向かっているからである．
> ——フリトフ・カプラ（Capra, 1977, p. 95）

　セラピーに関心を向けるようになったころ，私は既にまとめられたセラピーの本質，「科学的」「構造主義的」な仮説を探ろうとした．私はエリクソンに関する著作（Haley, 1967）を繰り返し読みながら進めた．その頃（60年代後半から70年代初期にかけて）の私の構造主義者的見地からすれば，その「本質」はまず臨床活動の中に見出されるし，またエリクソン自身の記述に盛り込まれていると考えた．このような状況下では「本質」を見つけ出し，正確に解釈するのは読者の仕事となる．（私がそのように見ていた）この探求は，エリクソンが築いた彼独自のアプローチの基礎となる理論を探し出すことなのである．もちろん，当然のことながらエリクソンの多くの論文を読み始めると，それは大変困難なことであることに誰しも気づくだろう．

　このようなことを始めていくと，問題が複雑になればなるほど，それに関連する意味も難解になってくる．単純な話構造は大変精密な構造へまとめあげられる．すると今度は解釈がより深遠なものになってくる訳である．そして理論を「基礎づける」ということにな

---

(1) この章の記述は，催眠と心理療法へのエリクソニアンアプローチに関する1992年第5回世界大会で発表の論文に基づいている．

る．このような分野では，一方で複雑なものを単純なものにしたいという衝動にかられるものだが，また一方では単純なことよりは複雑なことこそが高く評価されるものだ．この点ではエリクソンの著作は明解で古典的であり，私には金の鉱脈とも言えるものであった（この点については，バンドラー，グリンダー，ヘイリーの著作も参照のこと）．私はこれらの仮説が，文学の世界に当てはまるとは思っていなかったが，「科学的で客観的な」世界には通用すると信じていた．常識的な意味で「科学的な」視点でエリクソンの論文を読むなら，文学批評用語を借りれば，彼の論文は「言葉のイコン」，かもしくは真実のつまった箱つまり基礎的理論，のどちらかであろう．

クライアントと（というよりも，クライアントからと言った方が当たっているかもしれないが）ブリーフセラピーを学び始めたころ，私はミルトン・エリクソンの著作，特にエリクソンとジェイ・ヘイリーの，臨床場面へのこのユニークなアプローチについての描写に魅了された．そのアプローチは標準的な心理療法とは明らかに違っていた．これは疑う余地がない．各々のケースは実にユニークで，統一的なテーマや理論はないように思われた．つまり，本質は見出せなかったのである．これらの論文は，まるでシャーマンや魔術師の行為についてのリポートのようだった．ヘイリーが記すように，「エリクソンの治療技術を検証する時に問題となるのは，その技術を描写するのにふさわしい理論的枠組みがないということである．実際に彼が患者に対して何を行っているかを検証するのに，伝統的な見解は当てはまらない．」(Haley, 1967, p. 532, 強調は筆者) おそらく私は，ヘイリーがどんな理論も適用できないと暗示しているのだろうと誤読していたのだ．

当時，私は有効な理論はないというヘイリーに同意するかたわら，エリクソンが理論を持たないということには納得がいかなかった．

なぜならエリクソンが「私は自分がしていることを知っている．しかしどのようにやっているかということを説明するのは難しすぎて不可能だ」(Erickson, 1975, p. viii) と言っていたからである．エリクソンが自分のやっていることを説明できないと考えるのは，納得できた．それはこの種の専門的技術の性質上避けられないことであると思う．しかし，もしエリクソンが何をすべきかを知っていたとしたら，何をすべきではないかということも心得ていたことになるだろう．従って，たとえエリクソン自身ができなくとも，観察者が理論や規則性を書き留めることは出来るはずなのである．

エリクソンに傾倒し訓練を積めば，彼のケースから本質を引出せるし，規則性のある理論を形成することもできると私は考えるようになった．セラピストが，あのエリクソンの規則に従っているという自信を持って，「これでいい！」と彼女[2]が言えるほど明確な規則が成立しうるのだ．

私の経験でも，エリクソンの報告でも，必ず理論にそぐわない変わったケースがある．理論形成のためにどんなアプローチをしていようとも，その場合，私はいつもシャーロック・ホームズの忠告に背いてしまうのではないかという不安を絶えず感じていた．つまり，データ（例えば報告された事実）に合うように理論を変えていくのではなく，むしろ理論に合うようにデータを歪曲化してしまうのではないかと心配だったのである．（もちろん「事実」や「データ」，あるいは「まぐれ当たり」に結果を振り分ける基準は理論となる．理論が変われば，「まぐれ」だったことが，「データ」と見なされることもありうる．）私は理論にそぐわない変わったケースを説明する絶対的な理論がいつかできるだろうと信じて，これらのケースを

---

(2) 「彼」，「彼女」などの代名詞はランダムに使っており，特定の人物を指してはいない．

例外やまぐれとしてとりあえず無視した．私たちは規則性に基づいたアプローチが結局はうまく行くと確信していたし，それに実際このアプローチは有効だった．その頃から，このやりかたで私達は，エレガントかつシンプルな，理解しやすいモデルを創れるようになった．(de Shazer, 1982, 1985, 1988)

我々が，「例外」は規則性と同様に重要だとわかったのは，およそ10年前のことだった．(de Shazer, 1985) 例外は偶然（もちろん偶然はいつでもあり得るのだが）だとしても，そういうことなら偶然もまた理論の中に含まれなければならない．もはや山積みになった様々なケースをまぐれ当たりとして片付けることはできないのだ．一見するとセラピストの気まぐれな行為（規則から外れた行為）に思われるケースであっても，実は，理論や規則に含まれていなければならない．それはエリクソンに特異な天賦の才能だなどと言ってはいられないのだ．つまり，部分的にであれエリクソンのアプローチに基づいた心理療法であれば，一見任意に思われる行為も理論の規則に従っているはずなのだ．しかしこのプロジェクトは私には途方もなく感じられた．

私は今まで重要なことを見逃してきたのではないかと心配に思うようになった．おそらくセラピーの本質を理解する上での秘訣は，何も隠されておらず，多様性こそがエリクソンのアプローチの「本質」であるということだろう．もしそうならば，私は物事をあるがままに受け取るべきなのだ．エリクソンのアプローチに関する私の理論は，枝葉にとらわれていて，肝心の幹がなかったことになる．また，絶対的な理論や枠組みはなく，代わりに最も状況的にふさわしい，まさにその場の，むしろ特異な行為だけが存在することになる．

このような状況に直面した私は，すべての理論を断念し，「すべての曖昧な物事を，正確に偽りなく，言葉に置き換えなさい」(#

227) というヴィトゲンシュタインの忠告（Wittgenstein, 1958）に従うしかないと判断した．これこそ私がすべき事だったのである．私は心理療法へのアプローチとしての構造主義を捨てることにした．しかしながら，「理論を断念した後に問題となるのは，明らかに不完全と思われる物事を完全だととらえなければならないことである」！（Wittgenstein, 1980, # 723）

> 不可能な物事を削除したあとに残った物事，それが何であろうと，どんなに起こりそうになくとも，それが真実なのである．
> ——シャーロック・ホームズ（四つの署名）

* * *

エリクソンのケースをまるで初めて知るかのように再読するには，絶対的な理論を追求する以前の（構造主義的な）読み方を引きずらずにすむ新しい方法が必要であった．何とかして，言葉をそのまま受け取り，読みを表層に止めておかなければならなかった．行間を読むことを避けて，言葉の裏やその下に潜むものを知りたいという衝動を押さえなければならなかった．これは簡単なことではなかった．構造主義的な読み方をしたいという衝動は，時に圧倒的だからである．

この再読のために，ケースを模範的な教訓としてではなく純粋な物語として読むように私は心掛けた．ケースをフィクションの如く読むことによって，「文学」と「科学」の違いをそれほど深刻に意識しなくなった．読者としての立場を忘れるため，著者の意図や真意を探るようなことはしなくなった．すなわち研究の対象が，(1)エリクソンとその論文から(2)エリクソンとその論文そして私となったのである．

こうして読んでみると，それはまさに優れた読み物であった．プロットとサブプロット，めりはりのある文章，登場人物のあざやかな性格描写，思いもよらない数々のひねりやどんでん返しなど，様々な点においてエリクソンのケースは質の良い物語と言えるだろう．著者エリクソンは明確なスタイルを持ち，言葉を自由自在にあやつっている．読者の望むすべてがそこにはあった．この物語を読み進めていくうちに，私は，物語中のセラピスト・エリクソンを，著者・エリクソンによって作り上げられたペルソナと見るようになった．そして私は，このペルソナを「賢者エリクソン」と呼ぶことにしたのである．

　この読み方を続けていくうちに，私にわかってきたことがあったことがある．これらの物語と，私自身，ヘイリー，そして著者エリクソンの関係は，シャーロック・ホームズの冒険とベーカー街不正規連隊の関係と同じだったのだ[3]．つまり，ベーカー街不正規連隊が，ホームズが実在の人間であると信じていた，あるいは信じているふりをしていたように，私たちは著者エリクソンにすっかりその気にさせられて，賢者エリクソンを現実のものと思うようになっていた．それから私は，賢者エリクソンについてのヘイリーの記述が，どこかしらシャーロック・ホームズの物語におけるワトソンの役割と似ていると感じた．つまり，著者エリクソンは，賢者エリクソンが本当に賢明であると読者に思わせるために，著者ヘイリーを考え出したものと考えるようになったのだ．ヘイリーの考えというのは，通常の精神医学的視点程には「間違って」はいないが，それでもやは

---

(3) 果たしてエリクソンは，私のように幾度も熱心にシャーロック・ホームズを読み返したのだろうか．私はエリクソンのアプローチに夢中になる前は，ずっとホームズのアプローチに夢中だった．「シャーロック・ホームズ」と「賢者エリクソン」は，とても似ているのだろうか．それともそれほど似てはいないのだろうか．

り間違った方向から常にはっきりと読者に物事を示している．これはちょうどワトソンと同じである．重要なことだがホームズ自身と，様々な出来事についてのワトソンの見方と自分自身についての見方は——実際のホームズの意見や警察の知見と対比されて——ホームズの物語を特徴的なものにする役割を果たしている．このように考えてみると，賢者エリクソンのペルソナの存在がなければ，私が読み直した物語は随分退屈な話であっただろう．これらすべてが物語の質を高めているのである．

シャーロック・ホームズの物語のように，賢者エリクソンの物語は，他の登場人物，とりわけ，クライアントを十分に活かしきっていない．レストレード警部のように，これらのクライアントは，どんなに物語にとって重要な存在であろうとも，時には名ばかりの脇役にすぎないことがある．私たちにはどれほど彼らがセラピーに貢献しているのか分からないのである．しかし，私たちもエリクソンもヘイリーも理解しているように，セラピーという仕事をしていくためにはセラピストとクライアントの両者が必要不可欠なのだ．

この観点から自分自身のケースを読み直してみたところ，私のクライアントがいかに賢明であるかが分かってきた．様々な「並外れた介入」のほとんどが，実際はクライアント自身のアイディアだったのだ！　彼らが何をすべきなのかを話しているとき，幸運にも私たちはしっかりと耳を傾けていた．（ウィークランドの課題（第7章）と，インスー・キム・バーグの課題（第12章）を参照．そこではクライアントがウィークランドの課題と同じものをもう一度作り直している．）

賢者クライアントのペルソナを意識しながら自分自身のケースの物語を読み直すと，今度は残念ながら，物語中のセラピストが信じ

---

(4) このような例はヘイリー（1985）の中に多数見られるので参照のこと．

られないくらい愚かに思われてくる．まぎれもなく，私たちセラピストは賢者エリクソンに比べ愚者ド・シェイザー[5]から学べることは少ない．おそらく，私たちはセラピーという行為が対話的，会話的な性質であることを覚えておき，これらの物語を相互作用という観点に焦点を当てて読み直さねばならないだろう．そうすれば，賢明なセラピーとは，クライアントとセラピストが賢明な方法で「一緒に」セラピーを進めていくことだ，ということが自ずと分かるだろう．

読　み

> テクストが論理的な意味をなすかどうかは，
> 著者の意図よりも読者の創造力に依ると，
> 最近の文学理論では考えられている．
> (Clifford, 1988, p. 52)

　本を読んでいる時と同じように，相手の話を聞いていると自分のことがわかってくることがある．読み書きもまた同様である．もっとも，読む時には著者はいないし，書く時には読者がいない．しかし，話し相手が目前にいるからといって，ことが簡単になるわけではない．もちろん，言ったことの真意を話し相手に尋ねることは出来るが，それだけで問題が解決するわけではないのだ．前章で議論された言語の難しさはここでも問題になる．

　書くことと読むことは切り離せない．何かを書いている時，確かに書き手は同時に自分が書いたものを読んでいる．だから書き手は書き続けたり，止めたりできるのだ．専門的な本や記事の初めの部

---

[5] 実際，こんなことは，もっと以前にわかっていればよかったのだ．私の面接のスタイルは，ジョン・ウィークランドのペルソナ「緻密なウィークランド」とインスー・キム・バーグのペルソナ「慎重なインスー」から大きな影響を受けてきたからである．

分というのは，その後に続く書いたり読んだりする部分の土台ともなるが，逆にそれらを制限したり拘束したりもするのである．そして，終わりの部分は，物事を一つにまとめるだけではなく，それまで読んだり書いたりしていたことを制限したり拘束したりもする．

もちろん，「読むこと」も「書くこと」も独自のものであることに疑いの余地はないし，各々に専門的な研究分野も存在する．しかし，これ以上「書くこと」や「読むこと」について言及すれば，この本の趣旨から外れてしまうのでここで終わりにしよう．しかし，だからといって，（多かれ少なかれこれらの言葉を使い日常生活をおくっているので）読んだり書いたりすることは，とても重要であり，全く無視するというわけにもいかない．

読むことと書くことに関して問題の一つとなるのは，著者の思っていることを差し置いて，使ったことばの意味が一人歩きしてしまうことだ．それどころか，書き手は書いている最中に自分の言葉の意味を発見するのだ．各々の単語は，私の意図より，多くも少なくも語るのである．受け手が受け取る意味は送り手の意図した意味と必ずしも一致しない．ゆえに意味は確実に伝わるわけではない．だから，家族療法でも他の論文においても，鍛練された明解な読み方は，鍛練された明解な書き方と同様に重要なのである．

テクスト中心の解釈

構造主義を読むためのアプローチ（第2章と第3章）は「脱構築化」という用語によって表されるアプローチと似ている．しかし，「脱構築化」という用語を使うのは，非常に問題があり，おそらく危険である．なぜなら，哲学，（英米）文学批評，そして家族療法[6]

---

(6) 『治療的会話（Therapeutic Conversations）』(Gilligan & Price, 1993) の中での，「脱構築」という語の様々な使われ方などを参照のこと．

の分野においてさえ用いられる,この用語の使い方(乱用,少なくとも誤用)は,大変曖昧で矛盾さえしていたからである.以前私がこの用語を使ったときにはとても躊躇したものだった.そこで,私は「テクスト中心の解釈」(7)という用語を作り出し,使うことにした.

「テクスト中心の解釈」には,統一された定義があるわけではない.おそらく一つにまとめるのは無理だし,望ましくもない.にもかかわらず,数々のテクスト中心の解釈にはある共通項がある(Norris, 1982, 1983).例えば,エリザベス・グロスは,ジャック・ラカンのフェミニスト研究において,「私はテクストをとても注意深く,忍耐強く解釈している」と述べている.また,よくテクストを「その内容と論理に共鳴して」読むし,同時に,「その意義上テクストには必要だが省かれ,曖昧にされている事柄にも注意を向けて」解釈している,とも述べている.このように,「言葉の内側と外側の両方から,つまり,余白からテクストを解釈するということは,両面価値的な,愛と尊敬の行為,自己主張と距離を置いた批判の行為であらねばならない.」(Grosz, 1990, p. 190)

ここで問題となるのは,テクストをテクストとして扱う著者と読者である.この作業をセラピーの枠組みに当てはめるならば,分析の単位は,クライアントとセラピスト,クライアントの関心事について交わされる会話となる.新しい意味(8)を生み出せるよう解釈自体を柔軟にするために,このようなアプローチは,内在的な論理,関心,解釈の構造(省かれたものなどを含む)を使う.例えていうならば,伝統的な中国料理のレシピ一式をテクスト中心に解釈するに

(7) 「脱構築」と言われる運動の一種として,「テクスト中心の読み」は考えられているかもしれない.
(8) これは,(我々のものではなく)クライアント自身の言語と論理を我々が使うことの中に反映されている.それは,新しい意味,行動,感情などが発展する可能性を開くような方法で機能する何らかの差異を呈してくれるからである.

は，中国人シェフの視点から取り組むことになるだろう．

「テクスト中心の解釈」は「読者中心の解釈」と対比される．「読者中心の解釈」とは，問題のテクストにはない理論を用いて，テクストの関心から外れた視点から行う解釈である．これは大変有用で重視され，長年受容されてきた解釈方法である．前述の伝統的な中華料理のレシピを読者中心に解釈するということは，たとえば栄養士の視点から解釈するということだ．それはテクスト中心の解釈とは全く異なる解釈，批評となるだろう．

テクスト中心の解釈は，その反対者や一部の賛同者（つまり様々な英米文学批評家）が考えるような，「参照事項や妥当性，真実性の判断の基準にはもはや役立たない言説」ではない．この解釈方法の実践者は，「『何でもありの』聖書解釈学のような思想の学派を真っ向から否認している．」(Norris, 1992, p. 17) 実際，ジャック・デリダによると，それは「推論的あるいは理論的なことではなく，実践的，政策的なものである．常に（いくぶん手短に，概略的に）制度化したと言われる構造内で生じるのである．」(1978, p. 508, 強調は筆者)

　　テクスト中心の解釈がくだらないゲームにならずにすみ，読者が無駄な解釈をせずにすむ，（誠実，忠誠，細かな点への注意などについての）格言がある．他のことも考慮に入れたこれらの格言を尊重しながらテクストを読むべきだ——そのように発話は解釈されるべきである——という要請や解釈の責任問題が，テクスト中心の解釈を無視，あるいは，回避していると考えるのは，倫理的に，甚だしい間違いである．(Norris, 1992, p. 17)

(9) ハイデッガー派の「死への存在」のように (Gasché, p. 111)

第4章　問題の表層への到達　47

「脱構築化」の創案者，少なくとも「中心人物」であるデリダは，彼の仕事に対して何らかの定義を与えることを躊躇している．その一方で，彼は脱構築化やテクスト中心の解釈とは次のような解釈であらねばならないと考えている．

> ［普通，頻繁に，おそらく常に］書き手には認識されていないのだが，解釈というのは，書き手が使用する言語のなかで，書き手が支配している言葉と支配していない言葉の間に，常にある関係を築こうとしているに違いない．この関係は批判的な解釈が生み出す重要な構造である．もし伝統的な批評の方法が何ひとつなかったならば，批評は，いかなる方向にも発展する危険性があろうし，どんなことを言ってもそのほとんどが権威となってしまったであろう．
>
> (Derrida, 1976, p. 158)

アメリカの文芸批評家ポール・ド・マンは，テクスト中心の読みにおいてはデリダと同様に厳格で，独自の方法を持つ．彼は，ルーベン・ブローワーの「実践的批評」の講義（時折「精読」と呼ばれる）について記しており，これはド・マン自身の解釈方法の部分的な記述ともなっている．実際，この方法は，構造主義を考える時に使われる，また，後章で論じられるような，セラピーのセッションについての筆記録を見ながらセラピーを進めていく場合に使われる，精読のテクニックとよく似ているのだ．

> 他人の書いたものに筆を加える時，取り組んでいるテクストから逸脱するようなことを言ってはならない．テクスト内の特有な言葉の使い方によって裏付けられないことを言ってはならない．言い換えれば，テクストをテクストとして精読し，すぐに人間の経験や歴史という一般的なコンテクストに移ってはならないのである．もっ

と控えめに言うと，トーン，フレーズ，文体などのたった一つの変化にも気付くほど注意深く，文学では人道主義的な知識として通用するテクスト内の考えを，分からない時には正直に分からないと言えなければならない．このような読者こそ，トーン，フレーズ，文体などの変化が生み出す難解な問題が見えてきて，そこから解釈を進められるのだ．(de Man, 1986, p. 23)[10]

どのような解釈方法であろうとも，テクスト中心の解釈であれ，読者中心の解釈であれ，批評的社会理論であれ（そしてこれは専門用語の使い方の問題ではない），批評は，厳密な読み，書き方，つまり学識と注意深さを必要とするのである．

誤 読

文を読む時，その意味は必ず後から判明する．次の言葉のお陰で，前に出てきた言葉がどのような意味なのかが分かるのだ．文がその前の言葉や後の言葉の意味を変える．言葉はコンテクストの中で働くために，意味理解には絶えずこのようなモラトリアムがある．読みながら私たちは自分の過去の経験や，言葉，概念の使い方を全て持ち出してきている．この意味理解の遅れは読むものすべてに悪影響を与えている．著者の真意を理解していると確信するのは不可能だ．これを一部の脱構築化主義者は「誤読」と読んでいる．ラカンの欠陥＝穴（全体）のために，私たちは誤読しかできない．全てのテクストは補足的な意味を含む誤読の可能性を持っている．

当然のことながら，（とてもよくある事だが）誠意なく読むこと

---

[10] ド・マン（de Man, 1986）は，この訓練の結果として次の様に続けている．「この職業は，ルーベン・ブロワーの学生が書き損ねた本でちらかっている」(p. 24)

もある．これは不読とか，悪読とか呼ばれるかもしれない（これは実際は全く読んでいないことである）．読者が著者の言葉を真剣に受け取らなかったり，細かな点にまで注意を払わなかったり，ちょっとした思いやりをもって読むのを拒否すれば，このような読みをすることになる．

「ことばの使い方について解説する」(Wittgenstein, 1974, p. 60) 文法や論理は，(悪読ではない) 突飛な誤読を防いでくれる．しかし，言語自体の「規則」とその使い方の「規則」は分けられるものであることがわかる．つまり，文法は「ゲームの進行を記述することとゲーム自体との関係のような関係を言語自体ともっている」(Wittgenstein, 1974, p. 60)．ことばの使い方と，論理あるいは文法の違いは，ゲームの実際と規則との間の違いとよく似ているのだ．(ポーカーでは，5枚の全く違うカードしか持たないプレイヤーが，ブラフによって2枚のジャックを持つプレイヤーに勝つこともある．規則から言えば，後者のプレイヤーが「最高の」カードを持っているのだから勝ちのはずである．しかし，ゲームは必ずしも規則どおりにはいかないのである）．

第5章 ベイトソンの「認識論」
——ブラックホールか？

> しかしながら，進むべき道は常に変わってきた
> 経路を計画した人々の思惑とは裏腹に
> あちらこちらへといざなった
> そして今，方向を誤り，幾多の道標のはるか
> 困惑の果てに，わずかな勇気を手に入れる
> ——ディラン・トーマス[(1)]

次の段階として，意味の構成に伴う幾つかの困難な点を細かく考察するためには，ベイトソンの論文「〈自己〉なるもののサイバネティックス——アルコール依存症の理論」(Bateson, 1972) の要約を読むことが有益だろう。ベイトソンの研究はセラピー，少なくとも家族療法においては重要な位置を占める。しかも，このユニークな論文は，「アルコール中毒」に対する多くのセラピストの視点に影響を与えた。

ベイトソンの論文の要約：
 アルコール依存の"論理"は，依存をとめることができる断酒会の厳しい精神的な摂生法の"論理"同様，精神科医のなぞの種であった。本論は，この問題に対して次の考えを打ち出すものである。
(1) 精神，自我，対人関係，力に対する新たな知見を含んだまったく新しい認識論がサイバネティックスとシステム論より現れるべきこと。

---

(1) 「風車はあらぬ方向に回り」第三連．(Thomas, 1971)

(2) アルコール中毒者が"しらふの時には"うまくやっているというありきたりの西洋文化の認識論は，システム論の立場からは退けられるべきものだということ．
(3) 酩酊してしまうことは，より適切な精神状況になるためのアルコール依存者の自分勝手な手っ取り早い方法だということ．
(4) 断酒会の神学は，サイバネティックスの立つ認識論と，きわめて一致していること．(Bateson, 1972, p.309)

ここではさまざまな領域からの用語や概念が並んでいるため辞書を使おう．

認識論 (epistemology)：《名詞》[ギリシア語．episteme, 知識．logos, 論説．] 知識の由来，性質，方法，限界を研究する理論または科学．
サイバネティックス (cybernetics)：《名詞・複数形》[単数扱い] [ギリシア語．kybernetes, 舵手．-ics.] 人間の神経組織や複雑な電算機などの比較研究．人間の脳の機能についてより理解することを目的とする．

ベイトソンの理論を解釈する方法として，列記された語句[2]の代わりに（深層構造の特徴の一つとして）その語句の定義を用いる．彼は人間の脳の機能とシステム論[3]の研究を進めることを目的として，人間の認識の発生，本質，体系，限界を探求するまったく新しい理

---

(2) もちろん，辞書の定義で難解な語句は幾つでも調べられる．しかしそればかりでは辞書一冊を丸写しすることになってしまう．
(3) 1971年に初めてベイトソンの論文を読んだときは「システム論」が何たるものか，ベイトソンがその語で意味したところは何か分かっているつもりでいたが，今となってはまったく分からない．(de Shazer, 1991 参照)

論や科学を，示唆するつもりであったようだ．それは人間の神経システムと複雑な電子計算機の比較研究で明らかになるべきだと彼は考えた．これはかなり難解な解釈である．ベイトソンは，アルコール中毒，依存，自我，対人関係，力等を十分に考慮に入れた，より大きく包括的な理論が存在すると言い切っているようである．

　ベイトソンによれば，アルコール中毒者が"しらふの時には"うまくやっていると表現する認識論とは，例えば，(辞書によると)知識の由来，性質，方法，限界を研究する理論または科学のことである．だが，それはシステム論の立場からは「退けられるべきもの」である．しかしベイトソンによると，システム論で受け容れることのできるより正確な「認識論」も存在するという．従って，システム論には認識論の正否を判断する要素があることになる．このことから，システム論は，理論や科学を判別する能力を与えられている，何かを統一し本質的に具体化したなんらかのものとして，ベイトソンの目には映っていることになる．

　ベイトソンは「精神の状況」と「認識論」とを同一視しているのだろうか．この点について彼は確かに，上述のポイント2，3で言及している．「(2)アルコール中毒者が"しらふの時には"うまくやっているというありきたりの西洋文化の認識論は，システム論の立場からは退けられるべきものだということ．(3)酩酊してしまうことは，より適切な精神状況になるためのアルコール中毒者の自分勝手な手っ取り早い方法だということ．」

　こうして見ると，ポイント1を再び解釈しなおすことが必要ではなかろうか．ベイトソンはポイント1でこう述べているからである．(a)精神，自我，対人関係，力に対する新たな知見を含んだまったく新しい認識論がサイバネティックスとシステム論より現れるべきこ

---

(4) 哲学的には，認識論は知識についての理論と定義される．

と．しかしこれは最初の解釈——(b)サイバネティックスとシステム論によって人間の認識の発生，本質，体系，限界を探求するまったく新しい理論や科学の存在——とはまったく異質のものである．

1から3のポイントまでに，二通りの解釈が現れた．恐らくポイント4で明確な答えが出るだろう．しかしポイント4では新たな重要語句が登場するので，もう一度辞書に戻ることにする．断酒会の神学は，サイバネティックスの立つ認識論と，きわめて一致（coincides）しているということ．」

> 神学（theology）:《名詞》[ギリシア語．theologia；theos，神．logos] 1．神について，または神と宇宙との関係についての研究．宗教的教義について，または神性についての研究．2．特定の宗教や教派によって詳説される研究のうちで明確な形式や体系をもつもの．
> coincides：1．同じ場所で起こる．形状，位置，領域がまさに同じである……．3．一致する．同一である．同意する．例・裁判官らの意見は一致しなかった．

ポイント4の語句を辞書の定義に置き換えると，ベイトソンの論点が次第に見え始めてくる．神について，また神と宇宙との関係についての特定の研究ないし研究全体は，断酒会が詳説しているように，次のいずれかの項目に当てはまる．

(a) 認識の発生，本質，体系，限界を研究する理論または科学
(b) 精神状況
(c) 人間が自分自身の経験をどう解釈するかを決定する諸規則．

わたしたちは次のうちどの解釈を選ぶべきか．

1 神学＝認識論＝認識についての理論？
2 神学＝認識論＝精神状況？
3 神学＝認識論＝諸規則？

こうして見ると，失われた部分が幾つもあるようだ．その部分があれば，ベイトソンが読者に言いたいこと，または少なくとも彼の要約から読み取ってほしいことは明確になったはずである．これまでテキストと辞書の間を行き来したものの，この失われた部分は見つからなかった．むしろ私達は，失われた部分はもっと多いという結論にたどり着いた．一体失われた部分はどこにあるのか．明らかに，次に注目すべきは，要約を詳しく説明したコンテキストつまり本文そのものである．314ページで，ベイトソンは認識論ということばの彼独自の使い方を説明／定義している．

> このエッセイの中で使う「認識論」は，人間への適応と不適応の基準となる前提のネットワークと物理的環境の両面を同時に含む．ジョージ・ケリーの言葉で言えば，これは「人間が自分自身の経験をどう解釈するかを決定する諸規則」である．

しかし彼は既に「サイバネティックスやシステム論の言外の意味について考察した哲学者」(p.309)を文脈に持ち込んでいる．

> 哲学では古くから，存在と認識についての問題を，ふたつの問題群に分けて問うのがしきたりになっている．まず，「あれは何なのか」という発問形式に収まる問題群がある．人間とは何か．この世界はどのような世界であるか．——これらを問うのが存在論（ontology）である．第二に，「われわれはいかにして知るのか」という形式の問いかけがある．この世界がどんな世界であるかとい

うことをわれわれはいかに知るのか．そして，そうした問題について知ることができたりできなかったりするわれわれはどんな生物であるかということを，われわれはいかにして知るのか．――これらを問うのが認識論（epistemology）である．(p. 313)

　314ページまででベイトソンは，神学と認識についての理論を同一視しながら第一の解釈へ導いている．そして314ページでは第二，第三の解釈に転じている．第三は第二の流れを汲んでいて，別々にあるいはともに，第一の解釈から影響を受けている．

　他の分野の専門用語を使うこと，またその語に本来とは違った意味を与えることに無論，不自然な点はない．しかし314ページまで，ベイトソンが「認識論」という語を非哲学的意味で用いるという示唆はまったくなかった．また実際，ベイトソンは威厳を持って（彼自身によれば，彼の書いていることについて考察したことのある [p. 309]）哲学者を支持しているし，「認識論」という語はどれも伝統的な哲学的意味で使われている（当然「認識論」は一個の独立した原子ではなく大きなシステムの一部分だから，ベイトソンは「認識論」という語句を借用する時，哲学全体を考慮に入れることになる．これは家族療法の専門誌を読むと分かる）．そして314ページで非哲学的意味を新たに用いるに当たって，彼は論文を今一度再構成することになる．ここで読者は，同時に三種の解釈を強いられる．失われた部分はまだまだ多いようである．「認識論」という語によってベイトソンは何を意味しているのだろうか．失われた部分を私たちが見つけることが果たして出来るのかどうかを見極めるために――この問題について，（コンテキストを拡大した）ベイトソンの論文と家族療法の対話を扱った他の（コンテキストのより広い）論文の両方に注目してみる．

＊　＊　＊

こうした研究を行ったのはポール・デル（1985）である．複雑な問題を議論するために彼が何度も指摘したのは，ベイトソンは「認識論」という語を少なくとも5つに使い分けていたという点である．そしてデルは次の結論に至った．「ベイトソンにとってはすべてが認識論であり」(p.4)，またそれは少なくとも，彼の論文が「難解な性質」(p.4) を持つと考えられている理由の一つである，と．

もしベイトソンが最初からケリーの言葉を用いていれば，問題全体は容易に解決しただろう．「認識論」の代替語として，ケリーの「人間が自分自身の経験をどう解釈（construe）するかを決定する諸規則」を用いていれば．そして実際には，今や私達は第三の解釈を行っている．というのも，この「諸規則」は「精神状況」や認識についての理論，神学とは明らかに異なったものだからである．だが失われた部分はまだ多い．

＊　＊　＊

ベイトソンの文章や彼の論理を離れたところ（つまり読者中心の解釈）に，彼が使わずにいた，最も完璧で適当な語句／概念が存在した．それはベイトソンの言う「認識論」の持つ「諸規則」「精神状況」等の諸側面を含み，哲学よりもむしろ「神学」との結び付きが強い語句／概念である．それはまた，社会的批判理論のフランクフルト学派によって（疑似意識の意味ではなく）叙述的意味でも用いられた，イデオロギーという語句／概念である．(Geuss, 1981) これは実に表現しやすい語句である．

(a) グループにおいては，主体者（つまりアルコール中毒者）によってさまざまな信念が共有される．

(b) さまざまな信念は組織的に互いに結びついている．
(c) これらの信念は主体者（アルコール中毒者）の概念体系の中核となる．つまり，主体者（アルコール中毒者）は容易にそういった信念を諦めはしないだろう．
(d) こうした信念は主体者（アルコール中毒者）の行動自体や彼の重要で中心的な行動範囲に多大な影響を与える．
(e) その信念は主体者（アルコール中毒者）の人生における重要な問題（つまり死，仕事，性等）の中心を占める．

「イデオロギー」という語を用いれば解釈はもっと容易になっただろう．また更に，ベイトソンの述べた「認識論」と断酒会の「神学」との関係も明らかになったかもしれない．

* * *

ベイトソンが「認識論」という語にどんな意味を込めたのかを理解しようとすると，私達は更なる解釈を重ねてしまうことになる．かといって，論文について筆者に尋ねれば済むわけでもない．むしろ論文としての機能を果たすために，論文は筆者の存在から切り離されなければならない．筆者の存在，筆者の死さえも論文の正常な機能を妨げることは出来ない．事実，筆者の不在は当然のことである．そうでなければ，論文を書く意味はない．結局筆者は自分が誰のために書いているのか知ることはできないし，そういう意味で，筆者は誰が，いつ，自分の書いた論文を読むのか知ることがないのである．筆者は論文を書く時，さまざまな解釈に耐えられるように，読者の不在を念頭に置かなければならない．

冒頭に引用した辞書は，ベイトソン論文の冒頭の数ページと同様に，「認識論」を解釈する余地を拡げてしまった．ベイトソンの論文で言えば，権威者としての哲学者について触れた部分 (p.309)

や，哲学者の語句の用法解説（p. 313）は，自然と「認識論」の哲学的な解釈については相当確かなものにした．しかし要約と冒頭の部分が，残りの部分を難解にしたのである（p. 314 以降）．私達にとって不幸だったのは，ベイトソンが哲学者について述べたために，理解の手掛かりを得られるどころか失ってしまったことである．

私達がこれまで見てきたように，意味づけとは常に，暫定的であり，不安定なものである．意味とは，語句自体とラカンの穴（全体）に生じる遅滞との相違の産物である．

デリダによると（Derrida, 1973），「意味付与の諸要素は，それらの中核にあるまとまった力によってではなく，諸要素をそれぞれ区別し，関連させ合う対照のネットワークの中で機能する」（p. 139）．つまり，（少なくともこの特殊な文脈におけるベイトソンにとっての）「認識論」という語そのものは，複合的で，矛盾を含んでいて，不安定であり，結局，決定的ではないと結論付けてよいだろう．たぶんすべての使える意味は，きっと時を同じくして使われているに違いない．つまりこれは確かに「認識論」という語句の意味を豊かにするだろう．しかしそうなると，「認識論」が他の語句や概念とどう違っているのか，理解するのがかなり困難になってしまう．ベイトソンの論文において，認識論は一体「何とは違う」のかという疑問は，デルと同様，私達に残されたままである．

* * *

「認識論」とは何かを解釈しようと試みた時生じた混乱は，「誤り」の結果かもしれない．大抵の誤りは，軽率な考えやぞんざいな書き方，編集のせいにされる．しかし，ひょっとすると面白いことに，それは見逃すことのできない決定的な「誤解」の結果とも考え

られる[5]. というのも，この種の誤解は目的の矛盾や／あるいは意味と意図の不均衡から生じるためである．おそらくベイトソンの立場では，前者よりも後者だといえよう[6]. ポール・ド・マンの述べた，筆者の「最大の無分別は，彼が最も優れた洞察を行ったときに起こる」(de Man, 1983, p.109) という言葉は，実に的を射たものだといえる．

ベイトソンの認識論は，現在起こっている事象を見るには正しい方法と間違った方法があるという神学にとても似通っている．そもそも，ベイトソンは構造的な統一体としての精神と自然について関心を持っていた（そしてそれは汎神論的で神秘主義的であるロマン主義的観点であった）が，彼の誤解はここから始まったのである．ベイトソンは断酒会によき理解者を見出した．（つまり自分たちの論理を持ちながら，かつベイトソンの論理にも近いと彼が考えたのが断酒会だった）．そのお陰で，ベイトソンらは「システム論」というマイナーな観点を精神医学界に売り込むことが出来たのである．1970年代の初期，まだ論文が書かれて間もないころ，「システム論」と断酒会は精神医学界とは無縁のものであった．それも現在よりもはるかにかけ離れて縁遠いものであった．ベイトソンが述べた通り，アルコール中毒と断酒会は精神科医にとって謎であった．システム論もまた，知られざる存在，謎であった．精神科医に対して新たな観点を知らせるには，（高い地位を持った同僚の）哲学者や（同じく上位にいた同僚の）ジョージ・ケリーをこの二つの謎に引き合わせる以外に良い策略はなかったのだろうか．ベイトソンの策略は成功だったのだろうか．功を奏したのだろうか．まあ少なくとも，論文は出版されたのである．

---

(5) 「誤り (mistake)」と「誤解 (error)」の概念はポール・ド・マン (1983) による．
(6) 私にとっての希望的観測であるが．

第6章 フロイトのあやまち
―― ことばは魔力を失わず

> いろいろ意味のあることばでどうやって私の考えを
> 正しく言うことができるだろう？
> ――エドモン・ジャベス（Jabès, 1959, p. 41）

　私たちは，コンディヤックの助言である「我々自身の言語についてを学ぶこと」（Condillac, 1947, p. 217）から始め，ラカンの穴（もしくは全体）を見出すことで終えた．この穴（全体）とは，幾分奇妙な所，つまりブラックホールや底のない穴であり，それをふさごうとする様々な試みを吸い取ってしまうようなものであることが結局わかった．ラグランド＝サリヴァン（Ragland-Sullivan, 1991b）は，それを次のように述べている．「言語とは，全ての事物に足りないものがあるように，すぐに理解でき認識できるもののようでいて空虚感を引き起こすものである．私たちは全体ではあり得ない．また他のどんなものでもあり得ない．」（p. 4）

　この穴（全体）が実際に奇妙な穴（全体）になるのは，言語がいくらかは機能しているときである．私たちは「読むこと」「コミュニケーションをとること」「会話をすること」といったことをすることができるが，少なくともいろいろな点で，これは数学における幾つかの場面に似ている．例えばゲーデルの証明では，算術，数理論，もしかすると全ての数学が矛盾しており不完全であることを示している．（Nagel & Newman, 1958）すなわち，底のない穴（全体）がいくらか存在するのである．にも関わらず，算術，数理論及び数学は有効に機能している．虚数さえも実際に有用なのである．（Spencer-Brown, 1969）

我々の奇妙な穴（全体）についての認識はやや不安定であり不十分のようである．何かが欠けていて，何かが隠されているのではないかと私たちは考えさせられる．「言語の働きは2つの部分から成る．記号を操作する無機的な部分と，これらの記号を理解し意味し解釈し思考する有機的部分とから成るのである．」(Wittgenstein, 1965, p. 3) つまり，構造主義的な見方をとったり，あるいはある種のメタ言語を考えるときのように，言語の裏にもうひとつの言語があるということである．もしかすると私たちは，言語が，ある確かな方法で，確固とした法則に従って働いているということを期待し求めているのかもしれない．にもかかわらず，実際にはその方法で言語を用いてはいないし，その法則に従って学んではいなかったということがわかる．そうではなくて私たちは単に言語の用い方を学んだにすぎないのである．もしかすると私たちは間違った問いをしているのかもしれないし，あるいは間違った方法で問うているのかもしれない．デリダが示唆するように，私たちはしばしば「問いは問いのために用意されている答えに命じられた形でのみ記されるということに気づいている．」(Derrida, 1973, p. 126) その答えがあまりに奇妙なので，おそらく私たちが尋ねている問いもまた何かしらの点で奇妙なのであろう．

　ヴィトゲンシュタイン（Wittgenstein, 1965）は『青色本』の中で以下のように述べている．

　　一般的であることを我々が望むのには，今一つ大きな源がある．それは，我々が科学の方法にとらわれていること，自然現象の説明を，できる限り少数の基礎的自然法則に帰着させるという方法のことである……哲学者の目の前にはいつも科学の方法があって，科学と同じやり方で否応なく問い，答えようとしてしまうのである．この傾向こそ，形而上学の真の源であり，哲学者を真っ暗な闇へと導

くのである（p. 18）．

これこそラカンのブラック・ホール（穴，もしくは全体）の真っ暗闇なのだ．

　セラピストとクライアントは，会話や対話の中で言語を用いている．そして私たちが学ぼうとしているのは，言語それ自体ではなく言語のこういった使用法である．フロイト，ソシュール，バンドラーとグリンダー，ラカンのように，これまで私たちは，言語と精神の個別の側面や静的側面に焦点を当てて，全体的に単一のアプローチをとってきた．そして，精神と言語はつながっているが独立したものでもあり，精神が言語を導くという視点をとってきた．しかしジョージ・ハーバート・ミード（Mead, 1934）が示唆するように，「コミュニケーションは精神を通して営まれるのではない．経験の社会的プロセスあるいは社会的コンテクストの中でジェスチャーという会話によるコミュニケーションを通して」（p. 50），「精神」もまた生まれると考えることができる．バフチンやヴィトゲンシュタインの（以下のような）視点から示唆されるのは，言語と会話とのひとつの条件として精神をみなすことができるということである．ヴィトゲンシュタインの門下生であったラッシュ・リース（Rhees, 1970）は，それをこう述べている．「必ずしも全ての話が会話なのではない……しかし会話なしの話や言語が存在するとは思わない．」（p. 81）

　対話や会話において，また何かを意味することにおいて，私たちはことばの使用法を見てきたのではなく，単にそのことば自体やその意味のみを見てきた．ラカンの穴（全体）にもかかわらず，あるいはむしろそのために，私たちはセラピストとクライアントの間で何が起こっているのか，会話の中でどのように言語が働いているのかを見る必要がある．フロイトは，ことばはその魔法を失ったと考

えていた．しかし，フロイトが本来考えていたほど失われてはいないということが，ラカンの穴（全体）の発見と言語はこの穴（全体）が原因で働くという事実から分かる．すなわち，ことばはその魔法を決して失っていないのである．

バフチンの橋

> ［ひとつの］ことばとは，二つの面をもった行為である．それは，
> 　　　　　　　　　　　　　　　　誰のことばであるか
> 　　　　という面と，誰にむけられたものであるかという面と，
> 　　　　　　　　　　　この二つの面から規定されている．
> ことばはまさにそれ自体が，話し手と聞き手，送信人と受信人との
> 　　　　　　　　　　　　　　　　　　相互関係からの所産なのである．
> いずれのことばも，「他」との関係の中にある「もの」を表している．
> 　　　　　私は他人の視点から自らを言語的に形づくる．
> 　　　　　　　　　　　　　　　　　　　　(Bakhin, 1981, p. 86)[(1)]

> 「意味」ということばを利用する多くの場合に——これを利用する
> すべての場合ではないとしても——この語を次のように定義する
> 　　　　　　　　　　　　　　　　　　　　　　　　ことができる．
> 　　　　すなわちことばの意味とはその利用である……と．
> 　　　　　　　　　　　　　　　　　　　　(Wittgenstein, 1958, #42)

　私たちの問題点を解決するひとつの方法は，やり直す，つまり心の中の別の答えから始めることである．この新しい答えは（従って新しい問いということになるが），実際には長い間存在してきた．「科学的」方法という通常のアプローチは真っ暗闇へいざなうものと考えていたのは言語哲学者であるヴィトゲンシュタインだけではなかった．例えばロシアの文学評論家であり理論家であるミハイル・バフチン（Todorov, 1984）は，この考え方に沿って言語と対話

---

(1) ソビエトの様々な社会情勢の理由から，バフチンは様々な名前で出版した．

の区別をはっきりさせた．つまり，「言語学の対象」と言語哲学は一般的に，「言語によって構成される」が，私たちが興味のあるのは，会話に関する語用論や，「個々人の発話によって……表される言述」(Todorov, 1984, p. 25) や，ある発話とそれに対する発話との関係であるということである．バフチン（1929頃）は次のように述べている．「発話と理解とは，対話における一方のことばとそれに対する他方の応答と同じ関係にある．理解は相手のことばに対し，該当することばとでもいうべきものを探し出そうとするものである．」(Todorov, 1988, p. 22 に引用) 例えば，バンドラーとグリンダーは意味というものが構造主義的用語では説明しにくいことに気づいていた．(Bandler & Grinder, 1975b, pp. 152-153) つまり彼らと私たちが，上述したように困惑してきた意味は：

表層構造 ↔ "何かが与えられたもの"
　　　　↕
深層構造 ↔ "誰かが誰かに何かを与えたもの"

対話や会話のコンテクストの中では全く明らかであるに違いない．「日常の会話の中のことばは，直接に，非常に明白に，その後の答えのことばに方向づけられている」とバフチンは述べている．「ことばはある答えを引き起こし，期待し，答えに向けてことば自身を構成する」(Bakhtin, 1981, p. 280)．言語と話はその使用法や社会的な相互作用やコミュニケーションを通して，始まり，発展するということが，社会的あるいは対話の観点から示される．こういった見方から，精神は言語のひとつの条件であるとみなされるのである．

　例えばある特定のセッション中のセラピストの発話は，（セッション中の）それまでの全ての発話，（セッション中の）その後の全ての発話，そればかりではなくそのセッション中のある特定のテー

マに関するクライアントの全ての発話に関係している．その状況とは，バフチンのいう「インターテクスチュアリティ (intertextuality)」であり，ヴィトゲンシュタイン（Wittgenstein, 1965）のいう「言語ゲーム」である．従ってバフチンの言うように，読むこととはまたひとつの対話であり，読み手はテキストと著者との相互作用の中で，そのテキストに該当することばを創造するのである．

バフチンの1927年のフロイトについての論評を少し見てみると，対話に焦点を当てたバフチンのアプローチと言語に焦点を当てた科学的なフロイトとのアプローチとの相違が示されていることがわかるだろう．

> 精神分析学のセッション中に「自由連想」を用いて明らかにされる無意識のモチーフは，意識上のあらゆる他のありふれたモチーフと同じように，患者の言語的反応に過ぎない．前者と後者の相違は，いわばそれ自体の本質的な相違によるのではなく，イデオロギー上の相違に過ぎない．このような意味で，フロイトの無意識は「認めがたい」が「意識」のひとつである．こういった言語的発話に反映されるものは，個人的な心のダイナミクスではなく，医師と患者の相互関係の社会的ダイナミクスなのである．（Todorov, 1984, p.31に引用）

すなわち，「バフチンのいうように我々は，'人間の根底に' イドではなく他のものを見出す」のである（Todorov, p.33）．ラカンの著作は，精神分析学のコンテクストの中に言語の根底の穴（全体）を指摘している．そして，ラカンの視点では精神分析は相互作用的ではないことが示されている．すなわちそれは会話なのではなく，単に話をしているだけなのである．しかし異なるコンテクストにおいては次のようになる．

子どもに平手打ちを食らわすと，その子は泣く．泣くのが当然だと誰もが考える．しかし私はある小さな男の子のことを思い出す．その子は平手打ちを食らった時，いつもこう尋ねたものだった．撫でたの，それともぶったの，と．ぶったのだと言われれば，その子は泣いた．また撫でたのだと言われれば，非常に嬉しそうだった．それが普通で当然のことであった．しかしそれだけではない．平手打ちを食らった時，泣く以外の反応の仕方が他にもたくさんある．平手打ちをし返すこともできるし，もう一方の頬を差し出すことも，さらに次のように言うこともできる．殴りなさい，でも話を聞いてください！　と．多くの様々な可能性があるのである……．

(Lacan, 1993, p. 6)

（ひとつの試みとして，この次会話をする時に，その会話には加わっていないかのようなふりをしてみていただきたい．あなたには何が起こるだろうか．他者には何が起こるだろうか．あなたが他者が言うことは全て自分には関係していないというふりをしている間は，他者が言っている全てのことが，その人の内部で起こっていることに必ず関係しているに違いないと想像する必要はないのだろうか．このことは，電話を盗み聞きして，電話の向こうの相手が言っていることを理解しようと試みることと似ていないだろうか．）

　セラピストやクライアントや，彼らが出会っている状況を含めた社会的文脈は，お互いに相対して話しているだけではなく，どちらも対話から意味を構成することに役立っている．バフチンは次のように述べている．「一般的にどんな発話も話し手のみに帰属させることはできない．というのは，発話は相互作用の産物……，広義には，それが発せられた複雑な社会的状況全体の産物だからである．」(1927, Todorov, 1984, p. 30 に引用)

　バフチンの見地から，セラピストとクライアントとの関係は，ま

さに会話のプロセスの中で変わり続けるという考えが導かれる．伝えられたりお互いに引き渡されたりするような既成の意味は存在しない．むしろ意味とは，相互作用のプロセスの中から創り出されるものなのである．メッセージはお互いから伝えられるのではなく，「イデオロギーの橋のように彼らの間に構成される．すなわち相互作用プロセスの中で構成されるのである．」(Bakhtin, 1928, Todorov, p.56 に引用) フロイト，ソシュール，バンドラーとグリンダーは，固定され決定できる意味を持つ，既成の符号による意味の伝達を扱っていたが，それとは異なりバフチンは生き生きとした話を扱っている．そこにある意味とは，「伝達のプロセスの中で初めて生まれる．[なぜなら] いかなるコードも存在しないからである」(1970, 1971, Todorov, p.56 に引用)．ラッシュ・リースは，こういった意味でそれを以下のように述べている．

> ほとんどの理論のように，言語をひとつのシステムとして，あるいはある種の方法（例えば「表現の方法」「投影の方法」）として考えることは，誤りなのである．たとえ言語は人々がお互いに話をするものであるという理由から考えても．こういった点で，それは全く数学とは異なっている．(Rhees, 1970, p.84)

ほぼ同時期に，ケンブリッジで，ヴィトゲンシュタインは同じ橋をかけていたのである[2]．

> 哲学者はたびたび，言葉の意味を探求したり分析したりすることを云々する．しかし，言葉は何かいわば我々に依存しない力からそ

---

[2] ミード，ヴィトゲンシュタイン，バフチンがお互いの著作について何も知らなかったと思われる根拠がある．

の意味を与えられていて，言葉が真に意味するものを明らかにするためのある種の科学的研究がある，というものではない．そのことを忘れないでほしい．一つの語の持つ意味とは，特定の誰かが込めたものであるのだから．

明確に定義された意味を幾つか持っている語がある．これら［複数の］意味を表に書き上げるのは何でもない．だがまた，数多くの異なる仕方で使われ，それが互いに連続的に融け合っているとでも言えるような語もある．それらの用法の厳密な規則を表にできなくても不思議はない．（青色本 1933／34, Wittgenstein, 1965, p. 28）

初期のヴィトゲンシュタインは形態や構造を強調していたが，その土台を削り取ることから始めて，次のような結論に達した．「……ある文はその意義を［文章の］……システムから，すなわちそれが属する言語から得ている．簡単に言えば，文を理解することは言語を理解することである」(Wittgenstein, 1965, p. 5)．文の意味は，その文中の個々の単語全ての意味を単に合計したものから生じるのではないし，また（そのサンプルの中の）全ての文章の意味をともかく合計したものから文の意味が生じるのではない．むしろ人々による言語の使用法から生じるのである．ヴィトゲンシュタインの好むアナロジーを用いると次のようになる．ことばはチェスの一手とは異なる．むしろことばは，盤の上に駒を配置することに似ているのである．そして文はチェスの一手みたいなものであるが，その一手とは，チェスというゲームのコンテクスト内でのみ理解できるものだ．従って文だとしても独立しては意味を持たないのである．つまり文を理解することは，その文が生じている言語やコンテクストを理解すること，すなわち「言語ゲーム」なのである（青色本, Wittegenstein, 1965）．もちろんこれは，ことばは文とは違うのだから，ことばに意味がないということにはならない．盤上の駒の

位置は，そのゲームにおける一手とは違う．むしろそのゲームの条件かゲームをはじめるための条件である．どのマスに駒があるかが次の一手を決定するのである．

　明らかにラカンの穴（全体）を越える方法というのは，バフチンの橋を用いることによって成し遂げることができる．実際にこの「橋」は，より描写的に，「泥沼に渡したヴィトゲンシュタインの不安定な厚板」と呼ばれるだろう．しかしバフチンは実際に，「橋」という用語を意味のメタファーとして用いた．というのは，意味をなすことは人々の間の対話において生じたり構成されたりするからである．そして「バフチンの橋」にはすばらしい響きがある．それ故に，私はその用語を用いるのである．

理解と誤解

> しるし［記号］がそのコンテクストの外で妥当であることを想定するのではない．
> むしろ絶対的に固定することのないコンテクストのみが存在するのである．
> (Derrida, 1982, p. 320)

　ことばはその意味が，しばしばあるいは通常遅れるために，対話の中で「理解すること」（あるいは何か感じをつかむこと）もまた，遅れることとなる．従って何かを了解することは，ある瞬間に限定された特定の行為というよりは，むしろ累積プロセスである．それゆえに，どんな時でも，誤解の方が理解よりも自然な現象なのである (de Shazer, 1991)．さらにそういった誤解が会話を成し，実際，誤解が会話を可能にする．つまり，私たちがあっさりと（徹底的に）お互いを理解したとすると，私たちが話す必要は何もないだろう．

クライアントが「私は落ち込んでいる」と言い，私たちがその人の意味することを理解したとするならば，彼に質問をする理由はない．私たちは彼の状況の過去・現在・未来が正確にわかっているならば，何も言わなくとも，私たちは彼に適切な薬を処方し，行動に関するアドバイスを与えることも出来る．その人は私たちに「感謝」し，それが治療の全てである．しかし幸運にも私たちの分野の最も実証主義的な努力（例えば多軸診断法）でさえも，明確な知見を得るには至ってはいない．従って，患者が自分が落ち込んでいると述べる時に，私たちはその意味するところを理解できないと分かっているので，質問するのである．

　「落ち込み」が単純なものではないことは明らかである．クライアントの描写は通常，複合的で厄介な思考・感情・行動・態度・他者を含むコンテクストの集まりである．そのクライアントが描写するときに用いることばや概念に単純なものはない．その人の言う事を理解できないため，私たちはさらなる質問をする．私たちが使うことばや概念も単純なものはないので，クライアントは私たちに質問するのである．こういった会話の全ては，たとえ私たちにはそれがありそうもないことであると分かっていても，理解することは可能であるという考えに基づいている．ノリス（Norris, 1989）は，こういった状況に合うような，相互作用的もしくは会話的な「思いやりの法則（principle of charity）」と呼ばれるものを展開している．すなわち，「もし次のようなことを喜んで想定する一般的な心持ちがないのならば，理解は始まらない．それは第一に，他者は私たち自身と本質的に同じような方法で経験の持つ意味を理解するということである．そして第二に，正確な文章を重視する態度，つまり正しさを保とうとする態度が，私たちにとっても彼らにとっても重要であるということである．」(p. 60)

　もちろんクライアントは自分が（その特定の時に）表明している

ことを知っているが，私たちはそれを知ることはできない．あるクライアントに，その人が「落ち込み」という用語で意味していることについて尋ね，その人は自分が十分に眠ってはいないことを話し始めるということを想定してほしい．その人が十分に眠っていないということが「落ち込み」という用語をその人に選ばせたと確信を持って言えるだろうか．もしくは，その質問がその人の答えを導くようなものだったのだろうか．にもかかわらず，その人が抑鬱についてを話すことを通して，自分独自の意味を他者に明らかにし始めた場合，その時構成されている意味とは自動的に相互作用的であるのである．すなわち治療場面においては，展開されていることを理解すること全てが，セラピストとクライアントとの会話の共同の産物なのである．興味深いことに，「落ち込み」という用語の意味を探ることが「落ち込み」という用語の意味を構成し，少なくともあるいはしばしば図らずしも「落ち込み」という感情を強化することは実際によくあることである．

「抑鬱」という用語で意味されることは正確には分かり得ない．すなわち全ての意味あるいは解釈の裏やその下にはもう一つの解釈や推測が潜んでいるのである．それ故に，「ひとつの正しい意味」を探ることは，少なくともそれが心身に有害でない場合には無用なことである．結果として，あるがままの状況を単に受け入れることはより役立つようであるし，従ってクライアントが解決を構成するのに役立つ方向に共に誤解をすることが有用なのである．もちろん，「まるで現実世界をなおせるかのようにみえる諸概念を構成したいという衝動としてこれを理解するべきではなく，我々の存在を可能としている世界を自身で整理する衝動とするべきである．……世界は我々にとって論理的にみえる．なぜなら我々が世界を論理的にしてきたのであるから．」(Nietzsche, 1968, p. 282)

ことばや概念の意味は柔軟性があり，多様で，時には決められな

いものでさえあるので，こういった視点への批判は，私たちが「何でもあり」，つまり「抑鬱」が「木」を意味し得ると不合理に述べている，というような非難をする．しかし，論理学，文法学，（古典的な意味での）修辞学，使用法，コンテクスト，そして重要なことに対概念（非抑鬱）は，広がりうる意味の幅に制限を与えることに役立つのである．特に，抑鬱ではないものは，その用語のさまざまにとれる可能性を有益にも限定的にしてしまう．「非抑鬱」に属するものは何であれ，私たちはそれを「例外」「ミラクル」などと呼んでいる．(de Shazer, 1985, 1988, 1991)

　問題や不満ではないこと，つまり「非抑鬱」についてクライアントと語ることは，創造的な様式で誤解を用いるひとつの方法である．「非抑鬱」に焦点を当てることで，セラピストもクライアントも共に解決を構成でき，あるいは少なくとも問題が存在しないときのクライアントの経験に基づいて解決を構成し始めることができる．従って解決とは，セラピストやクライアントが問題ではないことや不満ではないことについて協力して話し合うことで構成されるのである．もちろん不満がいったいなんであるかを理解できるほど，不満ではないことを理解しないし，理解することはできないものだ．幸運なことには，不満ではないあらゆること（そしてこれはまた単純なものではない）について話をすることは，ほとんどのクライアントに有用であり価値があるようである．クライアントたちが，問題や不満以外について語り続けることは，不満や問題について語るといういつもと同じ行動を繰り返すものとは異なることを行っているのである．「例外」「ミラクル」などについて話せば話すほど，話していることがますます「現実」になるのである．

力

> 堕落しているのは「力」ではなく，むしろ「力」の神話である．
> (Bateson, 1979, p. 223)

　もちろんこの対話的なあるいは相互作用的な見方は，会話の中の二人が，展開する意味や理解へ常に等しい影響力をもつということにはならない．各人の役割，地位等の会話が生じるコンテクストは全て，交渉の結果にある影響を及ぼす．ある関係者Aがある特定のコンテクスト（x）で，ある特定の会話にその視点(A)を向け，別の関係者は彼の視点(B)を向ける．Aの結果は Ab（x）であるだろうし，一方Bの結果は aB（x）であるだろう．しかし対話的あるいは相互的な見方からして，AがBへの全てのやり方を変えるとか，あるいはBがAへの全てのやり方を変えるということは少なくともありそうもない．すなわち，どちらも交渉の結果を一面的にはコントロールし得ないのである．

ベイトソン

　家族療法に関する議論は溢れている．解釈が（そしてまたこれらの解釈に対する解釈が）過剰なくらいに溢れている．グレゴリー・ベイトソンに関する議論も解釈は溢れ返っている．特に力とコントロールの一部，そしてシステム理論全般に関するそれは過剰なくらいである．

　ベイトソンは，力という概念に反対した．その理由は，彼の理論を神学の領域内においてみると明白である．しかしベイトソンが「力」という用語を用いる場合，実際のところ何を意味していたのだろうか．「力」というどんな概念にベイトソンは反対を唱えたの

だろうか.

ベイトソンは次のように言う,

> 「力」や「エネルギー」「緊張」といったものそして,擬似的な身体的メタファーといったものは怪しまれるべきものである. それらの中で「力(パワー)」が最も危険なもののひとつである. 神話的な抽象[つまり力の神話]を切望する者は常に飽くことを知らないに違いない.(Bateson, 1979, p. 223)

関係というものについて話す場合,(例えばある人物による一方的なコントロールといったものに見られる)「力」のような概念は,ベイトソンがパターン描写の始まりと呼んだ, 相手の反応的行動と相補的に考えることをしないと, 必然的に不完全なものになる. 一方的なコントロールは不可能なのである. というのは,「部分は決して全体をコントロールできない」(Bateson, 1972, p. 437)からである. もし誰かが, 一方的なあるいは単なる直線的なコントロールを持とうと試みるのであれば, その反応が今まではどういったものであるのかを知る必要がある. 従ってひとりよがりのコントローラーは実際には反応的であり, 従ってその人の努力は無駄になるにちがいない.「それ故に, 単純で直線的なコントロールをするという事は不可能なのだ. 一方通行的なコントロールが可能であるような類の世界に我々は住んではいないのである.」(Bateson, 1972, p. 438)

> 精神医学の領域では, 家族とはサイバネティックなシステムになる……そしてシステムに病理が生じると, その中の個人は互いを責め合い, 時には自分を責める. しかし本当のところをいうと, どちらの態度も根本的には傲慢である. 自分が悪い, 他人が悪い, こう考えるのは, 個人が, 個人を包み込むシステムを, 意のままに左右

> できると信じているからである.」(Bateson, 1972, p. 438)

> ……このような内的相互作用のシステムのある部分が,他の部分(その全体または一部)を,一方的にコントロールすることはありえない.精神の諸性質は,一つのまとまりとして現象する. (p. 315)

ベイトソンの視点では,システムは事物をあらかじめ決定し,予定するので,「力」はどこにでもあり,そしてどこにもないのである.この宗教的環境は,まさにカルヴァン主義的神,すなわちシステムによって率いられている.ベイトソンの見地からすると,システム理論の中での一方向的な力や直線的コントロールの概念は必要ではないだけではなく,あり得ないのである.ベイトソンの神学の中には,力の外に何かが存在する可能性はなく,対立概念もなく,「非力」もない.従って,力という概念といったものの可能性もないのである.一方向的コントロールでの企ては,ただ「システミックな病理」を導くのみである.[3]

フーコー

興味深いことに,ベイトソンの立場はミシェル・フーコー(Foucault, 1980)の立場とかなり類似している.というのは,この二人にとって力の内部に対して外部は存在しないし,また共に「力」とは「関係性」という概念の単に別名にすぎないからである.

> フーコー (Foucault, 1978) によると,第一に,力とは次のように理解されるに違いない.それは,自分自身の組織を形成する範囲

---

(3) ベイトソンはこの点を示すのにアルコール中毒者を用いたが,一方フーコーは,ヒトラーやスターリンを用いた.

において内在する力関係の多様性として，また絶え間ないもがきや対峙を通して変換し，強化し，それらを覆すプロセスとして，あるいは逆に，お互いからそれらを孤立させる分離と否認として，そして最後に，それらがもたらす方略として，である．(pp. 92-93)

　簡単に言うと，ベイトソンと同様にフーコーにとっても，力はまた「関係性」あるいは「システム」の単なる別名なのである．ナンシー・ハートソックは，フーコーの理論の中に，面白いなぞを指摘しているが，これはベイトソンを解釈することに示唆的なものでもある．

　　フーコーは，その方向を定めるものが存在しないということを注意深く指摘しているけれども，同時に（恐らく矛盾して），彼にとっては力関係というものは意図的であり，かつ主観的でもあると述べている．また，力が存在する場所はどこでも抵抗が存在するということを論じている点で，彼の力についての説明は恐らくとてもユニークといっていい（p. 168）．

　フーコーにとっては，力とは「偏在」である（Foucault, 1978, pp. 52-53）．すなわち，様々な組織の中のシステミックな関係の網の目において，個人は，同様に，常に，どこでも力を経験し，用い，また力に抵抗しているのである．「抵抗」とは，パターン描写を始めるために必要な別の用語である．

エマーソン[(4)]
　フーコーの力‐抵抗という概念は，「力‐依存理論」を展開した

---

(4) この項についてはド・シェーザー（de Shazer, 1986）も参照されたい．

エマーソン (Emerson, 1962, 1964) によって先に論じられていた.
それは以下のように要約できる.

1. 力：行為者Bに対する行為者Aの力は，潜在的にAによって乗り越えられ得るBに対する抵抗量に等しい.
2. 依存：AのBに対する依存は，(a)Bによってもたらされるはずの目標への，Aの動機づけの量に正比例し，(b)A—B関係以外で，その目標の得られる可能性に反比例する.
3. Bに対するAの力は，BのAに対する依存に等しい.
   (Emerson, 1964, p.289, 強調は付加したものである)

エマーソンの概念は，ベイトソン，フーコーの双方の視点とかなりよく一致しているようである. 力‐依存とは，関係性のひとつを示す言葉であるが，エマーソンは次のような2つの方法でそれを変化しまたバランスを取り戻せるものとして述べている.

1. 撤退：より弱いメンバー［B］への動機づけを減じること.
2. ネットワーク拡張：より弱いメンバーが彼の目標を得られるように関係を外側へ拡張させること（新しい関係の形成を通じた「力ネットワーク」の拡張）. (Emerson, 1964, p.290)

最も単純に言うと，BはAの力の使用に対して，潜在的に「抵抗している」とみなされるのである. Aの提案がBの欲求に反する場合に，この抵抗が進展する. 従ってフーコーの「力‐抵抗」という用語は，エマーソンの「力‐依存」という用語よりもよく説明しているように見え，ベイトソンの視点に近い. ベイトソン，エマーソン，フーコーにとって，依存とはどんな関係性においても必要不可欠なものであり，あるいは相互的であるとみなされる. つまり，A

がBに依存する一方で，同時にBもAに依存しているのである．潜在的に「力」と「抵抗」は，お互いの「依存性」を前提とする．これは，「力」や「抵抗」のいずれかにおいて，AとBとが必ず等しいということにはならない．しかしどちらも一方向的なコントロールを持たないということにはなる．

　エマーソンのことばでは，多かれ少なかれ伝統的な治療的関係は不均衡であるとみなされるだろう．つまりある意味でクライアントは，援助のエキスパートや権威者としてのセラピストを雇うのである．従ってある意味では，クライアントはセラピストに依存しているとみなされる，そしてまた違った意味では，セラピストもまたクライアントに依存している．そして，もしクライアントかセラピストか，あるいはその両方から，セラピストがクライアントより「力を持っている」とみなされたとすると，セラピストの視点がクライアントの願望に反する提案を行う場合には，クライアントがその影響に「抵抗している」と（セラピストや観察者によって）みなされるだろう．これはベイトソン，フーコー，エマーソンの視点と一致する．各々のクライアントの目標がセラピーのコンテクストの外で満たされた場合，新しい有意義な関係性がセラピーの外で形成された場合，つまりセラピーにおけるクライアントの動機づけを減じるようなことが生じた場合に，終結が起こるのである．

　もちろん，クライアントが望んでいることにセラピストが正確に焦点を当て，案内人であることを請け負うような場合では，「抵抗」の概念は必要ではない．(de Shazer, 1982, 1985, 1988) これはまた「力」という概念の必要性を最小限にもする．このことは，セラピストが影響力を持たないということではない．事実クライアントは，セラピストが影響力を持つためにセラピストを雇うのである．むしろエマーソンによると，必要な力の量がそれを乗り越えるために必要な抵抗の量に依存するのであれば，抵抗ではなく協力が存在する

場合に，必要な力の量は明らかにそれに従い減じられるのである．

> あらゆる美徳は知識であるとプラトンは言った．そしてあらゆる
> 知識は力であるとフランシス・ベーコンは付加した．
> スピノザはこう結論した．従ってあらゆる美徳は力である，と．
> (Bidley, 1962, p. 283)

第II部

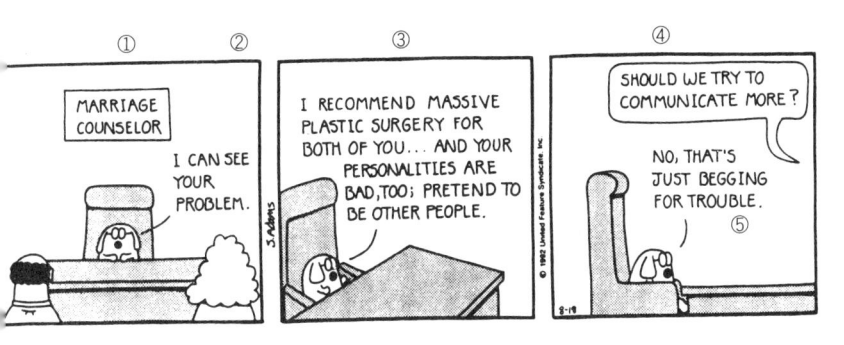

①　② ③ ④

① MARRIAGE COUNSELOR
② I CAN SEE YOUR PROBLEM.
③ I RECOMMEND MASSIVE PLASTIC SURGERY FOR BOTH OF YOU... AND YOUR PERSONALITIES ARE BAD, TOO; PRETEND TO BE OTHER PEOPLE.
④ SHOULD WE TRY TO COMMUNICATE MORE?
⑤ NO, THAT'S JUST BEGGING FOR TROUBLE.

DILBERT reprinted by permission of UFS, Inc.

①結婚カウンセラー
②「よくわかりますよ，問題が何か」
③「おふたりとも，外科手術をお受けになることをおすすめします
　……ご性格もお悪い．だから他人になりすまして下さい」
④「もっとお話を申し上げますか？」
⑤「いいえ，その必要はありません．問題が増えるだけですから」

第7章 プロブレム・トークと
　　　　 ソリューション・トーク

> すべての事実は問題に属しているのであって，
> 　　　　その解決に属しているのではない．
> 　　——ヴィトゲンシュタイン（Wittgenstein, 1972, #6.4321）

　セラピストは治療を行うことに関心を持っている．だから，面接を観察したり面接のビデオを見たりできれば，欲しいものが，少なくとも「データ」としては手に入る．書物の場合，治療場面の記述が唯一の「データ」である．こうした「データ」があることで，自分の持つ考え・説明・理論等や，またたとえ自分の経験から得た「データ」と合わないものがあった場合でも，セラピストは驚かないですむ．

　それゆえ現在，異なった学派を含め，様々な面接治療の記述を読むことに私たちは関心を寄せている．ネイサン・アッカーマン，ジェームズ・グスタフソン，ジョン・H. ウィークランドの名著を比べてみると，それぞれの治療で使われる言葉に違いがあるのが分かる．アッカーマンとグスタフソンを選んだのは，私の本棚からまず手に取った最初の二冊の中にこの二人の記述があったからに過ぎないが，[1]期せずして，第Ⅰ部から導き出された結論がどのようにして実際の治療行動に当てはまるかを説明する方法が，この二人の違いから得られた．

　セラピストが話を聞いたり観察したりする作業は，ある点で読者

---

[1] これら二つの例を選んだのは偶然ではなく意図的なものである．他にも二例あったが，役に立たなかったので取り上げなかった．

の作業にたとえられよう。クライアントの発言はテキストにあたる。また少なくともある点で，叙述を読むことはワンウェイミラー越しに面接を観察することにたとえられる。アッカーマンのアプローチは読者中心タイプの典型例であるし，ウィークランドのアプローチはテキスト中心のタイプである。グスタフソンのアプローチは読者中心でありつつ，テキストに対しても慎重である。

　アッカーマンとグスタフソンや，両者とウィークランドを比較する手段として，「プロブレム・トーク」と「ソリューション・トーク」という二項対置の概念を設定したい[(2)]。これはヴィトゲンシュタインが「実物（facts）」に対して「画像（non-facts）」という二つの便宜的な二項対置を設定したことにならうものである。「画像」は「虚構」よりも広義であるから，「実物」の対置物として「空想，希望，作り事，計画，願望」等を含むことができる。アッカーマンやグスタフソンの面接で見られる「プロブレム・トーク」「ソリューション・トーク」のはっきりした境界線が，ウィークランドの面接では曖昧であるため，もちろんこのように単純ではない。なお，これらを比べることを，以下の章の面接場面の叙述を見る際必要となる比較作業の基本とする。

プロブレム・トーク

　試みに，ある男性と，特に鬱々とした気分に焦点を当てて彼の人生問題について30分間話し合うことを想定してほしい。30分後のあなたは，どんな気持ちになっているだろうか。

　何人かのセラピストにこういった質問をすると，相手の問題と説明を聞いているうちに「事実」が積み重なり，その問題がセラピス

---

(2) これは暫時的な手段である。というのも「内面／外面」の二項対置は完全に対置するものではないからだ。境界（boundary）と防壁（barrier）は別のものである。

ト自身にとってどんどん重苦しいものとなっていくと答えた．45分経つと，あらゆる状況にセラピストは圧倒され，混乱し，絶望さえ感じるようになる．もしこのようにセラピストが感じるならば，45分後にクライアントはどんなふうに感じているのか想像してほしい．

ソリューション・トーク

次に，またある男性と，特に達成感に焦点を当てて彼の人生における成功について30分間話し合うことを想定してほしい．30分後のあなたは，どんな気持ちになっているだろうか．

何人かのセラピストにこういった質問をすると，相手の成功と成果を聞いているうちに「事実」が積み重なり，その場がセラピスト自身にとってどんどん心地よいものとなっていくと答えた．45分経つと，あらゆる状況にセラピストは注目させられ，刺激的であると感じるようになる．もしこのようにセラピストが感じるならば，45分後にクライアントはどんなふうに感じているのか想像してほしい．

ネイサン・アッカーマンの解釈

以下は，ネイサン・アッカーマン(1966)のある家族との面接の冒頭である．便宜上，各発言もしくは各ユニットに番号を付けておく．

[1] アッカーマン（以下A） ビルさん，今日は腰を下ろした時，ため息をつきましたね．
[2] 父（以下F） 単に疲れてるんです．悩みがあるからとかではなくて．
[3] A そうですか？
[4] F 嘘じゃないですよ．
[5] A うーん．

[6] F 本当に……，本当に疲れているんです．今日は一日中，根をつめていたので．
[7] A 私だって毎日疲れますけど，そのせいでため息つくことはないですよ．
[8] F 本当ですか？
[9] A どうしたんですか？
[10] F 何でもないです．本当ですよ！ (Ackerman, 1966, p.3)

読者中心の解釈

アッカーマンは，ビルのため息を調子が悪いこと，つまり問題を意味するものとして解釈した．彼は，父親の返答はごまかしであって，[4] の返答は「正直に答えることを抑えている」と述べている．(p.3) しかしため息の張本人であるビルは，アッカーマンの勝手な推測は単なる勘違いだと言っている．アッカーマンは自分の経験をあたかも権威であるかのように扱って，ため息について自分が専門家であると言わんばかりである．このことから，ため息にはその人の意志に関わらず，一つの決まった意味があるとアッカーマンが考えていることがわかる．しかしビルは，自分のため息は違うと言い続けている．

ビルのため息の裏には何があるのだろうか．つまりヴィトゲンシュタインが述べたように，「心的過程は外的基準を必要としている」のである．(Wittgenstein, 1958, #580) 会話の中で何か意味を見つけようとすると，心的過程についての外的基準は，ある個人の行動の中で観察し得る状況を含んでいる．そしてこのことから，他者はその個人の言明に賛成したり反対したりすることができる．ビルのため息が単にその日仕事でたいへんだったという意味を持つのではなく，「プロブレム・トーク」のひとつであるとアッカーマンが解釈する根拠となるのは，ある部分，（特殊な会話ではあるが）家族療法

のセッションのコンテクストである．

フーコー（Foucault, 1980）に由来する，権力の考えと知識，特にアッカーマンの非言語的記号のような専門的知識の考えとは，常に切り離せないものである．そしてクリストファー・ノリス（Norris, 1989）はこの考えを発展させて，次の概念にたどり着いた．「真実と言われるものは，……常にその領域を支配している社会，政治，規律にみられる様々な利害を反映している……権力の影響を法規，慣習，倫理的専門的記号といった'知識'に表して――そうすれば，威圧的な勢力によって是非を問われることはないからである」(p. 128)．これは明らかに，テキスト中心というよりは読者中心のアプローチである．エマーソン（Emerson, 1962, 1964）とフーコー（Foucault, 1980）は共に，「権力はまた抵抗とも切り離せない」と考えた．このことから，アッカーマンが権力を用いたことが，どのようにビルの抵抗とつながっているかがわかる．ため息についての解釈は，単にビルの望んだ解釈と一致しなかったのである．

[11]　A　でも息子さんはそうは思ってないようですが．
[12]　F　いや，私が言っているのは，今日，今晩特に何かあってため息をついたんじゃないということですよ．
[13]　A　そうですか．特に何もないんですね．でも……ジョン，どうです？
[14]　息子（以下S）　さあ．
[15]　A　さあ，ですか．何で急にポーカーフェイスになるんです？　さっきまでは知ったような顔をして，にやにや笑ってましたよね．
[16]　S　ほんと，何も知りませんよ．（Ackerman, 1966, pp. 3-4）

アッカーマンは面接で起こる事柄を，非言語的行動を含め，「プ

ロブレム・トーク」の一部として次々と解釈していく．息子が「知ったような顔をしてにやにや笑っていた」のも，アッカーマンのため息の解釈に賛成しているサインだと考えていると考えることができるだろう．ユニット [11] についてアッカーマンは，「セラピストはその時，息子の訳知り顔のにやにやというジェスチャーを利用して父親の否認を見抜き，感情をもっと強く喚起するように仕向けた」と述べている (p.3). しかし，息子が反発することを，アッカーマンはどこで予想したのだろうか．それまで息子が何も口に出して言っていないのは確かである．ここでもまた，こういった解釈と息子の抵抗を引き起こしているのは，非言語的なサインに関するアッカーマンの専門的知識である．もちろん，息子が「知ったような顔をしてにやにや笑っていた」から「ポーカーフェイス」に変わったことは，アッカーマンの解釈の新しい材料となったのは言うまでもない．

[17]　A　君は，……お父さんについて何か知ってますか？
S　まあ．
A　例えば？
S　えーっと．まあくだらないことしか知りませんけど．
[20]　A　(ジョンに向かって) 是非聞かせてください．
S　うーん……．そうだなあー……．(笑)
F　もう話すしかないね．
A　お父さんは男性だね？
S　はい．
[25]　F　ほらほらほら．アッカーマン先生はお前から話を聞きたがってるんだ．
S　ああ，分かったよ．アッカーマン先生，お話しましょう．
A　君のお父さんは，君も知ってると思うけど，こう，手を使いま

すね．お母さんとは違って．
F　ほら，言えよ．言え言え．
A　お母さんのジェスチャーはこうで，お父さんのジェスチャーというのは，「ほら」っていう時の，あれですね．

「セラピストは母親と父親のジェスチャー（非難する時に人差し指を突き出す母親のジェスチャーと，要求する時に手のひらを開く父親のジェスチャー）を対照的にうまく演じてみせる．実際に，ほら，と！」

[30]　S　あのう，あんまり言うことが見つからなくて．うーん，お父さんは普通の人だし，っていうのは僕の父親ってことで．いい人です．
母親（以下M）　ちょっといいですか？
A　何でしょう？
M　えーっと，私，ここに来てから，ちょっとしたことを書き留めてきたんです．全部ってわけではないですけど，お話するのに重要かと思って．
A　なるほど．
[35]　M　いろんな意味でこれはいいと思っているんです．読んでみると，よりよいものの見方っていうのがいくらか分かるでしょうし．そうねえ，何だったら私，読みましょうか．何か質問はあります？　これが私の意見です．
A　ほう，嬉しいですね．その膝の上にのっているノートについてのお話をして下さって．そのノートを準備していらっしゃったんですね……．

母親がセッションの間々に「現実の生活」の話をしようとしてい

るのに，アッカーマンは彼女の「ノート」を「家族についての関係書類」だと解釈し，また彼の解釈コメントの中で「武器」と呼んでいるように．(p.6) ノート準備を「武装している」と解釈している．母親の「ノート」(シニフィアンもしくはある種の表層構造)から，アッカーマンはこのノートを，いわば日記や記録ではなく，関係書類，武装，武器といったかなり強力で，問題性も帯びるもの(シニフィエ，深層構造もしくは無意識)と捉えた．

M ……それで，先週からずっとこれを記録してるんです．とても大事だと思ったので．すぐに書き留めないと，人が何て言ってたかとかどのように言ってたかとか，すぐ忘れてしまうでしょ．こういうの，私のクラスの子どもたちにもやってるんです．個人史っていうのかしら．いいアイディアでしょう．
A では，それで家族にも個人史を，と？
M そうなんです．
A すごいですね！ どのくらいあるんですか？

アッカーマンは解釈してこうコメントしている．「セラピストは喜んでいる．皮肉たっぷりのユーモアを差し挟んで．」(p.6)

M そんなに長くありません．まだ始めたばかりで．(父親に向かって)昨晩あなたが見ていないのもあるのよ．
F くそっ，やられた！
M ごまかしたんじゃないわよ．まだ続きがあるって言わなかっただけ．それだけよ．あなたが最初の部分を読んで……．
F それはずるいよ．
[45] M いえ違うわよ．それ，読んでもらいたいんだったら．……それは私が考えてたことをちょっとまとめたものよ．

これまでこのセッションで起こったことを考えると，父親が母親のしたことをよく思うはずはないだろう．

A　どんどんつづけて！

　「セラピストの選んだことば〔どんどんつづけて──訳者〕は母親の兵器を脚色するものである．」(p.7) しかし「兵器」という言葉はアッカーマン自身の解釈だけによるのであって，家族のうち「兵器」について話した者は誰もいない．

M　でも先週は最悪でした．半ばくらいが特に．本当に気分が良くなかったわ．
A　爪をいじってるんですね，ビル．
F　いや，ちょっとささくれがあったもので．

　母親のことばに注目しているのではなく，「セラピストは父親の爪いじりの衝動に注意を向けている．」(p.7)

[50] M　あれは彼の神経質なちょっとした病気なんです．足とか湿疹とかひっかいたり．指も．あれは神経質な病気です．

　「母親が突然このことを取り上げ，父親の悪い癖を批判的に攻撃する．」(p.7) しかし彼女はアッカーマンにただのせられているだけである．というのも，母親の言いたかったことに耳をかさずにビルの爪いじりを見つけたのはアッカーマンひとりだからである．

S　もう，むかつくんだよ．

母親と息子は，父親の場合と同じように，何ごとも否定的で問題であるといったアッカーマンの解釈に傾いていく．

A　むかつくって言いましたよね？
S　（母親に向かって）自分の癖はどうなんだよ．
M　たくさんあるわ．
[55]　S　へえー．座ることとかね……まあいいからいいから．だってたくさんあるんだろ．
M　私は，癖があるって言ってるでしょ．
S　へえー，それはたいへんだ．
M　はいはい，そのとおり．
A　どうしたんですか．お母さんに怒っているんですね．お父さんの爪いじりのことを取りたてて言うからですか？
[60]　S　だから何だって言うんです？　そりゃー，お父さんには癖があるけど，そんなの誰にだってあるでしょう？
[61]　A　君はお母さんの何をつつきたいんですか．
[62]　S　お母さんだってむかつく癖があるんだ．

　ユニット[61]では，「セラピストはことばを選んで，母親に対する息子の性的関心の防衛を暗示している」．[62]のことばも，アッカーマンは「わいせつと性に関するほのめかし」と解釈している．(p.8) と，まあこのへんにしておくが，ユニット[61]と[62]のこういった解釈は，そのセッションでの家族の発言のどこにも根拠はないのである．

A　例えば？
M　私が話します．
[65]　F　ちょっと待って下さい．

A　今は奥さんが話してるんです．

ユニット［65］について，「話に割り込んだり，相手を論破したり遮ったりするのがこの家族の特徴である」(p.8)とあるが，（ここまでの描写を見れば一目瞭然であるが）もうひとつ，「これはアッカーマン自身の特徴でもある」と付け加えるのもよいだろう．以下は面接の後半の部分である．

［93］M　……えーっと，この［彼女が書いたノートの中の］幾つかはひどいものです．というか，思ったまま書いたものだから，失礼な部分も幾つかあります．で，夫はそれを読んだんです．私たち結婚して20年になりますけど，一緒になってから初めてでした，彼，怒らなかったんです．
F　20年以上だよ．
M　そうね，20年ちょっとね．正直言って，私の期待通りに振ってくれたの初めてだったんです．彼，このノートに書いてあることを見ても怒らなかったんですよ．

「母親はこの時父親を見下して話をしている」(p.10)とアッカーマンは述べているが，同時に母親は父親を褒めてもいる．母親に関しては，良い方に変化してきているのである．

［96］A　ほう，あらあら，ちょっと進歩しましたね．先週は，「彼はちっとも男らしくない」なんて言ってたのに．
M　結婚して初めてでした．本当のことを言っても怒らない彼を見ることができて，嬉しいです．
A　ちょっとあれ，彼の舌．見てご覧なさい，彼の舌．

「セラピストは再び父親の非言語的なジェスチャーを利用する．父親は舌を出して，隠れて母親を馬鹿にしている．」(p.11) アッカーマンはまたもや母親の言い分よりも，非言語的行動の解釈を優先させたのである．

アッカーマンに関する限り，家族メンバーの言動は全て，問題のサインや徴候としての解釈と非言語的記号の知識による解釈とを免れない．医師として専門家としてのアッカーマンの解釈は，母親，父親，息子に大きな影響を与える．その結果，面接の前半に見られる抵抗を経た後，アッカーマンに導かれて家族はお互い，「話に割り込んだり，相手を論破したり遮ったり」し合うのである．

> 正しい解釈の基準はさまざまである．例えば，(1)自身の先行経験に基づいた分析者の発言や推測，(2)自由連想によって語られる夢，である．一般的にこの二つが一致するならば，それは興味深く重要なことであろう．しかしこの二つが（フロイトのように）常に一致すべきだと主張するのは怪しいものである．
>
> (Wittgenstein, 1972, p.46)

明らかにアッカーマンは，非言語的行動を自分流に解釈している．見かけ通りのものは何もないということである．その結果，アッカーマン，母親，父親，息子は，面接しながら問題を共に構成していった．その材料となったのは，ため息やにやにや笑い，ノート，爪いじり，舌，ゲップである．

アッカーマンの解釈をこのように解釈してみると，揉め事を自分も一緒に構成していたことに気づかずに，「困った家族」というレッテルを貼って，「家族についての臨床理論」を探していたことが明らかに分かる．ラカンと同様にアッカーマンは，治療を相互作用的であると，もしくはセラピストとクライエントとの会話であるとは考えなかった．彼の治療の介入のターゲットは，クライエントの

自動思考や非合理的信念という個々の独立したものなのであった．

　　この面接から分かるのは，夫婦がお互いを責めたりやっつけたりすることで慰め合おうとするのにセラピストが水を差している過程である．しかし結局のところ，彼は夫婦間の新しいより良い関係への希望を持っている．彼は，誤解や混乱，歪曲を貫き通し，何が本当に間違っているのかお互いに合意できるところまで達したのである．（p. 39，強調は筆者）

「この家族は，11歳の息子ペグが包丁で両親と兄を刺そうとした危機的状況を機に家族療法を始めた．」（p. 4）「本当は間違っている」ということは何でも，事物の表層の下で見出されるに違いないが，これは家族メンバーの個人的無意識，もしくはある種の家族の集合的無意識の中に抑圧されているものである．アッカーマンにとっては，表層にあるものは全て，その下にあるものほど重要ではないことは明らかである．

ジェームズ・グスタフソンの解釈

> ヘイリー　私が絶えず興味を持っているのは，あなたがどのように症状にアプローチするかです．背後に隠れているものよりも症状とその対処方法に関心を持っているようですね．
> エリクソン　症状とは，患者についた取っ手です．ポットをどうやって使いますか？　ずっと取っ手を持っていなければなりません．ポットをどう使うにしても，手はずっと取っ手をつかんだままです．
> (Haley, 1985, p. 71)

　他のセラピストの，ジェームズ・グスタフソン[3] (Gustafson, 1986, p. 173) が，どのように非言語的行動を扱っているかを次に見てみよう．

医師　ここに引き留めたから，ちょっといらいらしていますね．
患者　ええ．
医師　でも笑ってますよね？
患者　あなたにはよくいらいらします．今も……．
医師　今も？
患者　そうやって私を困らせて．それが必要だってことは分かってますけど……．
医師　分かりました．でもそれなら私の行動を説明して下さい．どう感じたか．
患者　ええ．あなたが私を困らせるときには，いらいらしました．
医師　今もあなたをいらいらさせた？
患者　ええ．

---

(3) グスタフソンは，最初の例ではシフネオの治療方法を，そして2番目の例ではダヴァンルーの治療方法を彼なりに示している．このように，グスタフソンの面接の技法は，必ずしも独自のアプローチであるわけではない．

医師　わかりました．しかし，あなたもお分かりかと思いますが，あなた，微笑んでいますよね．いらいらしていると私にお話しする時．

患者　ええ．

医師　わかりました．

患者　ええ．

医師　じゃあちょっと心地よくない，という感じなのですね．そうやって私に笑いかける時，人はたいてい不快感を抱いてるんです．私に困らせられていらいらしてますけど，それを私に言うのが心地よくないんですね．違います？

患者　その通りです．

医師　わかりました．

　この患者の微笑みの解釈において，セラピストは，他の「人々」がセラピストに笑いかけるという根拠を引き合いに出して，セラピストの推測や解釈を通して裏付けしている．アッカーマンと違うのは，グスタフソンは微笑みの意味をひとつに決めていない点である．つまり彼のアプローチは読者中心ではあるが，テキスト（実際の発言）も考慮に入れている．彼は微笑みの意味は決定し得るものと想定しているだけのようである．

> ［ラカン派の］分析を受ける者もまた，子どもの頃に起こったことを思い出すのではない．その代わりに，探られるのは常に現在の思考構造であり，問題を解決するのは過去の中ではなく現在の思考においてなのである．
> (Nye, 1988, p. 137)

　グスタフソン（Gustafson, 1986）の他の例，「通常の薬物療法ではどうにもならない」（p. 183）重篤な「偏頭痛」を持ったクライアントのケースを次に挙げる．

[1] **医師** ……あなたはかなり腹を立てていらっしゃる．話し始めて，肩をすくめて笑いながらこう言いましたよね，「いえ，何でもないですよ」．このようにして気分を害しましたね．

[2] **患者** そうですね……．

[3] **医師** 何か？

[4] **患者** いけませんか？

[5] **医師** ほら，そうやって申し訳なさそうにするでしょう？ ね？ ただ事実として私は言おうとしてるんです……．

[6] **患者** はぁー．

[7] **医師** 批判してるんじゃないんです．ただ事実を述べているに過ぎません．でもあなたは謝らないといけないような気がしてくるでしょう．……（間があく）で，私がリードしてくれるのを待ってるんです．ね？ これがあなたのもうひとつのやり方．受け身に徹するってことです．お分かりでしょう？

[8] **患者** ええ，分かります．(p.184)

ここでの意味というのは，次の等式を用いると詳しく説明することができる．それは，(a)肩をすくめて微笑みながら，(b)腹立ちについて話をすること，=(c)気分を害すること，である．以下は30分後の面接である．

[9]⁽⁴⁾ **患者** 分かります．（長い間があく）どこから話し始めましょうか．何ていうか，とても頼りないような感じで……．

[10] **医師** 続けて下さい．

患者 分かってるんですけど，まとまらなくて．とてもおかしなこ

---

(4) 完全な記述を入手していないため，この番号は任意に付したものである．

となんですが，自分が先生に攻撃されているような感じで．良くない考えだとは思うんですけど．（クライアントは手で顔を覆う．）
医師　うんうん．
患者　こういう考えは好きではないんです．
医師　そういう気持ちになってしまう．（クライアントは鼻をすする．）そういう気持ちがしたんですね．
患者　ええ．
医師　で，その気持ちを何とかしたいんですね．
患者　何とかしようとは真剣に考えています．
医師　そうですね，それについて話し合いましょう．今あなたは，私に攻撃されているように感じ始めてますね？
患者　うーん．
[20]　医師　どんな感じがしますか？
患者　いい感じはしません．
医師　涙を拭こうとしていますね？
患者　はい．（間）（クライアントは泣く．セラピストは彼女にティッシュを渡す．）
医師　今，私のことを見たくはないでしょう．
[25]　患者　はい．
医師　なぜですか？
患者　なぜなら．
医師　ええ．
患者　もし先生を見ていなければ，多分自分をコントロールしていられるんです．
[30]　医師　でもそうしたとしても，私たちはここにいるしかないんですよ．（クライアントは口を手で覆って，笑いをなんとか抑える．）

患者　ええ．でも今は，先生が理由を聞いたから答えたんです．
医師　ええ，またですね．私はあなたの答えを批判しているんではないんですよ．
患者　ええ．
医師　といいますか，あなたは私の観察をまたもや攻撃と捉えたんです．あなたは自分をコントロールしようとしています．壁を作ってしまうんです．私がありのままのあなた，あなたの真の気持ちに触れようとすると，あなたはその壁を絶対に壊したがらないんです．
[35]　患者　そうですね．

　グスタフソンは，患者の発言というコンテクストを支えるために様々な非言語的手がかりを用いている．これは，クライアントが「本当に感じていること」(深層構造もしくは無意識)を見出す助けとなる．グスタフソンの読者中心のアプローチでは，テキスト（そしてテキストの筆者）を自分の解釈の裏付けに用いている．
　以下は，さらに30分後の面接である．

医師　恐いどころではなくなった．あなたは泣き出してしまった．辛かった．
患者　今もです．
医師　今もそうだと？
患者　ええ．
[40]　医師　その苦痛とは何です？　攻撃されることが，何かとても辛いんですね？　そういう状態だったんですね．とても傷ついていますね．

(5) この番号もまた任意のもので，便宜上付した．

患者　ええ．

医師　わかりました．どう傷ついているのか話して下さい．

患者　えーと，それは，嫌なことに気づいてしまったらどうしようということなんです．そのことが恐いんです．（何かを払い除けるように顔の前で手を振り，次に口と右頬を手で覆う．ひどく震えている．）

医師　そのことが嫌なんですか？（間があく）

[45]　患者　ええまあ．たいしたことじゃないとは思うのですが……いいえ，私にとっては，他の人が何を考えているのかが問題なんです．

医師　ええ，あなたはとても敏感ですし，私がよく思っているかどうかすぐ気づきます．

患者　その通りです．

医師　ですから，あなた自身が受け入れられてないとか好かれてないとかが，とても辛いことなんですね？

患者　ええ，たぶん．っていうのも，うーん，よく思い出せないのですが，小学校，中学校，いえ，これまでずーっと，みんなが私を嫌っていて……．

[50]　医師　うーん．

患者　それがとても嫌でした．

　グスタフソンによると，「このことは，10年以上も壁の向こうに隠れていた彼女の辛さに届いている．」(p. 189)「十分進歩した．辛い表情は'気に入られて'いないことに過敏であることにつながっていた．偏頭痛の引き金となっているものを，私たち二人ともはっきりと分かった．」(p. 191) このつながりは，言語的手がかりと非言語的手がかりとの意味を対等に扱った会話を通して，患者と医師とが協力して構成したものであった．「そして患者が短期療法を始

めた……偏頭痛の非常に多くのエピソードが分かってきた．というのは，患者の人生の多くの部分で，好かれてないことについての脅威がどのように現れてくるかが明らかになったからである……短期療法後6ヵ月のフォロー・アップから，彼女は偏頭痛からほぼ完全に解放され，大きな変化を遂げたことが示された.」(p. 191)

この会話（以上の抜粋）の流れを見ると，帰納的論理，つまり等差数列が展開されていることが明らかである[6]．そしてこのことから，ユニット [43] から [51] までの中から引き出された結論の必然的論理が導かれる．明らかに，小学校，つまり10年以上も前から好かれていないことや攻撃されていることで偏頭痛が起こっているというのが，最も論理的であると思われる．しかしながら，ヴィトゲンシュタイン (1972) が述べているように，「精神分析で，本当はああ思った，本当の動機はこうだったと話すようになるとしても，これは発見の問題なのではなく説得の問題なのである.」(1972, p. 27)

アッカーマンもグスタフソンも，コミュニケーションの非言語的部分に非常に注目している点では同じであるが，アプローチの仕方が異なっている．アッカーマンは非言語的サインを，明白なもので，意味もひとつに決まっているというアプローチをとっている．実際彼は，ため息の持つ唯一の真の意味が分かるコードブックを持っているかのように振る舞っている．しかもそれは，ため息をついた本人の考えをはるかに上回るものである．一方グスタフソンは，微笑みと肩をすくめる動作が「何か」を意味していることがわかっているかのように振る舞っている．しかしそれが「本当に」何を意味す

---

(6) これは全ての合計である．つまり，様々なユニットを合計しているかのように（1 + 7 + 11 + 14 + 29 + 30 + 34 + 40），ユニット43から51のこの結論を引き出しているに違いない．ランダムなものの集まりでも，長く見ていればあるパターンが見出せるものである．

るかを，セラピストの解釈や推測を確認しながら探し出すのはクライアント自身だけなのである．

　治療面接を通じて問題がそれぞれ異なった形で考えられるようになる様子が，アッカーマンとグスタフソンの面接で示されている．

＊　＊　＊

　一般的に，プロブレム・トークは「真実 (truth)」と「現実 (reality)」についての伝統的な西洋の観点に基づいているかのようである．会話の流れの中で「事実 (fact)」が続いていくと，どうしてもその背後や深層にあるものを見ようとしてしまう．また，どうしても事実同士の相互のつながりを想定しようとしてしまう．こういったところから，「問題の根底にあるもの」，つまり背後や深層にあるもの全てがまず扱われなければならず，（表層にある）他の問題にクライアントが取り組むことができるのはその後だ，という考えになる．

　しかしながらポスト構造主義の観点によると，言語の使用の仕方が我々を惑わす可能性があり，現に惑わされていることが多いと考えられる．叙述は言語においてなされなければならないということ，そして（少なくとも）英語という言語は，叙述の中で用いられる単語の順序というものを必要とすることを，我々はいとも簡単に忘れてしまう．

　述べられたことを因果的説明と取り違えることは，言語にまがい物をつかまされてしまうことだ．つまりそれは，ことばのあやから[7]私たちの観念がどのように生み出されるか，あるいは，セラピストとクライアントが言葉を求め与えられる，すなわち，いっしょに話をするその相互作用の過程から，どのように私たちの観念が生ずる

---

(7)　より形式的に言えば，存在論と文法とを混同することである．

かを忘却したといってもよいほどのことである．重要なのは，こういったことが生じる時にはセラピストもクライアントも間違ったことをしていないということである．むしろ，欠点があるなら言語それ自体の中にあるのである．

もちろん問題についての話の全てが問題なのではない．事実，時には問題を語ることが有益なこともある．例えば，クライアントが問題について誰にも語ったことがない場合には，問題について語ることの重要性は高い．また，クライアントの話を注意深く真剣に聞いてくれる人が，セラピストの他にいないような場合も同様である．

ジョン・H.ウィークランドの解釈

問題そのものについて述べ，それがどのように維持されているか（つまり，ウィークランドの言う「解決への努力」）について語ることは有益なアプローチである場合が多い．「こういった解決努力を別の努力に置き換えたり，もしくは，よくあるわけではないが，もともとの行動をまったく問題ではないと再評価したりすることによって」(Weakland, 1993a, p.141) 断ち切ることに焦点を当てることによってだが．ウィークランドは明らかにテキスト中心の解釈をしている．また彼が，できるだけ多くの詳細を得ることを強調するのは，クライアントの話とその理屈を大切にするべきだという彼の思いをあらわしている．

以下に挙げるのは，1991年1月にBFTCにてジョン・H.ウィークランドが行った，ある女性とその10歳になる子どもとのセッションの逐語記録である．

［1］　ジョン・H.ウィークランド（以下JHW）　私たちは今回初めて顔を合わせます．ですから，あなたがたのことは何もわかりま

せん．なぜここにいらっしゃることになったのでしょうか，困ったことや問題を教えていただけませんか？

［２］ 母（以下 M） ええーっと，ニールのことで問題がたくさんあるんです．学校できちんとやっているか気になって．近頃ニールは厄介なごたごたを起こしてばかりで．

［３］ JHW あなたを悩ますお子さんのどの問題で困っているんでしょうか？

［３］ M えーっと，息子に何か頼んでも，絶対にやろうとしないんです．本当に頑固で．やり方とか指示しておいても，全く意味がなくて．

［５］ JHW 書いておくんですか？

M いいえ，言って聞かせるんです．

JHW どうやって息子さんに言うんですか？　ちょっと言ってみてください．

M そうですねえ．例えば「ニール，部屋はきれいでしょうね」とか，「家の中ちゃんとしておいてよ，お母さんが帰ってくるまでに」とか，こんな感じです．

JHW 息子さんは何て答えますか？

［10］ M 「あぁぁぁぁぁーい」とか何とか．で，学校でも何もしなくて．やればできる子だとは分かってるんですけど．でも怠けて，馬鹿ばかりやってて，それで落第．問題ばっかり．ちょうど先週も第４級の婦女暴行罪を言い渡されたんです．

JHW ではその辺についてひとつずつ話しましょう．これまで私はニールには一度も会ったことがありませんので，何も分かりません．そこで，彼が学校生活をきちんと送れると，あなたにはなぜ分かるのですか？

M 学校で先生たちとお話したのですが，彼はよくできるとおっしゃっていたので．

JHW　なるほど．

M　そう，私がどうかなと見ているときには，ある程度は席に着いて，やってるんです．けれども進級だけはできないのです．

[15]　JHW　でも先生方からよくできると言われたんですよね．先生方は専門的な立場からそう言われるのですよね．

あなたとしてはどこが一番気になりますか？　彼のどこを変えたいですか？

M　態度です．

JHW　でも学校では，あなたの言いつけたことについて，よい態度は既に出来ていますよね．

M　じゃあ，生活態度．

JHW　わかりました．でも一度に全部というのは無理ですから，まずひとつに絞りましょう．彼の態度の中で一番具体的に変わってもらいたい点はどこですか？

[20]　M　私に対する振る舞い方ですね．

JHW　わかりました．あなたの言うことを聞かないとか．他には？

M　何か言いつけた時に，言うことを聞かないこととか．息子はいつも口答えするんです．

JHW　例えば，どう言うとどう口答えするんです？

M　例えば，「ニール，台所をきれいにしておいてって言ったはずだけど」と私が言ったとすると，「やったよ．ちゃんとやったって．」でもやってないとか．他には，「今日学校ではちゃんとやってきたのよね」とか，「日誌はどこ？」とか言ったとしますよね．すると，「そんなの知らないよ」って言うんで，私が「持って帰ってきてるんでしょ」と言うと，「忘れたよ．あーあ忘れちゃった」って言うんです．そういう言い方するんですよ．

ウィークランドはここに焦点を当てた．すなわち，母親がものを

言いつけた時に，結果としていつも息子が悪口を言うという相互作用にである．母親が望む変化が何であるのかは，ここから明らかになっていく．問題について話すこの方法は，問題がどんな状況なのかを探るのではなく，クライアントがどういった変化を望んでいるのかをわかるためにはっきりと計画されている．ウィークランドのアプローチは，「起こってしまったことは仕方がない．その代わりに，クライアントはどういった変化を望んでいるのか」と要約できるだろう．アッカーマンやグスタフソンのアプローチとは対照的に，ウィークランドはテキスト中心の解釈を行っているのである．

[25] JHW わかりました．ではやり方を変えて話を確認しましょう．難しくありませんから．ニール，お母さんは君の行動が心配だそうだ．一緒に確認しよう．君は家での自分の行動とかに問題があると思いますか？［ニール頷く］そう．どんな点で？

ニール 学校でへまやったりとか，その他くだらないこととか．

JHW どんなへまなの？

ニール 課題をやらないことがあるし，成績も悪いし．

JHW なるほど．お母さんの前で聞くようなことではないんだけれども，成績が悪いっていうのは君にとって問題なのかい？［ニール頷く］どうして？

[30] ニール 進級できないから．

JHW 君にとって，と聞いているんですよ．他の人にとってでなくてね．成績が悪いとどうなんです？

　私が君くらいの頃は，そんなこと言う子どもは学校には誰もいなかったよ．みんな「それがどうしたの」と言う子どもばかりで．でも君は成績が悪いのが気になると言っている．それがどう気になるんですか？　はっきり言ってよく分かりません．うーん，わかりました．どっちにしろ，お母さんや成績なんかどうでもいい

と言っているような人の前で率直に話せることではないですね．うん，話せることでも話したくない時はありますから．

ウィークランドは彼らしいやり方で問題の話の方向を変えた．それは，ウィークランドと同僚のリチャード・フィッシュとポール・ワツラウィックら(8)が発展させたアプローチ法である．母親は問題を解決するためにどんなことを試したのか．話の焦点は問題にあるのではなく，今までに試したけれども失敗に終わっている解決法なのである．

[31続き] お子さんが言うことをきくよう努力したことは何かありますか？
M お仕置きです．いろんな物を取り上げました．
JHW 例えばどんなものを？
M 電話です．どうやっても使えないように．あとテレビも．
[35] やってみたけどうまくいかなかったんですね．
M ええ．
JHW うーん．もっと早く言っておけばよかったですかね．うまくいったことだけでなく，やってみたけどだめだったことも聞いているんです．それを聞くこともとても大事なのでね．だめなことを続けても意味がありませんから．
M あらゆることをやってみました．大声でけしかけたり，取り上げるお仕置きをしたり，話したり，でも分からないわ．2，3日は大丈夫なんですけど，それからまた元に戻ってしまうんです．
JHW では，息子さんは2，3日は変わるけれど，その後はまるで何もなかったかのようで，少なくとも表面上しか変わっていない

(8) カリフォルニア州パロアルトのMRI短期療法センター．

ように見えるんですね．でも現実には，あなたが彼を2，3日は良くしているんですよ．

[40] M　ええ．2，3日だけは．

JHW　で，彼に話したり，聞いたりするのですね．「ニール，どうして言ったことをやらないの」とか．

M　何を考えているのとかそういうことも聞きました．何か私に言いたいことはないかって．「別にないよ」「何もおかしくないよ」って．でも実際，私を憎んでると言ったことが1度だけあったんです．どういう意味かって聞いたら，「頭にきたから言ったんだよ」って答えました．

JHW　やっぱり困りましたか？

M　息子に大嫌いだって言われた時は，本当に困ってしまいました．［涙をこぼしはじめる］

[45] JHW　それはあなたが聞くに耐えないことだとお察しします．私はただ，あなたが良い方法を見つけているんじゃないかなーと思ったんです．そうですね，強くなりなさいと言うのはやめましょう．ですが，うまくいくような方法をしっかりやっていきましょう．息子さんがあなたを嫌いだとか言うかもしれないという恐れはありますか？

M　息子が自分をずいぶん嫌っているんじゃないかと，くよくよしてしまうことがあります．

JHW　息子さんをあなたご自身の考えでうまく扱えたかもしれないということはありますか？

M　時々．

JHW　そうですねえ．ニールの前でする質問ではありませんが，息子さんは，「大嫌いだ」と言えばあなたを困らせることができると知ってて，そう言うのではないかと思いませんか？

M　うーん……．

第7章　プロブレム・トークとソリューション・トーク

JHW 息子さんはわざとそう言ってるのでは？
M 分かりませんが，そうは思いたくありません．
JHW そうですね．考え過ぎない方がいいかもしれませんが，息子さんは自分の力を強くして，あなたの母親としての当然の力を弱めるために，何かあなたにやらかそうとしているのでは？

母親と息子は，療法を始めた後に学校で起こった「婦女暴行罪」について穏やかに語っている．母親は学校と警察の対処に満足し，息子にとっても法に触れたことはいい教訓になったと思っている（数週間後のセッションで母親は，この事件は尾を引いていないとセラピストに話した）．この後息子には，いったん部屋から出てもらった．

[101] JHW あなたは息子さんをコントロールしようと大変な苦労をしてきてますし，正しくお子さんを育てています．しかし息子さんはあなたの言うことをよく聞いていないようです．ほとんど一方の耳から入ってもう一方から抜けているような印象を受けます．息子さんはちっとも答えてくれないか，答えるにしても，何もやってもないのに「もうやったよ」というような口答えですね．よく，「はいはい」と答える子どももいますが，そういう子も全く言うことを聞きませんね．彼もそのたぐいですか？
M ええ，いつも．私のせいもあるんでしょうけど．そう，彼は私が女手一つで育てたものですから，……あんまりそばにいてあげられなかったんです．
JHW 最初からひとりで育てられたのですか？ それともしばらくは旦那さんもいらっしゃって，離婚されたとか？
M 息子がおなかにいる頃から，夫はいたりいなかったりでした．
[105] JHW いたりいなかったり，ふらふらしていたんですね．

M　いたりいなかったり，ふらふらしてました．

中略

[110]　JHW　ニールにもっときちんとしてもらって，言うことをきいてもらって，嫌がらないでいてほしいんですね．でも，一晩で突然全てが良くなるということはあり得ません．もっと徐々に，一歩ずつです．しかし，もし良くなったとしたら，最初に何に気づくでしょうか？　どうなったら，変化したと思うでしょうか……

M　［遮って］私はただ息子にしっかりしてほしいだけです．

JHW　……そうですか．分かりました．できるだけはっきりと物事を考えた方がいいと思います．もし息子さんがしっかりするのを見たらどう思いますか？「変化への第一歩だわ」と思いますか？　できるだけ小さな事で考えて下さい．物事は突然の大変化ではなくて，小さい変化から始まってそれが積み重なっていくことが多いんです．

M　では，学校でうまくやること．

[115]　JHW　学校でうまくやる．

M　学校での生活が良くなることです．

JHW　わかりました．ではどういう変化がいいですか？　先生のひとりから肯定的なことばを聞くとか，通信簿が良くなるとか，家で宿題をしている息子さんを見るとか．他に何か．

M　そうねえ．基本的には学校からいい成績をもらって，宿題もやってほしいですね．変化の第一歩かしら．

JHW　なるほど．しかし，学校でというのは，先生のひとりと話をしてわかるのですか，それとも通信簿をもらうことでですか？

M　通信簿です．

中略

ウィークランドは次に，母親が息子にものを取り上げたが失敗に終わった話題に移る．

[130] JHW 息子さんから物を取り上げた時には，お仕置きよと話しますか？
M　ええ．
JHW 時にはパッとものが消えちゃってしばらく出てこなかったらもっと衝撃的でしょうね．でも少しやり過ぎかな．

中略

ウィークランドは，今度は息子に「大嫌いだ」と言われた時の母親の反応に焦点を当てる．この反応も，それほどは息子には効かなかった．

[140] JHW ちょっと考えがあるんです．私が以前そう聞こえたものなので，もし違っていたら言ってくださいね．「大嫌いだ」「嫌いだ」「関係ないね」というようなことを息子さんが言うのは，喧嘩を売っているように感じるのですが，どうでしょうか？
M　ええ，そうですね．
JHW それは困りますか？
M　なんで私はこんなに必死なんだろう，って考えてしまいます．あの彼の目つきをみると時々．ああ，引き裂かれそうって．
JHW 引き裂かれる？　どんな風に？
[145] M　ええっと，そう思うんですけど，うまく説明できません．腹が立つんですよね．息子は全く私のことなど気遣っていないっていう気がするんです．

JHW　こんな感じですか？　辛い状況なのに，良き母であるように一生懸命努力しているのに，何も良くならない気がする．

M　その通りです．

JHW　それは辛いにちがいありません．うまくできることはないかなあ．あなたの辛い気持ちは分かります．息子さんはわざとしているかどうかは分かりませんが，彼は自分を有利にあなたを不利にするといったことをやっているんです．これは子育てには良くないことですね．

中略

[151]　JHW　たとえ息子さんが喧嘩を売っているようには聞こえなくても，あなた自身でイライラしてしまってはいませんか？　私は母親失格なんだと．というよりも，とても難しい状況なんでしょうね．けれどあなたは一生懸命努力をして，すごく困難な状況下でどれだけ一生懸命やったか，本当に私は心を打たれました．最良の環境で育てようとしても子供たちというものは難しい．

　ひとつ考えがあります．あなたがそれをやるかどうかはあなた次第ですが，もしやることができれば状況は変わり始めるでしょう．息子さんに立ち直ってもらう第一歩です．やるかどうかはあなた次第ですけれども．もしかすると，乱暴なやり方だと思われて，実行できないかもしれません．あなたは慎重な方ですから，あなたにお願いすることがたいへんすぎて，このことを考えることさえできないかもしれませんし，これが本当に息子さんに効くのかどうか疑問に思うかもしれません．次からすぐに「大嫌い」と言わなくなってほしいと思います．しかし，そうならないとも限りません．もし息子さんがあなたに嫌な思いをさせたり，嫌な目付きをしたら，あなたはこう言うことができますか？　「ニール，私を困らせているのね．ええ分かってるわ．私は良い母親で

はないものね」と．無理にとは言いません．でもそう言うだけでも言ってみて下さい．

M ［にっこり笑って］やってみようかしら．

JHW そうですね．おそらく簡単なことではないでしょうけど．

　この「ちょっとした課題」は，息子の「大嫌い」という発言が母親に圧力を加えるために，息子が強くなり母親が弱くなってしまうという叙述を通して，面接の前半（ユニット［42］から［52］，［140］から［148］）から段階的に形作られたものである（面接中にクライアントが同じ課題を再び試みる例については，第12章を参照されたい）．

＊　＊　＊

　ジョン・ウィークランドの面接は，明らかにネイサン・アッカーマンやジェームズ・グスタフソンのものとは異なっている．ウィークランドは「ただことばを聞くこと」に専念し，テキスト自体に焦点を当て，何の先入観も憶測も持たない．面接では，「何があったのか」ではなく，「この状態から抜け出すためにまず何をしようか」というのが質問の中心である．

　ウィークランドの焦点は問題には全く当てられない．むしろ問題を解決することに当てられる．今まで試みたが失敗した解決法に注目するのも，(1)何が効かなかったのかを明らかにし，繰り返さないようにする，(2)本当にクライアントに効くもの（この場合は感情に訴えるもの）を明らかにする，という意味を持つ．

＊　＊　＊

　ベイトソンの要約，アッカーマン，グスタフソン，ウィークランドの面接，それから詩（例えばディラン・トーマスの詩）は，それ

も皆全く異なったコンテクストを持った実に多様な活動だといえる．しかしどの活動も言語を用いており，言語に深く根ざしている．詩や専門誌の要約では，心理療法のセッションよりも慎重に言語を用いている．

ポール・ド・マン（de Man, 1986）は，挑発的（刺激的というだけではなく物議を醸し出すという意味で）とまでは言わないが，少なくとも興味深い言語についての意見を述べている．この意見は，治療セッションでの言語の使用をみる際，とても興味深いものである（彼は文学に限定して述べているのであるが）．

　　文学はフィクションである．その理由は，文学は現実を認めないということではなく，現象界の原理もしくは原理らしいものにしたがって言語が機能しているかどうかが先験的に確かではないからである．従って文学が自身の言語以外の全てについての信頼できる情報源かどうかということも，先験的に確かではない．
　　　　　　　　　　　　　　　　　　　　　　（de Man, 1986. p. 11）

ラカンの穴（全体）を通して見ると，治療セッションが自身の言語以外の全てについての信頼できる情報源かどうかということも先験的に確かではない．その理由は，「我々がイデオロギーと呼ぶのは，まさしく言語と写実の混同，言及と現象論との混同である．」（de Man, 1986, p. 11）ヘンリー・ステーテン（Staten, 1984）は，ヴィトゲンシュタインとデリダについての研究の中で，ヴィトゲンシュタインのことばを言い換えて，この謎について次のように明言している．「言語は呪文だ．しかし呪文を解くためにも言語が必要である．」（p. 91）

ド・マンのいう「イデオロギー」は，フランクフルト学派のいう「イデオロギー」（Geuss, 1981）とはかなり異なっている．できるだ

け分かりやすくするために，辞書で二つの共通点を探ってみる．

> **イデオロギー**［ideology］：1．観念とその性質や根拠についての研究．2．専ら感覚からうまれた観念に基づいた理論．3．特に，理論や理論体系が理想主義的，抽象的，無価値，非実用的，こじつけである場合に，思索，推測，理論化を行なうこと．4．個人や階級等の持つ学説，意見，観点．

まだ問題が残されている．グスタフソンと彼のクライアントが導いた結論は，次のどれによるものなのか．

1．自然で論理的な会話の流れ
2．失われた部分を見つけるために次々に話を進め，「十分なところに達した」(Gustafson, 1986, p.191)，つまり問題の底辺まで辿り着いたと思ったこと
3．「十分なところに達すること」，つまり失われた部分を探すのをやめるのに十分なほどの情報を手にしたこと
4．過去に原因を求めることが必要だという理論
5．（ド・マンの言うところの）「現象界」における出来事

しかしラカンの穴（全体）を通して見ると，グスタフソンがどのようにして「十分なところに達した」と確信することができたのかという疑問が湧いてくる．「より先へ」もしくは「より深く」進むことが達したことだといえるのだろうか．どこから確信を得て，「偏頭痛のきっかけが，我々二人にもはっきり分かった」(p.191)と彼は言ったのだろうか．それは理論か，会話か，論理か，その全てか，そのうちの二つか，それともそれ以外のものなのか．

一方アッカーマンの面接の結論はイデオロギー的で，「現象界」

ではなく理論によって導き出されたものであることは明らかである．つまりアッカーマンの結論は，彼の学説，意見，解釈の専門家としての観点に基づいた読者中心のものだといえよう．従って，面接の持つ会話的要素は全く無視されている．とはいっても，彼の根拠としている理論や理論体系は，我々が読者になったとしても全く理解できそうにないものである．

これらと対照的にウィークランドの導き出した結論（つまり今起こっていることをどう対処するか）は，ともかく以下の事と密接に関連している．すなわち，自然で論理的な順序性のある会話それ自体と，テキスト中心の解釈の結果である「現象界」の出来事についてのクライエントの叙述とにである．

＊　＊　＊

アッカーマン，グスタフソン，ウィークランド．それぞれのセラピストとクライエントとの関係やセッションとその構成には大きな違いがみられる．実際，療法の定義(9)は，それを考えている人々によって全く異なるものであるし，もしかすると相容れない部分もあるかもしれない．つまりアッカーマンの面接が模範だとすれば，ウィークランドの面接はそこからかけ離れたものだろうし，その逆についても同じことが言える．クライエントとセラピストと読者という各々の参加者の構成も，三つのケースでは大きく異なっている．我々は読者としてその相互作用を体験し，クライエントの立場とセラピストの立場をそれぞれ体験するわけであるが，それぞれのケースによってその方法も様々なのである．

アッカーマンのケースでは，セラピストははっきりしないサインの強力な解釈者と考えられている．ここから示唆されるのは，何が

(9) 第1章参照．

本当に進行しているのかを知っているのは彼だけであり，クライアントには分からないということである．またセラピストは専門家として，クライアントは何をしているのか分からない人物とされている．従ってこのケースで考えられる抵抗は，セラピストの権力と同じくらい強力なものなのである．

グスタフソンのケースでは，クライアントの立場は全く異なったものと考えられている．ここでもセラピストが特別な知識を持っている専門家として考えられるのに対して，クライアントの立場はアッカーマンのケースとは対照的にかなり協力的である．クライアントは自分の問題を理解するのに必要な情報の全てを手にして，またセラピストはその情報をどこで探すかについての知識を持って考えられている．専門家としてセラピストは，（過去の）どの部分をみて，何（現在の問題の原因として考えられる不快でトラウマである出来事）を探せばいいのかがはっきりと分かっている．結果として，考えられる抵抗は（アッカーマンのケースとは対照的に）最小限にとどめることができる．なぜなら，クライアントの同意が治療の成功に必要なものとして考えられているからである．

セラピストとクライアントの両方が異なって考えられているのがウィークランドのケースである．セラピストは（問題がどのようにして維持されているのかについての）特別な知識を手にして，クライアントは問題を解決するのに必要な情報もしくは知識の全てを手にしているものとして考えられている．セラピストは，クライアントの手がかりが導くところ全てをたどってさぐる探偵であるように考えられている．従って，クライアントの考えが奪われセラピストの考えが特権を持つという，アッカーマンのケースにおける状況とは対照的に，ここでのクライアントの考えは特権を持ち，深刻に受け止められるのである．

第8章　表層の「問題」にたどり着く

> 「旦那，オンボロですけど，まあ乗って下さいよ．」——彼はタクシーの後部ドアを開けた．——「7番地までお連れしましょう．」［ブルームの家はエクルズ通り7番地だった．］「旦那，お金はいりません，でも旦那，そこが実在しないところだと知ってますよね．実在しないところへ行くのに料金は頂けませんからね．」
> ——ダブリンのタクシー・ドライバー[(1)]

　エクルズ通り7番地というのは，ジェームズ・ジョイスによって産み出された架空の人物，レオポルド・ブルームのダブリンの住所だった．従って，そこは実在しないところなのだが，それでも誰かが7番地を探しているのなら，タクシー・ドライバーは快くそこに連れて行ってくれるだろう——しかもお金をとらずに．というのはそこが実在しないところだからだ！　いやそこは実在するのだろうか（カリフォルニア州のオークランドを評して，「そこはそこにはない」とガートルード・スタインが言っていたらしいが）．

数を使って橋を架ける

> 人生とは不十分な前提から十分な結論を引き出す芸術である．
> ——サミュエル・バトラー

　ヴィトゲンシュタイン（Wittgenstein, 1958, #43）のことばをわかりやすく言い換えると次のようになる．私たちがスケーリング・ク

---

(1) C. ベルナルド（Bernard, 1993）「おー，アイルランド！」，モダン・マチュリティー誌2-3月号．

エスチョンを使うような話題の多くの部分では，数値の持つ意味とはそれを用いること自体であり，特に尺度上の他の数値との関係において用いることである，と．

　数に親しんできた人はお分かりかと思うが，ことばと同様に数もまた魔法である．私たちはクライアントが自発的に用いた尺度から手がかりを得て，シンプルな治療の道具として尺度を使う方法を開発し，それをいつも実践している．基準に基づいて測定するほとんどの尺度（つまり正規分布の一般的な母集団とクライアントの状態とを測定して比較する尺度）とは異なり，私たちの尺度は主として治療を促進するためにデザインされている．私たちの尺度は，クライアント自身の認知を「測定する」ためだけに用いられるのではなく，目標・解決・個々のクライアントにとって重要なことを，動機づけ，励まし，はっきりさせるためにも用いられる．ジョン・ウィークランドは，私たちの尺度が以下のように用いられていると指摘している．

　　具体的ではないものがある場合，距離を置いて，ひどく奇妙に見えるような方法で人は具体化しようとするものだ．形のないものをつかみ，数値に変えることができるような尺度を創案するのである．論理的な感覚では無理である．しかし今や現実に君たちはそれを数値に変えている．[このように]広く一般的で曖昧模糊としたものでも，あなたがたはそれに数値をつけてつかみ出す．(Weakland, 1993b)

　尺度があれば，たとえば「6」というようなことばや，明らかに多様で柔軟な（つまり「10」が解決を表し，「0」が出発点である尺度上では，「6」は「5」よりもはっきりと良いことになるような）概念を発展させて，セラピストもクライアントも対話を無理な

く進めることができる．他人がその人独自のことばや概念を使って表現したことを確実にはっきりさせることはできない．そこで，スケーリング・クエスチョンを用いることでセラピストとクライアントをつなぐ橋をつくる．すなわちクライアントが解決に向かっているということを含め，描写しにくいことを話せる方法を創出することができるのである．

たとえば，ある若い女性は自分が目標である「10」の半分まできていると思っていた（「以前より気分が良い」と漠然と定義される）．だから「5」と評価した．「6」になったらどう変わるだろうかと聞かれると，彼女はあっさりと「もっと6っぽい気分になると思う」と言った．もちろんセラピストは「5」と「6」についてもっと具体的に詳しく述べてほしかったのだが，しかしたとえ6であったらどうであるかはっきりわかっていたとしても，このクライアントは具体的には話すことができなかっただろう．尺度は，うまく言えないことを数値化することで有意義に理解する方法を与えてくれ，しかも私たちセラピストにはクライアントの役に立つことを行っているという確信ができていく．

「5」の意味はセラピストとクライアントとの互いのやり取りの中で作られる．「5」のさまざまな意味は他人へ伝えられるものではない．実際のところ，セラピストとクライアントとでは，異なる意味やもしかすると反対の意味になってしまう可能性は高いし，現にそうなってしまっていることもある．数値を用いることで，クライアントの表していることを特別に扱い，疑問をもつことなく受け入れることになる．従って，「問題の状況の中でクライアントが，自己統制能力を大きくする手がかりがわかるように」(Efran & Schender, 1993, p. 74) 教えることは不必要であり，余計なお世話で，失礼なことでもある．クライアントとセラピストにとっては，「5」は「5」が属する尺度からその意味を主として得る．すなわち

「5」は「4」よりも良いが，「6」よりは良くないのである．

　スケーリング・クエスチョンは，そもそも「抑うつ」という感情状態のような不明確で曖昧な話題や「コミュニケーション」のようにわかりにくい話題について，セラピストとクライアントとの話の手助けに作り出された．本当にいつも人々は，「抑うつ」とか「コミュニケーション」という用語で描写された体験が，例えば抑うつ的である時とそうじゃない時，夫婦にコミュニケーションがある時とない時といったように，まるでスイッチでコントロールされているがごとく話すものである．しかしながら，幸いにも本当ははっきりと分かれてはいない．長年抑うつ状態にあった人でさえも，抑うつが軽減している期間（何分か，何時間か，何日か）について大抵は述べることができるだろう．尺度を用いることによって，病気や進歩についてばかりではなく抑うつ感情の度合いについても，程度の差はあれ別々の段階に分けられる．例えばある尺度で，0はクライアントが最近感じた最もひどい抑うつ状態を意味するとする（あるいは，0はクライアントがセラピーを求めて，最初に電話をかけてきた時にどのように感じていたかを意味するとする）．そして10がセラピーを必要とした問題が奇跡的に解決した後を意味するとする（つまり抑うつ感情から解放されたり，または少なくとも抑うつ感情に全く気づかなくなったりし，クライアントがその時できないと感じていたことができるようになることを含む）．そうすると，0以上の評定は何であっても，病気がわずらわしくなくなるばかりでなく，状態はもう良くなっていて解決の方向に進んでいるということにもなる．このような時には，どんなに曖昧で不明確に述べられるとしても，抑うつ感情が無くなることが解決ではなく，10が達成されることが解決なのだ．数値は曖昧になったり矛盾したりすることがない．また上記の例のように，感じ方と状態という同時的で二重の意味表現が数値には可能である．すなわち「6」とは，クラ

イアントが解決に向かって60％の道のりにきているということと，病気が60％わずらわしくなくなったということを同時に意味する．従って病気は以前より40％しか「影響」を及ぼしていないのである．

　私たちが用いる尺度のほとんどは10が望まれた結果を表し，0から10へと進むように組み立てられている．100％から99％への変化はたった1％の変化にしか感じない．しかし0％から1％への変化は，数学的にはほぼ無限大である．変化という概念や進歩という概念は（「魔法の」数という概念でさえも），何かを積み重ねることで自然に大きくなるものである．一つずつ加えられる進歩は大きな成果をもたらす．一つ一つの進歩を伸ばすよう，意図して尺度は考えられ作られている．クライアントもセラピストも，この伸びの中に何が含まれているのかを予め知ることはできない．細目は初めから存在しない．それゆえ，様々な尺度上の伸びとして見なされる物事がどんな類のものであるのかをクライアントが正確に心に描けるように，ミラクル・クエスチョン（de Shazer, 1985, 1988, 1991）が用いられる．

　5の意味を知っているのは話し手しかいないので，尺度は「コンテント・フリー」であると考えられる．話し手以外（例えばセラピストなど）の人々は，ただ5という事実を受け入れるだけである．セラピストは，5から6になった時にはクライアントの生活がどのように違うかを吟味することができる．この質問への答えを自然な形で発展させるには，5から6に変わるためにクライアントはどうすることが必要かを尋ねることである（「5から6に変わる時，あなたの生活はどのように変わるでしょうか．誰があなたの変化に最初に気づくでしょうか．お母さんがあなたの変化に気づいたら，いつもと違って何をするでしょうか．」）

　こういった尺度は，小さい子どもにも発達的に障害のある成人にも，またかなり頑なな人々にさえも使えるということが分かってき

第8章　表層の「問題」にたどり着く　　123

た．つまり0よりも10がある意味で「より良く」，このような尺度上の5が4よりも良いということがわかる誰もが，簡単にスケーリング・クエスチョンに応じることができるのである．

　例を挙げよう．可愛らしい8歳の子どもが，商店街で見知らぬ人にいたずらされたことでセラピーに連れて来られた．4回目のセッション中に，セラピストは0から10の矢印を描いた．この尺度では10がセラピーの終結を表している．セラピストはその子どもに，セラピーでどれ位良くなっているか，この線上に印をつけるように言った．その子は大体7くらいのところに印をつけた．次に，その印から10になるには何が必要かと聞いた．何分か後，その子は体を左右に揺らしながらある考えを思いつき，「何かわかった！」と言った．「何なの？」，セラピストは尋ねた．その女の子はやや暗い声でこう答えた．「あの出来事が起こった時に私が着ていた洋服を燃やしましょう！」と．セラピストはこの創造的な考えに驚き，「それは素晴らしい考えだ！」と言った．このセッション後間もなく，その子と両親は儀式的に洋服を燃やした．そしてこの一連の出来事の終わり（セラピーの終結）として，お洒落なレストランに夕食に出かけたのだった．

答えと問い

> 人々の愚かさは全ての事物に答えを求めることから生じる．
> 小説の賢さは全ての事物に問いを求めることから生じる．
> 小説家はなぞとして世界を理解することを読者に教える．
> そういった態度の中に賢さと寛容さが存在する．
> ——ミラン・クンデラ[(2)]

クンデラの小説のように，またクンデラという小説家のように，私たちも全ての事物を当然のこととは思わないし，全ての事物に疑問を持っている．これには次のような奇跡も含まれる．「今夜あなたが寝た後に奇跡が起こって，セラピーに来なければならなかった問題が一瞬にして解決するということを思い浮かべてください．しかしあなたはその時眠っているので，この奇跡が起こったことを知ることはできません．翌朝目が覚めて，どのようにして奇跡が起きたことに気づくと思いますか．あなたがそれを言わなくても，他の人々がどのようにして奇跡が起こったことに気づくと思いますか．」もちろんこれは現実ではなく，不可能なことである．ほとんどの人は奇跡を信じていない．奇跡を信じている人にさえ，そういった出来事はめったに起こらない．明らかにセラピストが予期する最も現実的なクライアントの答えは，「分かりません」である（実際には，こういったことはめったに起こらないのだが）．

この「ミラクル・クエスチョン」は，セラピストとクライアントとの間にセラピーの（将来おきる）成功を核にして造った橋をかけ始めるやり方である．解決は問題や不満にまったく関係していない (de Shazer, 1985) ということに私たちは気づいた．その結果として

---

(2) Madigan, 1993, p. 219 に引用．

このミラクルクエスチョンの言い回しには，問題と解決とは根本的に違っているんだという意味が含まれている．そういったこと（不満や問題）が出てこないのは規定事実である．クライアントは奇跡の結果について，つまり奇跡の翌朝のことや，あるいは理由がなかろうと，とにかくはっきりした原因もないままであろうと，どちらにせよ上出来であった翌日について述べるように求められている．(奇跡とは，原因のない結果と定義できる．) ミラクル・クエスチョンに対するクライアントの答え，つまり奇跡の翌日を述べることで，クライアントがセラピーに求めているものがなんであるかを，クライアントもセラピストもともに知ることができる．

もちろん，解決志向インタビュー（の記録）は，二人の人が昼食をとりながらするような「普通の」会話と比べれば，「奇妙で，うちとけたものではないように見える」(Efran & Schenker, 1993, p. 72) だろう．治療的な会話には，明確ではっきりした中心と目的とがあるからである．理想の家について建築家と会話をするときは，ドア，窓，暖炉，階段，壁などをどこにしたいかということが話題の中心になる．目的に集中しているため，こういった会話もうちとけたものには見えないだろう．会話の終わりには，あなたは望んでいたものを得たと思い，感じ，信じ，そして満足感が生じるだろう．同時に建築家は，お客が望んでいるものを得られるような最高の仕事をすることで（料金とは別の）報酬を得る．この種の会話では，「建築家」が「面白い」と思う必要はない．(Efran & Schenker, 1993, p. 72)

セラピーでの問いかけについて近年数多くの著作が書かれるようになった．そして何度も何度も「何て素晴らしい質問でしょう！」というコメントを耳にしてきた．このことは，セラピーの言語学的，相互作用的，会話的側面に焦点を当てることが現場で進められてきたことを反映している．かつては情報を集めるのが主たる役目と見

なされていた質問は，介入であると見なおされてきた．例えば質問に関する探求者であるカール・トムは，セラピストの内省的な（リフレクシブ）質問を，「家族メンバーが現在の認知と行為の意味するものをよく考え，新しい選択を考えられるきっかけとなるように処方されたもの」とみなしている．(Tomm, 1988, p. 9) 他の種類の質問（直線的，円環的，戦略的など）は，これとは違う作用と考えている．ともかくある程度までは，様々な質問の相違は，セラピストの仮説や目的に基づくものである．(Tomm, 1987, 1988) もちろん，仮説と目的との関係や理論と実践との関係を考察することは価値があり，必要なことでもある．さもなければ療法活動は，どこにでもあるありふれた茶飲み話と混同されるようになってしまうだろう．

トム (Tomm, 1988) は，内省的な質問の例として次のことを挙げている．「ある人が何か怒っているのだが，あなたを傷つけてしまうことを気遣って，そのことをあなたに話したくはないと思っている，ということを想像してみて下さい．あなたはそれに耐えられるだけの強さを持っているのだと，どのようにして彼に確信させますか」．そしてこれは，次のような内省的な答えを引き出すように意図されている．「そうですね．たぶん彼に話さなければならないでしょう」(Tomm, p. 9)．確かにトムの例では，セラピストの仮説も目的も十分明らかである．

こういったことから，次の幾つかの疑問が浮かぶ

1．何がクライアントの答えを内省的にするのか．
2．クライアントの答えが内省的であるのは，セラピストが内省的な質問となるよう意図したことへの単なる反応なのか．
3．何がセラピストの質問をそのように内省的にするのか．

もちろんセラピストは，「現在の認知と行為の意味するものをよ

く考え，新しい選択を考えること」(Tomm, 1988, p.9) をクライアントに望んでいる．しかしセラピストの意図は，何が起こるのか全てコントロールできるのだろうか．著者の意図が読者のあらゆる反応をコントロールする以上に，セラピストの意図はクライアントのあらゆる反応をコントロールできるのだろうか．恐らくできないであろう．明らかに事物はそう単純で簡単ではない．事実，セラピストがクライアントの反応のほとんどもしくはすべてをコントロールできないということはきわめて明白である．読者の反応は著者の意図で決められないし，クライアントの反応はセラピストの質問では決められないのである．一方で質問は様々な答えのタイプに対する可能性を生むが，他方では同時に，可能性のある答えを制限し限定しているのである．

試みに，次の初回面接の一部（Deutsch & Murphy, 1955）を見ていただきたい．これはクライアントが初めて口を開いたところから始まる．［ユニット2］「そうですね．かなり良い気分ですよ，ドクター．（間があく）とても良くなってると思います」．これは「素晴らしい答え」のように思われる．論理的にいえば，「素晴らしい質問」が先にあったに違いない．ドクターの質問とは何だったのだろうか．

興味深いことに，ドクターの質問は次のようなものだった．［ユニット1］「どういったことで病院に来ることになったのか教えてください．」！ そのドクターは，クライアントの答え［ユニット2］を額面通り受け取っているので，次の質問はこうである．［ユニット3］「とても良くなったのですか．どういった点が？」(Deutsch & Murphy, 1955, p.29)

私たちが（いわば「素晴らしい」）質問が役立つものであったといえるのは，その答えが役立つ場合に限られる．事実，質問が引き出した答えからその質問が実際に表したことがわかるにすぎないと

私たちはたびたび気づく．すなわち，どういった種類の質問であったかということについては，その答えから振り返ってみることによってより多く物語れるのである．質問とは，「素晴らしい答え」に先立つ場合にのみ「素晴らしく」なり得る．そして「素晴らしい答え」は，セラピーの目的に役立つ場合にのみ「素晴らしい」と判断されるのである．

ケルンにて

このコンサルテーション・セッションは，あるセミナーの一部として多くのセラピストの前で行われた．その夫婦はドイツ語しか話さなかったので通訳がいた．この場面では，尺度が，セラピストとクライアントとの間に渡した橋としてだけでなく言語（ことばと概念の両方を含む）の違いに渡した橋としても，彼ら自身のものとして本当に機能していた．

［1］　ド・シェイザー（以下 SdeS）　そうですね．彼ら［聴衆］はそこにはいないことにして下さい．

　はじめに，今日お二人でいらして下さったことに感謝したいと思います．お役に立てればよいですが，お約束はできません．ここにいる人々にも役立つであろうと信じています．出来る限りあなたがたのお役に立てるようにするつもりです．

　最初の質問はこうです．「10」がこのセラピーから得たいことを表し，「0」がセラピーを始める前の状態を表すとしましょう．今日は「0」から「10」のどのへんだと思いますか？

［2］　K夫人　「5」

［3］　K氏　「8」

［4］　SdeS　「8」ですか．［K氏を指して］あなたは「0」から

「8」になったんですね．あなたは「0」から「5」ですか？
[5]　K夫妻　はい．
[6]　SdeS　どうしてですか？
[7]　K氏　「0」の時は全くどうすることもできず，自由がありませんでした．目標の「10」では，人の行動や考え全てに縛られないと感じるでしょう．
[8]　SdeS　わかりました．ではどうやって「0」から「8」になりましたか？　どうしてそうなったのでしょうか？
[9]　K氏　自分を振り返ってみると，少し自分勝手だったようです．
[10]　SdeS　そうですか．先を続けて下さい．他にはどうですか？
K氏　ぎゅうぎゅう詰めのノルマや厳格さの中で育ったひとりの男から抜け出て，自分が望んでいること，実際にやりたいことをやっています．
SdeS　わかりました．[K夫人に向かって]あなたはどうですか？　どのように「0」から「5」になったのですか？
K夫人　病院の外で暮らしていますし，それに子どもがいます．
SdeS　うーん，いいですね．それから他に何か？
[15]　K夫人　人生を楽しみはじめています．
SdeS　今，5であるわけですが，0の時とは違って何をやっていますか？
K夫人　自分自身に対する責任をとるようになりました．
SdeS　そうですか．いいですね．特定の時間や場面でですか？
K夫人　いいえ．私の生活全てです．
[20]　SdeS　あなたの生活全てですか．
K夫人　ええ．
SdeS　いいですねー，実にいいですね．ご主人は8と言って，あ

なたは 5 と言っています．それはどうしてでしょうか．あなたの「5」と比べてご主人は「8」と言ったわけですが，どういったことからご主人は「8」としたと思いますか？

K夫人　主人は私ほど落ち込んではいませんでした．

SdeS　わかりました．あなたはどう思いますか．あなたが 8 で奥さんが 5 であるのはどうしてでしょうか．どうしてあなたは 3 点も奥さんより高いのでしょうか？

[25]　K氏　実際に 8 であるのかどうかは私には分かりません．単に自分のことを言ったにすぎないのですから．

SdeS　そうですね．もちろんです．

K氏　それは私たちが抱えているふたりの病についてあなたがどう考えるかによると思います．私にはどちらがより深刻であるのかは言えません．

　彼らが共に，夫婦の一員としてではなく個人としての自分自身について答えているということは明らかである．従って彼らがセラピーを行っているのは，ふたりの「関係性の問題」のためではなく，妻も夫も自分自身のためなのである．明らかに（ユニット［1］の）質問から，どちらか一方にも解釈できるし，両方に解釈することもできる．

SdeS　それは重要ですね．では 0 の時とは違って，8 では何をやっていますか？

K氏　最初に，私は意志を強くする努力をしなければなりませんでした．これが私の第一段階でした．妻がそれをやれていたかは分かりませんが．私はできました．

[30]　SdeS　［K夫人に向かって］もしご主人がいくつと答えるか考えてみて下さいと私が言っていたら，あなたは「8」と言って

いたでしょうか？

K夫人　ええ，ええ．

SdeS　はい．では同じ質問をします．もしあなたに奥さんがいくつと答えるか考えてみて下さいと私が言っていたら……

K氏　たぶん6ぐらいでしょう．

SdeS　面白いですね．実に面白い．0から5とか，0から8になるのは大変でしたか？　それとも楽でしたか？

[35]　K夫人　とても大変でした．私はオペラ・ハウスのメイクアップ・アーティストで，またダンサーでもありました．私は学校に行っていました．かつて私は社会でうまくやってこれたのに，突然，全くつまらない人間になってしまった．

SdeS　うん，うん．あなたはどうですか．大変でしたか？　それとも楽でしたか？

K氏　とても大変でした．

SdeS　そうですか．では少し変わった質問をします．
10になることは，0から5や0から8になったよりももっと大変だと思いますか？　それとももっと楽だと思いますか？

K氏　10になるなんて考えられません．多分できないと思います．

[40]　SdeS　なるほど，なるほど．では8で十分ですか？

K氏　大体いつも調子がいいですから．しかし，うん．

SdeS　あなたはどうですか？　どう思いますか？　5から10になるのは，もっと大変だと思いますか？　それとももっと楽だと思いますか？

K夫人　少しは楽だと思います．

SdeS　いいですね．いいですね．嬉しいです．
では，本当に幸運なことに，今晩寝ている間に奇跡が起こるとしましょう．けれど，奇跡が起こったことには気づきません．その時眠っているからです．次の朝，10になったことにどのようにし

て気づくでしょうか？

[45]　K夫人　確実にそのことには気づくと思います．というのは，毎朝起きるといつも気分が悪いからです．

SdeS　もっともですね．では奇跡が起こったら，気分は悪くないのですね？

K夫人　ええ．

SdeS　その代わりにどうなっているでしょうか？

K夫人　自分自身を愛していると思います．

[50]　SdeS　ではその結果，それまでとは違って何をすると思いますか？

K夫人　自分自身を受け入れると思います．

SdeS　うんうん．もっともです．では，ご主人はどのようにしてそのことに気づくと思いますか？　あなたがそのことを話さなくても．

K夫人　主人は私が起きて学校に行くことがわかるでしょう．

SdeS　うんうん．[K氏に向かって] 同じ質問をします．あなたは奇跡が起こったら，どのようにしてそれに気づくでしょうか？

[55]　K氏　私自身の中の違いには気づかないと思いますが，他の人がどう振る舞うかで分かると思います．

SdeS　どのように？　何に気づくのです？

K氏　この社会ではこういった病を抱えて暮らすのは非常に難しいと思います．落ち込んでいる時には，誰かが歩み寄ってくれます．そこそこの時には，けなす人もいれば，励ましてくれる人もいるでしょう．他の人が自分をどう扱うかで変化に気づくと思います．

SdeS　うんうん．では奥さんはどのようにしてあなたに奇跡が起こったことが分かると思いますか？

K氏　妻が気づくとは思いません．もし奇跡が起こったら，私たちが共に歩んでいくかどうか，それとも別々の道を歩んでいくべき

第8章　表層の「問題」にたどり着く　　133

かどうかがふたりとも分かるでしょう．
[60] SdeS わかりました．二つの奇跡が考えられますね？
K氏 はい．でももし妻が学校に行っても，私はそれを奇跡とは思わないでしょう．妻は今も学校に行きたがっているのですから．
SdeS もっともですね．もっともです．けれど奥さんはそのことについてただ話をするのではなくて，実際に行くのですよ．
K氏 妻はかなり具合が悪かった時でさえ，学校に行きたがっていたんです．
SdeS わかりました．ではこれまでを振り返ってみると，丸1日でなくとも，10であるように思う日がありましたか？
[65] K夫人 はい．彼には．
SdeS えぇ？ どのくらい10に近いのですか？
K夫人 とっても．
SdeS 9？
K夫人 もっと．
[70] SdeS もっとですか？ 9.5？ 最近ではいつ頃ですか？
K夫人 4ヵ月前です．
SdeS 4ヵ月前ですか．あなたも同じ考えですか？
K氏 ええ．もっと10に近かったかもしれない．
SdeS あなたの立場からするとですね？
[75] K氏 でも2や3だった時もありました．
SdeS もちろんです．もちろんですとも．わかりました．ではあなたはどう思いますか？ あなたがたお二人とも今5や8であるわけですが，少なくともそれをうまく維持するにはどうしたらいいでしょうか．あなたはどのようにして8を維持できますか？
K氏 ほどほどに自己中心的でありたいと思います．私は自分自身を堕落させたくはありません．
SdeS うんうん．それはどうするのですか？

[80] K氏　過去6年間，私は第二の人生を送っていると感じていました．子どものころというものはとても重要なものです．子どもの頃は両親が望んだことを全部するものです．私にはそれが全てで，決定的でそうせざるを得なくなっています……誰とも争ってはいけないと……

SdeS　ほーう．どのようにしてやってきたのですか？　そんなに大変なことを……

K氏　そのことと毎日戦わねばなりません．

SdeS　うんうん．

K氏　それで私は戦わなくてもいい日を待ち望んでいるのです．

[85] SdeS　全くその通りですね．［K夫人に向かって］あなたはどうですか？　あなたは今5ですが，それを維持するには何が必要だと思いますか？

K夫人　私は年金をもらっています［障害者年金を受けている］．そのことで自分が縛られてる感じです．

SdeS　そうですね．それでどうするつもりですか？

K夫人　他の人が私のことを決めたんです．

SdeS　ええ．で，あなたはどうするつもりですか？

[90] K夫人　最後まで病と戦うつもりです．

SdeS　うん，いいですね．あなたは年金を下さる人々とも戦うつもりですか？

K夫人　はい！

SdeS　ご主人はあなたを助けてくれるでしょうか？

K夫人　ええ．

[95] SdeS　他には誰が助けてくれると思いますか？

K夫人　娘が助けてくれると思います．

SdeS　あなたが自分に課したことはとても大きいことのように思えます．［長い間があく］この戦いに勝つほうに賭けましょうか．

K夫人　はい．

SdeS　はい，ですか？　いいですねぇ，実にいい．これは確かなことなんですけど，10になっても，ただ10のままであるはずはないでしょうし，そこにとどまりませんよね．そうでしょう？　きっと幾らか不安定になるでしょう．「大丈夫」のままになるのは，つまり正常な不安定さになるのは，10からどのくらいまで下がる時ですか？

[100]　K氏　1下がる時までです．それが自分にとって正常だと思うからです．

SdeS　はい，わかりました．あなたはどうですか？

K夫人　5より下ではない時です．

SdeS　5より下ではない時ですか．そうですか．今は正常だと思う中の一番低いところなのですね？

K夫人　ええ．

[105]　SdeS　わかりました．それでは，もし私が正しいとして，もしこの先6ヵ月はあなたがたお二人にとっては今よりも悪くはならないとしたら，ともかくうまくはいくでしょうか？

K氏　ほんの少しは低くなるかもしれません．私は今のまま暮らしていかねばならないのです．

K夫人　私はこれ以上悪くなってほしくはありません．私は全体的に気分が良くなかったのですから．

SdeS　悪くはならないですよ．では大丈夫ですか？

K夫妻　はい．

[110]　SdeS　いいですね．おめでとうございます．これはあなたがたが素晴らしいことをしてきたということなのです．[握手をする．] [セラピストに向かって] しかし実際，彼らがそれを行ったのです．[長い間があく．]

　では次の質問はこうです．この先6ヵ月間，正常範囲にあると

いうことをどれくらいあなたがたが確信しているかです．非常に確信しているのが10，ほとんど確信できないのが0だとすると，どのへんになりますか？

K氏　私はどうかというと，きっと上がったり下がったりしてそれを維持し，暮らしていくと思います．

SdeS　わかりました．で，あなたは？

K夫人　大体5です．

SdeS　5ですか．では娘さんはどのへんだと言うと思いますか？娘さんはあなたが，「正常」の最低のところである5のままであると，どのくらい確信すると思いますか？

[115]　K夫人　絶対確信します．

SdeS　娘さんは，あなたよりもあなたのことを良く知っているでしょうか？［みんな笑う．］

K夫人　ええ．

SdeS　私たちは娘さんを信じていいですね？

K夫人　ええ．

[120]　SdeS　あなたは5と言っていますが，娘さんが10と言ったら，私たちは10の方を信じるべきでしょうか？

K夫人　ええ．

SdeS　あなたは同意しますか？

K夫人　ええ，ええ．

SdeS　ははーん．

このことは，K夫人が自分自身を低くみて5と言っているということなのだろうか．というのは，彼女は娘が10と評定したら娘の方を信じるべきだと言っているからである．ユニット［114］から［124］はすべての状況をリフレームしていたのだろうか．これは素晴らしい答えの驚くべき例であるが，ユニット114が素晴らしい質

問であるということになるのだろうか.

[125]　K夫人　娘は素晴らしい子なんです！

SdeS　うーん．ではもし娘さんが今日ここにいたら，あなたがたお二人がこの尺度の得点をもうひとつ上げるには何をすればいいと提案するでしょう？

K夫人　娘はここで行われていること全てに興味を持つと思います．娘はたったの3歳なんですから．

SdeS　それは知っていますよ．［みんな笑う．］ではしばらくの間，娘さんが何か提案できるということにしましょう．

K氏　娘は，私たちのするがままにさせるでしょう．［K夫人がうなずく．］

[130]　SdeS　わかりました．いいですね．ではあなたの親友はどうですか？　あなたの親友はあなたがこの尺度のどの辺りだと言うでしょうか？

K夫人　私には友人がいません．たった一人の女性の友人を除いては．

SdeS　彼女は何て言うと思いますか？

K氏　彼女はスイスに住んでいるんです．彼女は私たちの娘と同じ意見でしょう．

　今，娘と女性の友人を通して，5が10にリフレームされたのだろうか．

SdeS　わかりました．ではこういったことについていくらか私たちが考える時間をとる前に，今日話すべきことは他にありませんか？

[135]　K夫人　お尋ねしたいことがあるのですが．分裂病は完全

に治るんでしょうか？ それは可能なことなんですか？ 私自身の人生を送ることはできるのでしょうか？

SdeS 今,送っているじゃないですか．

K夫人 ええ．

SdeS ではあなたの質問について考えてみましょう．他に何か？

K夫人 薬物治療についてどう思いますか？ 賛成ですか？ 反対ですか？

[140] SdeS どちらでもありません．それが役に立つかどうかは……

K氏 誰が知っていますか？

SdeS え,誰が知っているかですか？

K夫人 私には,薬は役には立ちません．私は自分自身でなおさなければならないと思うんです．

SdeS それは大変なことですよね．

[145] K夫人 それから私は健康にならなければなりません．

SdeS わかりました．では10分くらい休憩をとりましょう．散歩してでもいいですし,コーヒーでもお飲みになるといいでしょう．

　この面接の中心となっていたスケーリング・クエスチョンは,誰にでもより簡単に解決の側にいられるようになっている．実際,あらゆる数値が解決の側にあるというように組み立てられている．すなわち,「1から10」とは成功を意味するために用いられる一方で,「0」はセラピーを始める前の時点を単に表している．クライアントは,セラピーを始める前にポジティブな変化にたびたび気づいているので,尺度を用いることを通じて,セラピーの初回セッションは解決の側に置かれるのである．

　私たちには,行動,思考,感情,知覚などに基づいて「5」や「8」が実際に表しているものを知ることはできない．こういった

数値は，解決への移行，差異，変化，進歩をクライアントがどう知覚しているかを示しているのである．例えばこのセッション中に，私はK夫人にこう尋ねた．自分が「5」以上にあるということ，つまり解決が進み続けているのだということをどのくらい確信しているか，と．すると彼女は「5」と言った．それから，解決が進み続けることを彼女の娘がどれくらい確信するかということを彼女に尋ねた．すると彼女は「10」と言った．明らかに，K夫人は自分自身よりも娘の方が自分のことをわかっていると思っている．さらに，彼女ではなく3歳の娘の方を信じるべきかどうかを尋ねた．両親ともに娘を信じるべきだと一致した．この時点で，彼女自身の確信の認識（「5」）と，娘の確信を彼女がどう認識しているか（「10」）の差異を用い，彼女の確信のレベルを上げた．つまり，彼女は自分の娘の「10」は彼女自身の「5」よりも信用に値すると言ったのである．

休憩後

SdeS ええー，今日あなた方が来て下さり本当に感謝しています．遠いところからわざわざおこし下さり，ありがとうございました．あなた方の大変な努力にとても感動いたしました．ところで，これから先は今までよりも楽だろうということについては，あなた方と同じ意見です．ただしそれは，楽だということではなく，単に困難ではないということでしょう．あなた方に二つの提案がありますが，その前にご質問にお答えしましょう．

　ご質問には，私個人の意見ではなく研究に基づいてのみお答えしたいと思います．研究からは事実上長い時間はかかりますが「分裂病は'なおる'」，つまり正常な人生を送れると言われています．それからこれは，二つ目のご質問の答えになりますが，研究からは大多数の人々は薬をやめても良くなっているといえます．

あなたにとってもこれが当てはまるかどうかは，誰にもわかりませんけれども．

では恐らく役に立つと思われる二つの提案をしましょう．［K夫人に向かって］あなたに主にやっていただきたいのは，今まで行ってきていることを行い続けることです．というのも，それがとても役に立っているからです．［K氏に向かって］そしてあなたは，特にあなたは数字が高いのでそれをもっとやることが必要です．

で，私はあなた方お二人ともユーモアのセンスがあると思うのですが？

K夫妻　ええ．ええ．

SdeS　私はそう思いました．ですからあなた［K夫人］に提案をします．どんなことかといいますと，毎晩寝る前にコインを投げてみて頂きたいのです．［例示する］それで，こちらの面が上になったら次の日は5ではなくて7のふりをする，ということにします．コインがどうだったとかあなたが7であるふりをしているとか，ご主人には言わないで下さい．いいですか？［彼女はうなずく．］それで，もう一方の面が上になったらふりをする必要はありません．ふりをしてご主人をだますことができるかどうか見てみて下さい．

［K氏に向かって］奥さんが実際に7であって，ふりをしているのではないということを確信するようになったら，そう思ってしばらくしたら，つまりその後24時間たったら，あなたは奥さんにある種のご褒美を与えてみましょう．お分かりになりますか？［二人ともうなずく．］

あなた方お二人の幸せをお祈りします．今日はおこしくださり

ありがとうございました.⁽³⁾

　K夫人の「5」は,彼女が考えている正常範囲の最低であったので,「7」は「5から10」の範囲の真ん中を表すことになる.彼女の娘を通して,K夫人は自分が「10」に到達できるだろうし到達するだろうということを非常に確信してきている.彼女を含めた誰もが,この「7」が思考や感情,行動などに基づいて正確に表しているものを知らない.私たちみんなが知っているのは,目に見えるように良くなっていることを述べるためにこの数値が用いられているということだけである.面白いことに,彼女が実際にふりをしなくとも課題は効果的なのである.つまり起こり得ることとは,彼女が(a)「7」であるふりをしている,(b)実際に「7」である,このどちらか一方をK氏に対して示していることを,K氏が知覚するということだけである.しかし彼はどのようにその違いが分かるのだろうか.結局この指示で彼女に求めているのは,ユーモア・センスを使うことなのである.それは,(a)単に彼女がふりをするふりをしていると彼に思わせるのか,(b)「5」のままであるのに「7」であるふりを単にしていると思わせるのか,(c)ふりをするまでもなくその時「7」であるのか,この中のいずれかに彼を試し,騙すことである.つまり「表」が出た時には「7」のふりをしていることが明らかであるが,「裏」が出た時には,彼女がすべきことは全く明らかになっていない.彼女は「ふりをする必要がない」からである.コイン

---

(3) セラピストであるドクター,トーマス・ケラーによると,このセッションの後,K氏はこれ以上セラピーは必要ないと決心し来なくなった.K夫人は次の6ヵ月のうちに5回以上のセッションを行った.この期間彼女は薬を徐々に止め辛い日々を送ったが,その後自分自身の力で安定できるようになった.彼女は人々とより多く話をするようになり,両親と大人の関係をうまく持てるようになったと感じている.全般的に状態は非常に良くなり,安定してきているようである.

の裏が出た時には「7」のふりをする必要がないから，彼女はまるで「5」であるかのようなふりをするということになるのだろうか．それともふりをしなくとも本当に「7」であるかもしれない，ということになるのだろうか．

彼には，彼女が「本当に」良くなっていると思う日もあれば，また彼女が良くなっているのは単にふりをしているのではないと思う日もあるのだが，とにかく彼は彼女にご褒美を与えるように求められている．従って彼女に対して彼が行っていることに隠れた意図があろうとなかろうと，彼女に対して本当に良くなっていることへのご褒美であると彼女が思うことをするのは，何であっても彼女が良くなることを強化するために働くのである．

従ってこの課題は，状態が良くなり続けている指標として，一方が行っていること全てを各人が解釈できるように組み立てられているのである．

* * *

「精神分裂病」とは，患者が仮説的な規範から極端に逸脱しているかどうかを表すために精神科医が用いることばである[4]．この規範は次のような場合には存在しない．それは，個々人の規範からの逸脱がわずかな場合や，個々人の逸脱の程度が特定の時間や場所で変わるような場合である．しかしどんな特定の時間でも完全に正常な者はいない．「正常」という概念は，実際のところ無意味なのである．すなわち常に逸脱は存在する．

ある時，K夫人は幾人かの精神科医に「精神分裂病的」であるもしくは「精神分裂病」であると診断された．つまり，医師はK夫人

(4) もちろん「精神分裂病」という用語は精神医学以外でも用いられている．その点についてはこの章では触れない．例えばザッツ（Szasz, 1970）を参照されたい．

をその特定の時間にその特定の場所で,「極端に逸脱している」と思っていたのだ．トーマス・ザッツ（Szasz, 1970）によると,「診断ラベルは患者に病理を持つパーソナリティであるという自己認識をさせる．診断ラベルによって他者はその人を，病理を持つパーソナリティであるとみなすだろう．また，診断ラベルは患者に対する他者の行いも，その人の他者に対する行いも左右してしまうだろう．精神医学的疾病論者は，このように患者のいわゆる病を描写するだけではなく，その人の将来の行いをもまた規定するのである」(p. 203)．精神科医の意図にかかわらず，そして「精神分裂病」ということばの公的な精神医学的意味にも関わらず，K夫人はこの診断を「一度精神分裂病になるとずっと精神分裂病的である」という意味に捉えたのであった．彼女はこの考えが好きではなかったし治ることを望んでいたのであるが，治せるのかどうかを知らないのである．

一方K夫人自身の診断は，自分が今「5」であるということである．それは彼女にとって，自分の考える「正常」の底に自分がいるということを表している．そしてまたそれは「0」よりも有意に良いということである．私の見地からすると，彼女が「5」にいるということもしくはそれ以上になるということが彼女の仕事である．セラピストの仕事とは，次のことに焦点を当て続けて彼女の達成を援助することである．それは,

(a) 何が起こっているのか
(b) 彼女は何をしているのか
(c) 彼女の夫は何をしているのか
(d) セラピストとセラピーは何を行っているのか

である．そしてその結果,「5から10」の範囲に状態を保てるのである．

K夫人の「正常」であるという「5から10」の範囲は，日常生活の正常な範囲での良し悪しを含んでいる．もちろん，あなたや私や診断をする精神科医を含め，全ての人の「正常」もそうなのだが，彼女の「正常」もまた同様に精神科医の仮説的な規範から逸脱している．個々に人の正常さというものは常に逸脱しているものなのだ！

　K夫妻が十分にK夫人のことを正常だと思う限り，診断する精神科医が彼女を十分に「正常」だと思おうと思わなかろうと，そんなことはどうでもいいのである．

　「精神分裂病」はあるひとつの概念の名称として生じ，その後具体化されるようになった．従って，長い間変化することのないものとして読解もしくは解釈されることが多い(5)．このことばは大抵治ることはあり得ないという意味でとられる．つまりあり得るのは和らぐことだけであり，それ故に節々で再発する可能性が常にある．しかしながらK夫人の診断は（「5」から「10」へと）変わり得るのだ．

　精神科医と彼女自身との診断の違いは，私たちの「問題」と「解決」が根本的に違うものだとしたことを示している．また，「読者中心の読解」と「テキスト中心の読解」との違いを指してもいる．彼女が，「精神分裂病」ということばを述べるよりも前には，面接中では極端な逸脱については何も認められなかった．K夫人が自分自身を「5から10」の範囲にとどまるとみなすならば，もう精神科医のところには行く必要がないだろうという気がする．従って，もはや彼女を逸脱していると捉え得る精神科医のところに行く必要もないだろうし，真の意味で彼女はもう「精神分裂病的」でも「精神

---

(5) 精神科医や精神医学の領域では，この章での限定的な範囲を超えて，別のやり方で「精神分裂病」ということばが読解されることもある．

分裂病」でもないだろう．精神科医は仮説的な規範を当てはめる能力を持っていないと思う人がいる限り，これは「真実」である．5年後に，彼女が精神科医のところへ駆け込むかどうかはわからない．しかし彼女や夫が十分だと思うこの正常範囲が保たれればそれまでである．つまりもし彼女が生活に何の問題もないと感じるならば，もう精神科医は必要ないのである．

第9章　クライアントが話す内容を
　　　　そのまま受け取ること

全ての証拠を持つ前に理論を作り上げることは重大な過ちである．
それは判断を偏ったものにする．
——シャーロック・ホームズ（緋色の研究）

ジョン・H．ウィークランド（以下 JHW）　そう．それはとても単純なことのように聞こえると思いますが，私はそうは思いません．それはとても複雑な作業であると思います．

スティーヴ・ド・シェイザー（以下 SdeS）　そうですね．「読み取る」ことはとても簡単だ……「読み取る」事にあなた方は用心するようになりました．人は，特にセラピストは「行間にある何かを読み取る」方法を教えられていますから．

マイケル・ホイト（以下 MH）　「第3の耳で聞くこと」ですね．

SdeS　診断，解釈，理解……

JHW　「洞察」とかね……

SdeS　そう，しかし私が特に注意するのは，行間には実は何も存在しないかもしれないということです．それでクライアントが話すことをただ聞くようになった．行間ではなく行そのものに焦点を当てながらね．例えばクライアントが，ベッドを南側から降りる日は北側から降りる日よりも快適な1日になる，と言ったとします．このような時には，馬鹿げていようと，彼にベッドを南側から降りるように言う！　クライアントの言葉同様，この指示もばかばかしく聞こえるかもしれませんが．

MH　もしそれがうまくいっているならば，変えるな[(1)]．もっとしなさい（Do more），ということですね．

SdeS　そう，それをもっとやらせる．実際そのようなケースを扱ったことがあります．彼は北側から降りることが出来ないように，ベッドを北側の壁にぴったりと寄せました．降りようとすると壁にぶつかってしまいますからね．

　「洞察力トレーニング」の代わりに「単純トレーニング」を行うことや「初心」を持つこと，あるいは「集中トレーニング」を行うのは，また異なる種類の挑戦と言えるでしょう．

MH　「単純なままにせよ」．

SdeS　「間抜けであるトレーニング」．

MH　あなた方は本来心理学のトレーニングを受けなかったという事実が，おそらく……

JHW　それこそが非常に役立っているのですよ．

SdeS　私は，音楽教育を受けていたことが非常に役立っていると思います．

JHW　（マイケル・ホイトに向かって）「クライアントの話をそのまま受け取る」ということについて，もう少しド・シェイザーに尋ねてみてください．なぜなら，「クライアントの話をそのまま受け取る」ということに関して，それがただ一つの単純なものではなく多くのバリエーションがあるかもしれないという印象を私は持っているからです．ド・シェイザーの挙げた例は理解しました，とても明確ですね．けれども，「クライアントの話をそのまま受け取る」ということがいつもベッドの降りる側といった類のものを必ずしも意味するとは思わないのです．

---

(1) もっと明確には，「壊れていないものは，壊すな」（Miller, 1993）という意味でもある．

SdeS　まさにその通りです．「クライアントの話をそのまま受け取る」ことの反例は，クライアントが入室してきて「これが問題です．大きく重い，ものすごい問題なのです」と言う時です．あなたからは些細に見えます．すると，本当に問題を抱えた人々についての話をクライアントに聞かせる．

JHW　そうでしょうね．

SdeS　これはあくまでも反例です……．クライアントが，自分は問題を抱えていると言う時には問題を抱えており，それをそのまま受け取る方が良いのです．もし彼らが，問題を全く抱えていない時など無い，と言うのであれば，それを額面通りに受け取るのも良いでしょう．それもまた一つのあり方です．

　飲酒問題で連れてこられたクライアントが，自分はそれほど酒を飲んでいないとかそれは問題ではないと言っているとします．このような場合，我々は彼に対して何もする必要はないのです．それが，クライアントの話をそのまま受け取るということです．[(2)]

* * *

セラピーのあいだ我々は，クライアントが何をどのように言うのかについて細心の注意を払いつつも，それをそのまま鵜呑みにするようなことはしない（時には，明らかに馬鹿げた質問をすることになる）．同時に私たちは，会話における「思いやりの原則」に従おうとする．すなわち，他の人々は私たち自身とそれほど変わらないやり方で自分自身の経験を理解している，とみなしてしまいがちだということである．つまり，クライアントが述べた状況と同じ状況

---

(2) この会話は，1992年12月3日にマイケル・ホイトによって企画された，ジョン・H．ウィークランドと私の対談の抜粋である．この対談の全文は，マイケル・ホイト（Hoyt, 1994）の「構成主義のセラピー」（New York ; Guilford）に収められている．

にあった人は,おそらくその状況をほとんど同じように述べるであろう,ということである.さらにこの思いやりの原則は,「真実を把握しようとする態度,すなわち事象を正確に表している文章を重要視する態度は,私たち［セラピスト］にとって重要であるばかりでなく,彼ら［クライアント］にとっても重要なのである」(Norris, 1989, p.60) という前提を含むものである.「クライアントの話す内容をそのまま受け取ること」は,クライアントが言うことに対して,十分に尊重して取り扱い,細部まで注意を払い,責任を持って意味を取るべきである,ということでもある.

どの面接も,主に三つの関心によって構成されている.それは,(1) 彼ら（そして我々）が,解決を構成するのに役立つであろう物事についてクライアントは何を話すことができるのか（我々は何を知ることができるのか）,(2) クライアント（そしてセラピスト）は何を無理なく望むことができるのか,(3)我々そしてクライアントのために,我々は何をすべきなのか,である.

彼女自身の考えを作り出す

> 患者が私のオフィスに入ってくると,先入観なく迎え入れ,そして彼らは誰なのか,何をしているのか,なぜここに来たのかを知るために,どんなことでもしっかりと彼らを観察するのである.
> ——ミルトン・H.エリクソン (Haley, 1985, p.114)

「先入観なく迎え入れる」というホームズやエリクソンのアドバイスに従おうとするには,クライアントの名前,住所,年齢,職業（たとえどんな職業でも）など基本的な情報のみを知ることで自分自身に白紙の状態を強いることが,大抵の場合,最も良いということがわかった.

［1］ クライアント（以下 C） 私は1年半ほど会社に……勤めていました．

［2］ スティーヴ・ド・シェイザー（以下 SdeS） そうですか．

［3］ C また，だいたい6ヵ月ほど……パートタイムで働いていたこともあります．

［4］ SdeS あなたにとってどちらの方が良かったですか？

［5］ C 私はどちらも好きです．

［6］ SdeS なるほど，ところであなたは，キャンディスとキャンディ，どちらで呼ばれる方がいいですか？

［7］ C どちらでも構いませんよ．

［8］ SdeS あなたのお友達はどのように呼んでいるのですか？

［9］ C キャンディですね．

［10］ SdeS キャンディですか．わかりました．それじゃあこれから［笑いながら］多分私はあなたをキャンディスと呼ぶべきですね．

C ［笑いながら］キャンディスですか．

SdeS はい．うーん，ええと，はい．それじゃ本題に入りましょうか．それで，あなたはなぜここにいらしたのですか？ おっとその前に，私は大体30分後くらいに，あなたが話した内容を理解し考えるために数分間外に出ます．そしてチームの人がそこにいるので，その内容について彼らと話し合います……それから私は戻ってきて，私たちの考えをあなたにお知らせします．このことを忘れないうちにお伝えしなければと思いまして．それでは，あなたはなぜ今日ここにいらしたのですか？

C うーん，私は本当に問題を抱えているのです．

SdeS ふんふん．

［15］ C うまくやっていくことについて．

SdeS なるほど．

C 私,私は9年前に結婚をしましたが,現在はうまくいっておりません.

SdeS ええ.

C そして,ええ,結局私は母と暮らすことになりました.

[20] SdeS うん,なるほど.

C それで,今は誰とも良い人間関係が築けないのです.

SdeS そうですか.それでは,お母さんと暮らすようになってどのくらい経つのですか?

C あー,うーん,大体7ヵ月くらいだと思います.

SdeS うーん,それがうまくいっていない.

[25] C ええ.

SdeS そうですか.

C 全くうまくいかないんです.

SdeS うん,なるほど.それで……

C 私は話がうまくなくって.

[30] SdeS あまりうまくない?

C ええ.私はあなたの質問に答えることはできますし,自分のことを説明しようとはしています.でも私は,ただ会話するというのが苦手でして.

SdeS そうですか,でも私も話すのが苦手でして……だから聞いている方がいいんですよ [二人とも笑う].

C へえ.

SdeS それであなたのお母さんが……別の質問になりますが,あなたのお母さんが,あなたの働いている間に子どもたちの世話をしているんでしょう?

[35] C 時々は.

SdeS 時々ですか,なるほど.

C 母は,世話したり,してくれなかったりで.

SdeS　はあ．

C　わかりますか？

[40]　SdeS　ええ．うーん，でも……

C　ええ，そう．——私が働きにでている時は，母は子どもの面倒をみると言ってくれます，だけど……いえ，彼女は子どもをみてくれます，うん，やってくれています．

SdeS　ふんふん．

C　そうですね．母か，もしくは子どもたちの父親が子どもの面倒をみています．

SdeS　なるほど．それで彼らの父親とは今でも関係があるんですね．ふんふん．そしてあなたの話す内容から察するに，そうじゃなくなってほしいと考えていらっしゃる……

[45]　C　その通りです．

SdeS　あなたの表情もそう語っています．

C　[うなずく]

SdeS　ふんふん，わかりました．[間]

　もちろん彼女の表情は言葉の一部であるが，どのように用いられているか，決め込まないで調べる必要がある．彼女の言葉と表情は一致していて，一方が他方を裏付ける働きをしている．会話の中のこの時点で，彼女が私のところに来たのは，人々がセラピストのところに来るのと同様のものであるということが十分に明らかになったようだ．

　私が思うに，不満というのは地下鉄の代用硬貨のようなものである．つまり，それは乗客にゲートを通過させるけれども，乗る電車を決定することも，いつも降りている駅を決定することもない．彼らが行きたい場所は，出発する場所によってあらかじめ決定されているわけではないのである．

私が「わかりました」[48]と言った後に二人とも間を置いたという事実は，彼女が子どもたちの父親や新しい話題について語ることもしないのだから，今は私の話す順番であるということを暗に示しているのである．

奇跡が起きた翌日，あるいは「私たちはどこへ行くのか」
[48の続き]　それで，これから，あなたにとっては奇妙な質問かもしれませんが，どうしても尋ねたいと思います．まず奇跡が起こったある夜を思い浮かべてみてください．
C　はい．
[50]　SdeS　そしてあなたが今日ここに来ることになった問題が解決されているとします．いいですか？　これはあなたが寝ている間に起きます．だからあなたは奇跡が起こったことを知らないわけです．
C　はい．
SdeS　いいですか？　次の日あなたは，奇跡が起こったことをどのようにして知るでしょうか？　奇跡が起こったら，何が変わっていますか？
C　［長い間］うーん……わからないわ．［長い間］

　「わからない」以外に答えが無いというのは，この「ミラクル・クエスチョン」に対する非常に適切な答えである．それゆえ私は沈黙の中，彼女に考えるチャンスを与えながらただ待つのである．どんな会話も代わる代わる行うため，私が黙っていることは，まだ彼女の順番であるということを意味する．先の質問の範囲を広げたり尋ね方を変えて同じ質問をしたりすることで，無理に答えを引出す必要は無いのである．

[53の続き] 思いつきません……うーん……一つには，私が起きて，そして何かにつけて母が小言を言うのを聞かずにすめば安心できるでしょう．

SdeS なるほど．お母さんはその代わりに何をしてるだろう？ お母さんは代わりに何してる？

[55] C 私に「おはよう」と挨拶をし，私にどうするのか尋ねてくれるでしょう．

SdeS ふんふん，なるほど．

C そして子どもたちの面倒をみてくれるでしょう．

SdeS ふんふん．

C そして，よくわからないけれど，その日がより晴れやかな一日であると思えるでしょう．

[60] SdeS どんな点で晴れやかなのですか？

C わかりませんが，幸せであるという感情を抱くと思います．

SdeS ふんふん．そしてそれからあなたは何をしますか？ もしあなたがいつもより晴れやかで，幸せな感情を抱いていたら，何が違ってきますか？ あなたはいつもと違うどんなことをするでしょう？

C わかりません．今私は，多分，混乱しています．

SdeS そうかもしれませんね，では，それはどのような形で現れますか？ あなたは何をしますか？

[65] C うーん．

SdeS その時何もしないですか？

C うーん．わからないけど，ほんの少しいつもより微笑んでいると思います．

SdeS ほう．

C そして私の態度は違ってくるでしょう．

[70] SdeS ふんふん．

C うーん，わからないけど，私は，より幸せな人間になっていると思います．

　ここまではまあまあ順調である．私たちは，彼女がセラピーに求めるものは何かということについて，とりあえず感じはつかんだ．次のステップは，これを彼女の当面の文脈や他者との相互作用にまで広げることである．

[72] SdeS ふんふん，なるほど．そして，あー，幸せであること，より微笑みが増すことなどは，あなたやその周囲の人々にどのような変化を生み出すでしょうか？
C うーん．
SdeS そしてもしあなたのお母さんがより幸せになったら，他に何が？　いえ，いいでしょう．つまり，他の人は奇跡が起こったことをどのように知るでしょう？　お母さんはどのように奇跡に気がつくでしょうか？　お母さんはこの奇跡の後，あなたのどんな変化に気づくでしょうね？
[75] C 母が私の変化に気づくとは思えません．私が100万ドル手に入れることができるとしても，なお彼女の私に対する態度は全く変わらないでしょう．
SdeS ふんふん．
C だから，彼女が私の変化に気づくとは思えないのです．
SdeS なるほどね．しかしもし彼女が気づくことができるとしたら……彼女は何を感じるでしょう．もし彼女が変化に気づきたいと考えていて，実際気づくことができたとしたら，何に気づくでしょうか？
C 私がより幸せな人間になっていて．
[80] SdeS ええ．

C　母とより良い関係になっていて．

SdeS　なるほど．

C　もっと私の体重が増えて……あー……

SdeS　うん？

[85]　C　そうですねえ，うーん，それくらいですね．

SdeS　わかりました．それじゃあ，もし子どもたちが私たちに話すことができたら，彼らは奇跡がおきた次の日，気づいたことについてどんなことを話してくれるでしょうか？

C　子どもたちが何に気づくか？　より楽しい母親になるということでしょうか．

SdeS　ふんふん．

C　彼らと一緒に過ごす時間が増えて．

[90]　SdeS　ふんふん，なるほど．子どもたちと一緒に楽しみ，より多くの時間を過ごすのですね．他に彼らは何に気づくでしょう？

C　今ので全部です．

SdeS　ほう．

C　私が思いつく全てということです．

SdeS　ええ，ええ．彼らの父親についてはどうでしょう？　彼はあなたのどんな変化に気づくと思いますか？

[95]　うーん．彼は私がとても幸せになったと感じるでしょう．ストレスや何かから解放されて．

SdeS　なるほど．

C　そんなところですね．なにせ彼は今，私のことを憎んでいるのですから．

SdeS　ふんふん．しかしそれは，たとえあなたが変化してもあなたの変化に気づけない，ということではないですよね？……彼がただあなたを嫌いだからといって．

C　そうですね．

[100]　SdeS　時々，それは……時々……違ってくるものですが．うん．だから，あ，職場の人についてはどうですか？　彼らは奇跡がおきた次の日，どんなことに気づくと思いますか？

C　基本的には，私がより幸せで，よりリラックスしていて，そして，うーん，ただリラックスしていて幸せということに気づくでしょう．

　彼女の現在の問題が無くなった生活は，どんなふうに始まるかを知った次には，より幸せで，よりリラックスしていて，より微笑んでいるというような彼女の体験について知らなければならない．彼女にそんな体験があるかどうかを知ることで，それらを再び体験する時のことをわかるようになるだろうと，少しは見とおしが持てるのである．

例外を構成する，あるいは「既にそれが起きたのはいつか」

[102]　SdeS　ふんふん．今あなたが，ほんの少しいつもよりもリラックスして幸せなのはいつですか？

C　恋人と一緒にいる時です．

SdeS　ふんふん，なるほど．

[105]　C　たまにですが．

SdeS　たまにですか．うん．彼は私たちに何を話すでしょう？　奇跡が起きた次の日に？　彼はどんなことを話すでしょう？

C　うーん．彼は私がより幸せであると気づいて……そう，誰もが，私が幸せであると気づくように．

SdeS　ええ．

C　そしてほんの少しくつろいだ気分でいる，と．

[110]　SdeS　なるほど．

C　そんなところでしょうか．

SdeS　奇跡が起こったということ，そしてあなたが幸せであるということが確かなことだと思えることをあなたがしていると彼にはわかるでしょうか？　シグナルとなるようなものが，何かありますか？

C　自分に自信を持って話すことです．

SdeS　なるほど．

[115]　C　私は誰であるのか，何が好きなのか，何を必要としているのかを実際に知ることです．

SdeS　なるほど．

このように，奇跡がおきた次の日に彼女や他の人はどのようにしてそれに気づくかを双方の観点から彼女が述べたのは，非常に曖昧で漠としている．興味深いことに，彼女は「問題」が無くなることよりもむしろ望ましいことに関して述べたということが目立った．彼女の求めているものをより詳細に述べることはおそらく有用であるけれども，これまでのところ彼女が言ったことは，多くのクライアントがセラピーに来て手に入れたいと思っているものと同様のものを彼女は求めている，ということを示している．

[117]　C　私は救いようの無いケースだわ．

SdeS　どういう意味ですか？

C　ご存知のように，私は少し変わっていますから．

[120]　SdeS　どういうことですか？

C　私は，よくわからない，私は，自分が混乱しているのかどうかもわからない．うーん，わからないんです．

SdeS　何が，あのう，ええと，なぜ自分が混乱しているとお考えなのですか？

C なぜなら，

SdeS なぜ自分が救いがたいのだと言うんですか？

[125] C というか，私は自分が何をしたいのかはわかっています．でも何をしたいのかわかることと，それを実行することは，私にとって別物なのです．

SdeS ふんふん．

C それを言い表すことはできても，実行することは全く別のことなんです．

SdeS なるほど．では，あなたは何がしたいのですか？

C 私は，放っておいてもらいたいのです．

[130] SdeS 誰に？

C 夫に……

SdeS ふんふん．

C 母に……

SdeS ほう．

[135] C そして妹たちにです．

SdeS なるほどね．

C これで全員です．

SdeS うん．それでは，もしあなたが放っておいてほしいならば……

C 実際に逃げ出さなくちゃ．

[140] SdeS なるほど．

C 私はただ，うーん，彼と別れるまでは一度も自分の時間が私には決してなかったみたい．

SdeS そうですか．

C そして今は，彼と一緒にいないので，なんだかいいみたいで，……少しは独立してやってみたいと思っています．

SdeS ええ．

[145] C　そうですね．

SdeS　ふんふん．

C　今は一人でやってみたいのです．

SdeS　ふんふん，なるほど．

C　しばらく自分自身でいたいのです．でも，

[150] SdeS　ふむ，でも？

C　でも，誰も私がそんなことをしたいと考えているなんて思っていないし，みんな「お前はこんなことをすべきではない，あんなことはすべきではない」とか「こうやれ，ああやれ」とか言いたがるけど，誰も私にそんなチャンスを与えてくれないし，私が一人でそうできるか見守ってもくれないんですよ．

SdeS　ふんふん．

C　私が本当にできるかどうかをね．

　彼女に何かするよう提案するには十分慎重でなければならないことを，彼女は非常に大きいヒントとして私に与えている．実際彼女に，我々から，何をするか提案すべきではないことは明らかである．そのようなヒントを得たため，彼女が何をすべきかを述べるのではなく，むしろ彼女が何をするつもりなのかについて尋ねることにした．

[154] SdeS　それであなたは何をするつもりなのですか？

[155] C　わかりません．家を出たいと思うけど，何をしていいのかわからない．

SdeS　ふんふん，それじゃあ，もし家を出たとしたら，あなたは何をするつもりなんですか？

C　ええと，私は，どこへ行きたいのかすらわからないのです．

SdeS　ふんふん，なるほど．うん．

C ［間］わからないんです，私は，変わっているって言ったでしょ．

[160] SdeS はて，私はあなたが変わっているかどうかはわからないけれども，まあ，後からわかるかもしれませんがね．

C はあ．

SdeS でもあなたは，家を出たい，一人になりたいとおっしゃいます．あなたは，人々が自分に……敬意を払ってほしいのですよね．

C そうですね．

SdeS だったら，ええと，もしあなたが家を出るとしたらどこへ行くつもりなのですか？ いえ，家を出ることの他に何ができるのでしょうか？

[165] C あー，……叫ぶことかしら．

SdeS 叫ぶこと．

C わかりません．

SdeS ふんふん．あなたは今までにそれをやってみたことはあるんですか？

C いいえ．

[170] SdeS ない．それでは今まで家を出ようとしたことはあるんですか？

C えー……

SdeS ある？

C やる価値が無いかと……

SdeS なるほど，なるほど．それで，今まで叫ぼうとしたことはあるのですか？

[175] C うーん［うなずく］．

SdeS 誰に対して叫んだのですか？

C 私自身に対してです．要するに，私はただ幸せになりたいだけ

なんです．おわかりですか？

SdeS　もちろんですとも．

C　私が幸せになるのは不可能なことのように思われますし，また，誰も幸せになってほしいなどとは思っていないのです．現実はそんなものです．

[180]　SdeS　ふんふん．

C　私が自分で何かをやりたいと思うことや，幸せになろうとすること自体が間違っていることのように思われます．

SdeS　ふんふん．

C　思い通りにやれたら幸せでしょうけど．

SdeS　そうですね，うん．あなたが思うに，あなたの御主人やお母さんなどは，あなたが幸せになるべきではないとか，幸せになる方法を知らないと考えていると……

[185]　C　そうです．つまり彼らは，ある理由があって，夫と別れた時のような態度を取っているのです．

SdeS　なるほど．

C　そして私たちの結婚生活はまったくひどいものでした．私は寝込んでしまいました．結婚生活で私はほとほと疲れ果ててしまいました．そして別れました．

SdeS　ふんふん．

C　ええ，私は彼と別れて，自分自身でやってきたのです．

[190]　SdeS　そうですか．

C　私は，実家で子どもとして母親と暮らすには年を取り過ぎました．

SdeS　そうですね．

C　母は「あなたの夫の怒りが収まるまでしばらく私のところで暮らして，そしてそれから，もとの家に戻ればいい」などと言います．でも私たちは今うまくいっていないんです．私は彼女を喜ば

すようなことの一つもできやしないんです．

SdeS　ふんふん．

[195]　C　私のやること為すこと全てが，彼女の神経にさわるのです．

SdeS　ふんふん．

C　彼女は落ち着いて私と会話をすることができないようです．今まで誰一人として，落ち着いて私と話だけをしてくれる人はいなかったんです．

SdeS　ふんふん．

C　みんな，ただ私に何か言いたいだけで，私と会話をしたいという人は誰一人いないのです．

[200]　SdeS　なるほど．それではもし彼らがあなたに話しかけてきたとしたら，あなたは何と言いますか？

C　私がどんなふうに感じていると思う？　と言っていると思います．

SdeS　ほう．

C　でも，私がどのように感じているか心配して聞いてくれる人など誰もいないのです．だから私は苦しみ続けるのです．

SdeS　ふんふん．それであなたは，自分だけの場所を持つことができるでしょうか？

[205]　C　今は……うーん，はい，できると思います．

SdeS　そうですか．それによって，あなたの気分はより良いものになるでしょうか？

C　ええ，とても役に立つだろうと思います．

SdeS　そう．

C　家を出て一人暮らしをすれば，今よりもさらに良くなるでしょう．なぜなら今は，ただ母と暮らして，働きもせず，落ち込んだり，うろたえたり，怒ったりして……

[210] SdeS ふんふん．

C 私はうまくふるまうことができないのです．

SdeS うーん．そうですねえ，あなたが戻ってお母さんと一緒に暮らし始めたのが………30歳の時ですが，あなたは，自分がまるで再び17歳であるかのように感じ始めたのではないですか？

C ええ．

SdeS ……「時間通りに帰ってらっしゃい」……その他にも色々と．

[215] C ええ．

SdeS なるほど．そして，困難ではあるけれど，あなたは自分の居場所を持つことができたんだ．

C ええ．

SdeS ふむ．

C しばらくは，安心できないでしょうけど……

[220] SdeS ええ．

C ……夫が地球上に存在しなくなるまで．そうなってくれればいいのですけれど．

SdeS ふむ．つまりあなたは，彼が何かするのではないかと恐れているのですね？

C ええ．私，彼，彼は私なしでは生きていけないと，そして自分にとって私がこの世でかけがえの無い人間であり，他の誰とも人生のスタートを切りたくないと言うのです．

SdeS ほう，ほう．

[225] C そして私が「私は悩まされたくないの，私に構わないで，私の目の前から消え失せて」と言うと，彼は脅そうとするのです．

SdeS なるほど．

C だから，しばらくの間，私と子ども，仕事などみんな，放って

おかなければならなかったんです．というのは彼は前にいたところへやってきて脅すんです，私を殴るだとか，誰かに殴らせるだとか……

SdeS　ほう，ほう．

C　その他色々と．彼は繰り返し私を殴ってきました．

[230]　SdeS　そんなことがあったんですか．

C　ええ．

SdeS　なるほどね．

C　彼は，ただ私を放っておいてはくれないでしょう．

SdeS　ふんふん．それで，もしあなたが，そのつもりだったら……お母さんと暮らしていた方が安全なのではないですか？

[235]　C　ええ，母親はそう考えています．しかし私はそうは思いません．だって，彼が最後に私を殴ったのは，実家だったからです．

SdeS　うーん．

C　そうなんです．

SdeS　ふむ．

C　母はそこに居合わせなかったんです．ですから私は，実家であろうとなかろうと何も違いは無いと思うんです．

[240]　SdeS　ふんふん．

C　おわかりでしょうけれど．

SdeS　ええ，ええ．それで警察沙汰になったこともあったのですか？

C　いいえ．

SdeS　うーん．どうして警察を呼ばなかったのですか．

[245]　C　うーん，わかりません．私はただ恐ろしくって，ただ逃げようと，ただそこからいなくなってしまうことしか考えられなかったのです．

SdeS　うんうん，なるほど．

C　そうすれば彼は私を殴れないと思って．

SdeS　ふんふん．しかしあなたはそんなに遠くまでは行かなかったんですね？……何か？

C　いえ，そんなことはありません．かなり遠くまで行ったのですが，母が居場所を知って，毎日のように電話してきて，私が住んでいた環境を好ましく思っていなかったから，家に戻るよう望んだのです……

[250]　SdeS　ほう，ほう．

C　そして自分と一緒に暮らすことも……

SdeS　なるほど．

C　つまり母は，よくわからないけど，そう，私を心配しているように振る舞ってはいますが，本当はそうでないと思います．

SdeS　なぜそう思うのですか？

[255]　C　母は私に一緒に暮らしてほしいと考えているように見えますが．

SdeS　ええ．

C　でも母はそう思っていないのです．うーん．うまく説明ができないのだけど，つまり，私のすることにはどんな些細なことでもけちをつけるということです．「成長した人間には皆自分だけの場所が必要である」はずでしょ．でも「アパートを探すつもりなの」と私が言うと，彼女は「今ここを離れるのは危険よ．なぜあなたは一人暮らし，一人暮らしって急ぐの？　どうしてあなたは，彼があなたを傷つけることのできるような場所へあえて行こうとするの？」と言うのです．

SdeS　ふんふん．

C　母と一緒に住んでると，うまくいかなくて，口数も少なくなり，お互いあまり話さなくなるのです．

第9章　クライアントが話す内容をそのまま受け取ること　　167

[260] SdeS そうですか．

C 私は母に，「嫌ってる．だって，話しかけないじゃない」と言ったことがあると思います．

SdeS ほう．すると，そう，お母さんにとっては子どもを家に戻ってこさせようとするのは難しいことなのですね．ちょうど，あなたが家に帰るのと同じように．[(3)]

[263] C そんなことはないですよ．だって……

SdeS はい？

[265] C 私には，今も母と一緒に住む二人の姉妹がいるのですから．二人のうち片方は，かわいがられています．

SdeS うーん．ふむ．

C 彼女は母のお気に入りなんです．

SdeS そうですか．安心できるようにしていくには，何かできますか？

C 接見禁止命令を得ることだけです．でもまだ得ていません．

[270] SdeS できることとしたら．

C 引っ越しだけ．

SdeS 彼は，接見禁止命令に従ってくれるでしょうか？

C わかりません．彼は時々信じられないような行動をとりますから．

SdeS ふんふん．

[275] C つまり彼は，本当に爆発するんです．

SdeS ほう．

C 命令に従うかどうか私にはわかりません．もし彼が地球上からいなくなったら，私は安心できるのだけど．

SdeS ええ．でもそれは……

---

(3) 間違いである．データの前の議論であるから．

C ……起こらないですよね．
[280] SdeS おそらく……
C ……起こりませんよねえ．
SdeS 起こりませんね．
C そうですよね．
SdeS それであなたは，他の選択肢を迫られたわけですね．
[285] C 私は，接見禁止命令を手に入れることしか思いつきません．
SdeS なるほど．
C それだけです．
SdeS なるほど，それで，いくらか可能性を高めることができましたか？
C いいえ．というのは，それほど彼が私を悩ますことが無くなりました．「いいとも．俺はお前がほしいものをくれてやる．お前は離婚したいんだろう．離婚してやる，そうすればお前を悩ますことはない．」という感じなのです．
[290] SdeS ふんふん．
C よくわからないのですが，彼は私を脅かすことやなんかをしなくなったということです……
SdeS ふうーむ．
C その他のことも．
SdeS なるほど．
[295] C 彼はただ……
SdeS ええ．
C 彼は，本当にずるがしこいので……
SdeS ほう．
C 私は，何を考えたらよいのか，全くわからないのです．
[300] SdeS けれども今彼は，あなたと離婚して，あなたに構わ

ないつもりだと言ったのですよね．

C　ええ，ええ．

SdeS　そしてその時以来，彼はあなたを放っておいてくれるんでしょう？

C　まあそうですね．

SdeS　ふむ．

[305]　C　確かに彼は私を悩ますことはしなくなったのですが，彼は未だに電話をかけてきたり，私がいつ帰ってくるのかチェックしたりしているんです．

SdeS　ふんふん．

C　わかっていただけましたか？

SdeS　ええ．

C　その他にも色々ありまして．

[310]　SdeS　でも彼は，あなたを怖がらせるようなことはしないと言って以来，最近はそうすることはないのでしょう？

C　ええ．彼は私を怖がらせるようなことはありません……

SdeS　どのくらいにわたって……

C　彼は……

SdeS　そのことがあったのはどのくらい前ですか？

[315]　C　ええ，約2週間前ですね．

SdeS　ふんふん．

C　おそらく．

SdeS　わかりました．

C　彼はただ，私がどんなに間違っているかを電話で私に伝えたいのでしょう．

[320]　SdeS　ふんふん．なるほど．えーとそれで，少しも気楽に生活できないのですね．

C　はい．

SdeS そうですか．彼に殴られるよりは安心できる．
C ええ，そうですね．それは全然楽しくないですから．
SdeS いやいや．うん．望むことをし，自分らしくあり，好きなことをするためには，なんとかして安心できるようにならなければ？
[325] C ええ．
SdeS あなたは一人でいる時よりも母親と住む方が安全であると感じますか？
C ええっと，うーん．
SdeS それが本当に安全であるかどうかは別として，安全であると感じるのではないですか，どうですか？
C いいえ，私はそのようなことは恐れていません．私は一人でいるのには慣れています，だからそれは問題ではないんです．安全であると感じることが問題なのではなく，安全であることが肝心なのです．
[330] SdeS ええ，そうですね．しかしあなたは，安心できるかどうかに関して言えば，そこは安心できない，と言いましたよね．他のどこかに住むよりもお母さんと住んでいる方が必ずしも安全であるというわけではないのですね．
C その通りです．
SdeS だから，安全だと感じるということについて尋ねたのですよ．
C ええ．
SdeS しかしあなたは，どちらも安全であるとは感じていないのですね．
[335] C はい．
SdeS なるほど，なるほど．それであなたは，何をするつもりなのですか？

C わかりません．[長い間] 私は何をすべきかわかりません．何をしたいのかはわかるのですが，何をすべきかはわかりません．

SdeS はい．それじゃあ，あなたがしたいこととはどんなことですか？

C 私，私がしたいことは，ただしばらく一人でいることです．

[340] SdeS なるほど．

C 自分自身の場所に引っ越して，しばらく一人でやっていくことです．

SdeS ふんふん．

C 私が今自分の中にある緊張を解消するために．

SdeS なるほど．しばらく一人でいるというのは，あなたと子どもたちで，という意味ですか？ それともあなただけで，という意味ですか？

[345] C ええ，私と息子たちという意味です．

SdeS はい，なるほどね．

C そうすれば，私たちはもっと楽しくやれると思います．

SdeS なるほど．それであなたは，それを実行するために，どのような方策を講じる必要があるのですか？

C うーん，子育てに良い場所を見つけて．というのは，息子がいるので．

[350] SdeS はい．

C それから，ただ私たちにとって安全な場所を見つけて．

SdeS ふんふん．

C そして，私の収入で毎月の家賃を払える良い考えを見つけて．

SdeS ええ，ええ．

[355] C そして，夫が私名義のクレジットカードで全てを買っていましたので，クレジットカードを解約しなければなりません．今もクレジット会社の人が毎日電話してきて，私名義の借金があ

ることを思い出させます．彼のせいで……

SdeS　ふんふん．

C　私が支払いをしなければなりません．

SdeS　ふんふん．あー，なぜあなたが逃げることを考えるのかわかりますよ．

C　これでもまだ半分でしかないのです．［長い間］

[360]　SdeS　わかります．［間］それであなたは，十分に安全な場所を見つけるという新たな一歩にどれくらい近づいていますか？

C　うーん，近づいてはいるけど．私，私はただ，計画を進めたい……

SdeS　ええ．

C　……ただそれを実行するだけです．

SdeS　なるほど．

[365]　C　でも……

SdeS　それでは，いったい何がそれを実行するのを邪魔しているのですか？

C　わかりません．私は今，恐れているのかどうかもわからないのです．

SdeS　ふんふん．

C　恐れるべきではないのでしょうけれど．それが私の望んだことなのだから．

[370]　SdeS　ふんふん．

C　わかりません．おそらくもし私に親切にしてくれ，サポートしてくれる人がいれば……

SdeS　ええ．

C　私は計画を進めて，実行するだけなんですが……

SdeS　あなたを何らかの方法でサポートしてくれる人？

第9章　クライアントが話す内容をそのまま受け取ること

[375] C ええと，その，ただ「君は実行できる」とか，うん，「これは君がやりたいことであって，実行に移せる」とかただ言ってくれれば．

SdeS なるほど．

C 私が自分に自信が持てるまで，私がそれを実行できるということを教え続けてほしいのですが……

SdeS 恋人はどうですか？

C ええ，わかりません．彼はいい人で，励ましてはくれるのですが．

[380] SdeS ふむ．

C でも彼も今，問題を抱えていて，そして……

SdeS なるほど．

C 自分の問題に対処すること，そして彼を助けようとすることはうまくいってはいません．

SdeS ふんふん，なるほど．同性のお友達はどうですか？

[385] C いえ，私には，一人も友達がいないのです……

SdeS ふんふん．

C ……たった一人も．

SdeS どうして？

C ええと，うまく言えないのですが，うーん，友達と嫌なことがたくさんあって，

[390] SdeS ふんふん．

C 結婚したために，友達を気にかけることが全く無くなって．

SdeS なるほど．教会の人はどうですか，あなたの教会の．

C はい．でも私の夫もそこに通っていたので……

SdeS ふむ．

[395] C そこにも友達は誰もいないのです．

SdeS ふんふん．

C　だから私には誰もいないのです……

SdeS　なるほど．

C　……自分以外は誰も．

[400]　SdeS　あなたは一人ぼっちなのですね．

C　変わっているでしょ？

SdeS　[肩をすくめて，間]でも，そう，あなたは何がしたいのか考えがあり，自分がすべきことを考えていますよね．ですから，そのことについて自分自身を説得しなければいけません．たとえもし，他の誰もそうしてくれないとしても．

C　それは簡単なことではないのです．他の誰もが私の話を聞いてくれない，そして，なぜ自分自身の言葉に耳を傾けなければならないのかと感じてしまいます．

SdeS　そう，まさしくその通り．あなたは自分自身の言葉に耳を傾けなければならないということをどのように自分に納得させますか？

[405]　C　ええ，わかりません．ですから，それが私に味方してくれる人が必要な理由です．

SdeS　ふんふん．

C　私に味方してくれる人は一人もおらず，みんながただ，どんなに私が間違っているかとか，嫌いであるか言うだけです．「君には良いところがある，これをやってごらん」とか「君は自分自身の考えを持っている．だから，それに挑戦してみればいいのに」とか言ってくれる人は私にはいないのです．そんなこと言ってくれる人が誰もいないのです．

SdeS　ふんふん．そのような場合，あなたは自分自身でしなければならないのです．

C　はい．でも容易ではありません，

[410]　SdeS　いやいや．

C なぜなら，私にはそれができないからです．つまり自分に語りかけることはできても，実行できないのです．

過去の成功と未来との間に橋をかける

SdeS しかしこれまでは，自分に語りかける時，自分自身を信じていないですよね．そう．これまで自分自身に語りかけ，そして実行した時はありますか？

C はい，夫とついに別れた時です．

SdeS ふんふん．

[415] C 私は何度も何度も，夫と別れるつもりであると繰り返し自分に言い続けました．少々時間はかかりましたが，私は別れました．

SdeS ふんふん．

C そして私は満足しています．

SdeS なるほど．

C わかってらっしゃると思いますけど．

[420] SdeS はい．

C だから私は，少し良いことをしました．

SdeS ふんふん．

C でも……

SdeS わかります．あなたは夫と別れるよう自分に言い聞かせて，そしてそれは良いことだったと考えていらっしゃる，ということですね．

[425] C ええ．

SdeS そして完璧ではないけれど，自分に言い聞かせたことを実行できたのだから，あなたにとっては良いことですね．

C ええ．

SdeS なるほど．では，それ以前には，人生の中で自分に何かす

るように言い聞かせたことはありませんでしたか，そう……
C　それ以前にはありませんでした．私はただ，他人の言うことを聞いて言う通りにしてきたようで，そう，つまり，他人を喜ばせようとしたり，他人の言う通りにしたり，自分を幸せにするのではなく他人を幸せにしようとするので忙しかったのです．

　彼女は最も重要な例外を述べたのである．つまり彼女が自分を，自分なりの考えを持つ存在とみなしている時について．彼女は自分がすべき行動を決定し，それを実行した．そして重要なことは，それによって物事はより良くなったと彼女が考えているということである．これはまさに，彼女が探していた類のものである．これは彼女の人生の中でより望んでいたことである．いまや私たちには，彼女はセラピーがどのように進行してほしいと思っているかについて，よりよく知ることができたし，また，彼女は解決のために必要な技術等々を備えていることもわかった．

[430]　SdeS　ふんふん．
C　私は自分自身の考えを持たなかったようです．
SdeS　ほう．
C　自分自身に何かを言うための．
SdeS　そう，そこまでわかったのであれば，解決はすぐそこですよ．
[435]　C　ええ．
SdeS　……そう，今あなたは，わかったのです．……自分が時々混乱しているのかと思うかもしれませんが，少なくとも自分自身の考えを持ったのです．
C　……ええ．
SdeS　良いことですね．わかりました．自分自身の考えを持たな

ければいけない決心なのですね？　ほう．どうやって自分の考えを持つつもりですか？　うーん，これからも他人からいろいろとたくさんの事を言われ続けるのでしょう？

C　ええ．

[440]　SdeS　例えばあなたのお母さんやお姉さん．

C　ええ．

SdeS　彼女らの言うことをずっと聞いてきたのでしょう．

C　ええ，その通りです．私は聞くだけで，そう，自分自身とかを表現するのは苦手でして……

SdeS　あなたは耳のスイッチを切ることができますか？　たとえ彼女たちがぺちゃくちゃしゃべりかけたとしても，聞かないことができますか？

[445]　C　わかりません．私は傷つきやすい方なので．

SdeS　ふんふん．

C　ええ，それは，そう，私が気にかけるような人々が，そう，とても気にかけているような人がいる時に，ひどく悪い気分になります．そしてそういう人たちは，私の長所を見つけてくれたり，助けてくれたりするようには思えません．

SdeS　そうですか．

C　あるいは，彼らは私を助けたいと言うかもしれない．でも……

[450]　SdeS　ふんふん．

C　あの人たちはあまりにも批判したがっているんです．私は，自分が受けるべき以上の批判を受けています．私は，何ができるかとか，「あなたがそれをするなら手伝うわ」などという言葉を聞いたことさえないんです．

SdeS　そうですか．

C　私は母と住んでおり，母を喜ばすためにできる限りのことをやろうとしている．けれども母は私に，実家での生活の良さをわか

っていないと言うのです．

SdeS　なるほど．

[455]　C　そして……

SdeS　そのまま続けて．

C　それは私にとって辛いことなのです．

SdeS　なるほど．うん．では，ちょっと聞いてくれますか．

C　はい．

[460]　SdeS　あなたは，結局最後には小言を言われて傷つけられることになるのですよね．もしあなたが小言を聞かなければ何が起こりますか？

C　母親しだいの「態度」になります．

SdeS　ふんふん．

C　私はただ小言を聞きたくないだけなのです．

SdeS　ふんふん．

[465]　C　私は母を無視しようとしましたが，容易ではありません．そうしたくないのですが，家を出なければならないのです．行き先やなんかを告げずに，家を出る必要があるのです．それから……

SdeS　ええ．

C　戻ってついにそうしたら，私が行き先やいつ戻るか等を何も告げずに家を飛び出したら母は慌てるでしょう．でも家を出なければ．ずいぶん泣いてきました．私は9年間も泣き続けてきて疲れた．

SdeS　ふんふん．

C　私は泣き疲れた，私はただ幸せになりたい，私はただ……

[470]　SdeS　そうでしょう，わかります．

C　私はただ，時々自分に働きかけてくれるものがほしい．

SdeS　わかります．ええ．

第9章　クライアントが話す内容をそのまま受け取ること

C 私のことを理解して頂けました？

SdeS まだ全てというわけにはいきませんが．

[475] C ［笑い］まだ理解して頂けないのですか？

SdeS 完全には．

C 自分自身がわかっていないものですから．

SdeS 思うに，うーん……

C 混乱している？

[480] SdeS いいえ，混乱しているとは思いません．あなたはただ……

C 恐れている？

SdeS あなたがあなた自身でいられる方法を学んでいるところなのです．

C まあ．

SdeS まだ学んでいるところなのです．

[485] C そうだと思います．

SdeS あなたはさっき言いました．自分自身の考えを持った，と．少なくとも自分自身の声を聞いている，と．

C ええ，そうです．

SdeS まずはあなた自身の声を聞いてください．

C 私には助けが必要でしょうか？

[490] SdeS 助けが必要ですか？ あなたは自分でやる，と言いましたよ．

C ええ．

SdeS ふむ，えー，もしあなたがやると言ったなら，おそらく実行するでしょう．

C 先生にはわからないのですか？

SdeS 私にはわかりません．

[495] C まあ．

SdeS 私がわからないのは，実際に助けが必要なのか，それとも助けが必要だと単に思っているだけなのか，ということです．

C まあ，そうねえ，両方ですよ．

SdeS 両方ですか．なるほど．あなたの言葉をお借りするとしましょう．あなたにしようと思っていた質問はこういう事です．自分自身の考えをより多く持つようになり，その考えを自分に言い聞かせ，他人の言葉にはとても敏感なその耳を自分自身の言葉に傾け，自分がすべきこと，自分がしたいことを実際に行う時には，一体どのようにしていくのでしょうか．

C わかりません．私は大変傷ついてきたので，まるで免疫がでたかのように，人の言うことを聞かずに済むようになっています．でも，たった一人で隅っこにいるような時は苦しいでしょう，気にかけるような相手が，愛するような相手がいるのに，そう，彼らには自分を助けることができない時……

[500] SdeS ええ．

C そんな時はどんなふうに感じますか．

SdeS ふんふん．ええと……

C 何をすべきかわかりません．

Sde はい．

[505] C 彼らを憎みたくないのです．

SdeS ええ．

C 何をすべきかわかりません．思いつくのは，逃げることだけなのです．

SdeS そう言いますが，どこへ逃げるのですか？

C うーん．知らないどこか他の場所は嫌いなのです．私はどこへ行きたいのかわかりません．

[510] SdeS ふんふん．何か目標を持って逃げるのではなく，ただ逃げても良くはならないですよ．

第9章 クライアントが話す内容をそのまま受け取ること

C　その通りです．

SdeS　あるいは少なくともどこかへと．

C　わかりません．私がわかるのは，ただ逃げたいということです．どこへ逃げるかは問題ではないのです．

SdeS　問題ではない，なるほど．それではなぜあなたは逃げないのですか？

[515]　C　どこへ行くべきかわからないからです．

SdeS　それじゃあ，どこかへ行きたい，と言っているだけですよ．

C　ええ，混乱してます．わかりません．ただ逃げたいだけです，でもどこへ行くべきかはわかりません．

SdeS　ふんふん，そうですか．

C　私が「どこ」へ行くのか言えば言いのですね．

[520]　SdeS　そうです．

C　しかし本当に，「どこ」に住みたいのかわからない．

SdeS　はい．どこに住みたいのでしょうねえ？

C　うーん，一人でいられるようなどこか，ですね．

SdeS　ふんふん．

[525]　C　しばらくのあいだ．

SdeS　ええ．たとえそれがここミルウォーキーであっても？

C　うーん，ええ，ここだとしても．

SdeS　そうですか．

C　ここが，誰も知らない他の町に行くよりも，安全であると感じています．

[530]　SdeS　なるほど．なるほど．

C　けれどもだからといって，誰も私を全く気にかけてくれないのに，ここを好きでなければならないのでしょうか．だから，誰も知人のいない……誰の助けもない場所に住むのです．

SdeS　ふんふん．それには，あなたは何かをしなければならない

ですよね．

C　はい．でもそれが何なのかわかりません．

SdeS　そうですね．[間] それでは，この点についてもう少し考える時間を頂く前に，いくつかの質問をしたいと思います．えー，御主人は，あなたに戻ってくるように言いましたか？

[535]　C　はい，戻るようにと言っています，私が家を出て以来……

SdeS　ふんふん．

C　……その時，彼は私を殴ったんです．

SdeS　そうですか．あなたのお母さんは，御主人のところに戻るように言いますか？

C　母は，主人のところへ戻ることを望んでいます．しかし，なぜ母がそんなことを言うのかわかりません．これまでに3回も殴られているのに……

[540]　SdeS　ふむふむ．

C　おそらく戻れば，彼はまた私を殴るでしょう．なぜ母は……

SdeS　おそらくそうでしょうね．

C　なぜ母は，私が戻れば主人に再び殴られるということがわからないのでしょう．

SdeS　ええ，ええ．

[545]　C　私はそんなところでは幸せになれません．そこには居たくありません．

SdeS　なるほど．他に，私が時間を頂く前に知っておくべきことはありませんか？

　この最後の質問はしばしば役に立つ．なぜなら，(1)「無い」とクライアントが言えば，会話をやめる機会，終了であることを示すし，(2)クライアントが重要と考えていて，まだ言っていないことがある

というのもまた，やめる指標，面接を完了するための手段として役立つ．たまにはこれが，もう少し面接を続ける必要性を意味することもある．しかしながら，それでもこの質問はセッションの終了を示すことになる．

[547]　C　うーん，ありません．
SdeS　わかりました．それでは私は，5分か10分したら戻ります．少しくつろいでいて下さい．いいですね．
C　はい．

　試しに，あなたはワンウェイミラーの後ろにいることにしてみましょう．ミラーの後ろから，あなたが私に，特に注意を払わなければならないと指摘したいことは何でしょう？　私は何を無視すべきでしょうか？　私はなにをすべきでしょうか？　何をすべきではないのでしょう？　あなたの注意を最も引いたことは何ですか？　解決を構成するにあたって，どのような方策を講じればよいのでしょう？　私はどのようにすれば，彼女が既にしたことや既に知っていることを利用するのを最もうまく援助できるでしょうか？　もしあなたがセラピストならば次に何をしますか？　読者の皆さんは，この続きを読む前に，以上のことを考えるため少なくとも15分から30分は時間を取ってみて下さい．

　キャンディスがたどり着きたいと考えている場所は，結局彼女が「自分の考えを持つ」ということである．それはつまり，何をすべきかを決定してそれを実行するということを，彼女が一人で考えるということである．これを達成したならば，彼女の生活は，「奇跡の後」に起こることとして彼女が述べたような状態になるのである．彼女はより幸せで，微笑み，自信を持って話し，よりリラックスして，より楽しい母親となるであろう［48ユニットから115ユニット］．

彼女はその事がわかるので，混乱させられた感覚はまごつくものの一つなのである．そこで，混乱は，彼女が自分自身の考えを持てることを示す前兆なのかもしれない，という考えを私は示した．もちろん，両方である．いずれにしても，彼女が自分の考えが何かを知った時，混乱を感じなくなるのである．

休憩後
[550] SdeS では，お伝えしたいと思います．私は本当に，あなたはずいぶん自分自身の考えを明確にすることができたなあ，と感銘を受けました．あなたはこの計画に対し，とてもよくやってくれたと思います．
C そうですか？
SdeS ええ，ええ．そしてあなたは，以前よりも気分が良くなっています．なぜなら，ご自分の考えをはっきりとさせたからです．
C はい．
SdeS 自分のために何が良いか，このことについてあなたはご自身の考えに従いました．それは大きな前向きの一歩であると思います．おそらく，一歩どころではなくそれ以上の前進です．あなたは正しい方向へ進んでいると思います．さらに私の思うには，あなたが今何をすべきかと混乱しているのは良いことなのです．
[555] C そうなのですか？
SdeS きっと，変だと思っているんでしょう．
C はい．
SdeS なぜそれが良いことなのか，お伝えしたいと思います．つまり，何かをしようとする時に，確信を持たないまま実行してしまうことがないようにするための混乱だからです．自分が何をすべきかわかり，はっきりするまでは時々混乱するというのも，自分自身の考えを持つということの一部なのです．混乱はあなたが

間違いを犯すのを防いでいるのです．そして，それがあなたにとって正しいと感じるまで，何かを実行させることはないのです．ただ，あなたが自分の考えを持ち何をすべきかはっきりするまで混乱させるだけなのです．あなたがおっしゃったように，周囲の人々はあなたに対し何をすべきか言うでしょう．そしてその内容はあなたがしたいものではありませんから，それを聞くべきではありません．まさに今，あなたにして頂きたいことは，混乱と戦うな，ということなのです．ただあるがままにして下さい．さて，して頂きたいことがあります．それはご自身の考えをより理解するのに役立つと思います．あなたがこの一週間で普段より混乱していない時を観察して頂きたい．そしてあなたは何をしているか，何が起こっているのか，あなたはどこにいて，周囲の人々はその時何をしているのか，それを憶えて，次回お越しください．
C　わかりました．
[560]　SdeS　いいですか．では，次回はいつにするか一緒に考えましょう……

　彼女のような状況の女性のための様々なプログラムに関する有用な情報を全て彼女は持っている事を，この時点で私たちは確信した．例によって，彼女は我々以上に，これらのプログラムに関して多くのことを知っていたのである．
　私はあえて，「私があなたにして頂きたいことは」というフレーズを何回か使ったけれども，彼女が何をすべきか，ということは言わなかった．自分の考えを用いている時を見張って，いつ明確に考えていると感じるか，そしていつ混乱していないかを観察するよう，彼女に伝えただけである．もっと自分自身の考えを持ち，それをもっと実行し，奇跡が起きた次の日のような一日を過ごすのはどのような状況であるかを知りたかったのである．

第10章 「何か良いことはありましたか？」
——初回面接以降

> 問題は，治療を診断名に合わせることではなく，
> 患者の様々な能力の可能性を明らかにできるかである．
> ——ミルトン・H. エリクソン（Haley, 1985, p.126）

一般に，2回目の面接の目的は以下の通りである（しかしこれだけに制限されるというわけではない）．

1. なんらかの向上がその間におきるように，セッションの間隔をあけること．
2. セラピストとクライアントが前回のセッションでしたことを，クライアントが有用であると思ったかどうか，すなわちクライアント自身が良くなったと感じることができたかどうかを確認すること．
3. クライアント自身がさらに何をすべきかを分かるようにするため，良くなるように今何をしているのか，何が起こっているのかを理解する手助けをすること．
4. 向上したことで物事は「十分良い」状態になっているかどうか，そして治療はもう必要でないのかを見出すこと．
5. クライアントが何の改善も述べられなかった時に，セラピストもクライアントも，うまくいかなかったような事をさらに続けることを止め，何か違うことをするようにすすめること．

第2回セッション

[1] スティーヴ・ド・シェイザー（以下 SdeS） 2時間遅くしてもらってすみません．古くからの友人が町にやってきたんで，一緒に昼食をとらなければならなかったんです．
[2] クライアント（以下C） 構いませんよ．
[3] SdeS それでは……今日は何日でしたっけ？ 22日……
[4] C 23日です．
[5] SdeS 23日ですか．いつも混乱してしまうんですよ．ちゃんと数えられないんですね．[間があく]それでは，あー，あなたがこの前ここにいらっしゃってから，何か良いことはありましたか？

第1回のセッションの最後に，私は彼女の使った「不思議な」という単語を自分でも使い，今度は彼女の使った「混乱」という単語を使ってみた．このように，私は「不思議な」や「混乱」を必ずしも「悪い」意味とはみなしていない．

[6] C 悪いことなら．
[7] SdeS いや，何か良いことから始めましょう．
[8] C 何もないです．
[9] SdeS それは確かなんですか？
[10] C 確かです．
SdeS どうしてそう言えるのですか？
C だってそうなんです．良いことなんか何もありませんでした．

改良点の構成

SdeS では教えてくれませんか．あなたがここに来た先週の……

C 火曜日です．

[15] SdeS そう，火曜日．火曜日にここを出た後はどうでしたか？

C ああ，良かったです．

SdeS なるほど．

C かろうじてね．

SdeS どうしてそうなったのだと思いますか？

「かろうじて」は，「悪い」よりは少なくともいくらかましであるので，私は火曜日に関してもっと知りたかった．なぜなら，ともかくすこしは成功を作り出すような出来事を彼女も私も利用できると考えたからである．

[20] C そうですね．いつもよりほんの少しだけ話をすることができたことでしょうか．

SdeS うんうん．

C 友人に対してね．

SdeS うんうん．

C そんなところでしょうか……ほんの少し多く話せただけなんですけど．

[25] SdeS うんうん．

C それだけです．

SdeS なるほど．わかりました．それでは水曜日はどうでしたか？

C 水曜日ですか？ あー，ほんとは具合は良かったです．水曜

日，木曜日，金曜日，日曜日の前までね．

SdeS うんうん．

[30] C 全てうまくいったんです．話すこともできたし．それも自分ひとりで．

SdeS うんうん．

C やりたいこと全てをね．

SdeS うんうん．

C それと，月曜日も良かったんですが，問題は日曜日なんです．

[35] SdeS なるほど，日曜日が問題なのですね．では月曜日はどうでしたか？ 月曜日は元に戻ったんですか？

C いいえ．

SdeS 今日は？

C 今日は泣き通しです．

SdeS うんうん．

[40] C 本当に一日中泣きっぱなし．

SdeS うんうん，なるほど．でも火曜日，水曜日，木曜日，金曜日，そして土曜日は大丈夫だったんでしょう？

C うーん．

SdeS あー，ちょっとは大丈夫でした？

C ええ．

[45] SdeS うんうん，わかりました．それでは，どんな風でした？ あなたはいつもより話せたと言いましたけど，何か他には？

C あー，私，私は，いえ，良かったのは誰にも悩まされなかったからで，何をしているべきかとか，何をしていないかということについてはうまくいきました．

SdeS なるほど．

C つまり，まあ，自分自身や自分の考えをいつもよりコントロ

ールできたんです．

SdeS どのように？

[50] C どのように，ですって？ そうするには，怒ったり脅したりしなければなりません．

SdeS うんうん．

C で，それが唯一の方法なんです．だから，もし他の人が私と親しくなりたいと思ってても，気にしないで自分のやりたいようにやるんです．

SdeS なるほど．

C それで自分の考えとか，何も変えることができません．

[55] SdeS うんうん．

C だから限界まで主張し続けてしまわなければならなくて．それで，

SdeS わかります．

C それで，

SdeS なるほど．それで十分ですよ．あなたは……

[60] C ええ．

SdeS わかります．あなたは自分の考えていることが分かって，それを忠実に守ることができたんですね．

C ええ．

SdeS 水曜日，木曜日，金曜日，土曜日はね．

彼女は火曜日，水曜日，木曜日，金曜日，土曜日については，ほぼ自分が望んだ通りとなったと述べている．

[64] C ええ．

[65] SdeS なるほど．あー，混乱していると思うことも少なかったのですか？

第10章 「何か良いことはありましたか？」　191

C うーん，そうですね．実際の所，混乱したとは全く思いません．

SdeS うん．丸一週間もですか！ あなたがこの前ここにいらっしゃった時からですか？

C その通り，この前ここに来た時からです．

SdeS どうしてでしょうね？

[70] C 分かりません．ただ誰かに話しかけてみたり，誰かに話を聞いてもらったりしたのが良かったのだと思います．

SdeS うんうん．

C ですよね．そうだと思います．

SdeS そうですね．でも，あー，あなたは丸一週間そうしていられたのに，また混乱してしまった．では，どのように混乱せずにいられたんでしょう？

C うーん，わかりません．

[75] SdeS うん，なるほど．でも……

C 言ってること，わかりませんか？

SdeS まだわかりませんね．[笑いながら]

C [笑い]

SdeS なるほど．あなたは私にわざわざお金を払ってまで，わかんないようにしているんですね．

[80] C [笑い]

SdeS では，ええと，それでは，火曜日，水曜日，木曜日，金曜日，土曜日は，あなたは自分の考えていることが分かって，その通りにすることができた．全く混乱することはなかった，どういうわけか．

C ええ，ええ．

SdeS どうしてそうなったのか，私はまだ気になるんですがね．

C ええ，分からないんですけど，ただ不思議な状態だったんだ

と思います.

[85]　SdeS　なるほど,うん,なんとなくわかります.でもどうしたらその時の不思議な状態になれるんでしょうね？

C　ええ.

SdeS　どうしてそうなったかが分かれば……

C　私,私には分からないんです.

SdeS　……いつもそうすることができるでしょう.

[90]　C　そうでしょうね.でも分からないんです,私,人が私の心をかき乱している時の事はわかります.そうでしょう？

SdeS　うんうん.

C　分からないんです.

SdeS　うんうん.

C　どうしてうまくいったか分かりません.ただそうなっただけなんです.

[95]　SdeS　分かりました.では,あー,あなたはもう一度そうすることができますか？

C　え？

SdeS　明日,この前の水曜日のようにすることが少しはできるでしょうか？

C　うーん.

SdeS　そうするには,どうしたらいいかお分かりですか？

[100]　C　いいえ.

SdeS　それでは,あなたは自分がどのようにしたのか分からない？

C　分かりません.ただそうなっただけなんです.

SdeS　ただそうなっただけですか.なるほど.では明日もそうしようとすることができますか？

C　いいえ.いいえ.

[105] SdeS いいえ，ですか．ではあなたは単にラッキーであったと？
C ええ．
SdeS そうですか，おやおや大変だ．[間があく] わかりました．それではしばらくの間，このように考えてみて下さい．水曜日，木曜日，金曜日，土曜日．もしこれから先6ヵ月のうちほとんどの日がそのような感じだったら，結構なことだと思いますか？
C それは素晴らしいことでしょう．

　彼女がセッションのはじめに言った，物事が「悪い（worse）」ということば，私はこれをいくらか疑わしいと表現したが，その通り，これはセッションの全ての時間に当てはまったわけではない．むしろ，「悪い」という言葉が当てはまるのは日曜日，そして恐らく月曜日と火曜日，このセッションの時までにすぎないのである．この期間を通して混乱することはなかったと彼女は報告している．彼女は自分の考えを理解し思い通りにすることができたのである．（クライアントはセッションのはじめに物事は「変わってない」や「悪い」と言うことが多いが，こういった評価はセッション中ずっと当てはまるわけではないことは明らかである．）

　一週間を通して混乱することがなかったという彼女の報告から，前回セッションの私の指示がなんだったか確かめたくなるかもしれない．「それでは，私の提案はこうです．この混乱と戦わないこと．なすがままでいて下さい．」という提案である．この提案は，「パラドキシカルな介入」として機能するもの，あるいは背後に「パラドキシカルな意図」を持つものとして捉えることができる．しかしながら，この提案の主眼点は全く異なっている．む

しろ目的は,「自分自身の考えをより学ぶこと,一週間のあいだにあまり混乱を感じない時を観察すること,そしてその時何をしているか,何が起きているか,どこにいるか,周囲の人々が何をしているか,を観察すること」である.そしてこれが彼女のしたことである.このケースに,「パラドキシカルな介入」や「パラドキシカルな意図」という考えはない.それは,行間を読むこと,もしくはテキスト中心でなく読者中心の読解の結果生じるものである.つまり,本文に書かれていることだけを読むのではなく,ある解釈から生じるものである.

異なる視点から「成功尺度」あるいは成功をどう作り出すか

[109]　SdeS　なるほど.それでは,あー,とりあえず,そのような時を10としましょう.いいですか?

[110]　C　ええ.

SdeS　それで,最近で最も悪い日,あなたが前にここにいらっしゃった火曜日ですね,

C　うんうん.

SdeS　それを0とします.いいですか.では日曜日は0から10の間のどのへんだと思いますか.

C　0です.

[115]　SdeS　なるほど.では,月曜日は? どこに付けますか?

C　うーん.月曜日は5くらいでしょうか.

SdeS　なるほど,うーん.では今日は?

C　今日ですか? 今日はどうだか分かりません.うーん,5くらいでしょうか.

この尺度や数字は事物を具体化するが,具体化されても多様性

は保たれている．例えば，クライアントは自分自身を0から5に引き上げる非常に多くの手段を持っているであろうが，それらは全てこういった数字に包含されているのである．

　差異を引き出すため，状況の様々な側面を比較するため，解決が構成された時に物事がどう変化していてほしいとクライアントが考えるのかを手伝うために，セッション中に度々尺度が用いられる．また面接中だけでなく，家での課題としても同様に使用されることもある．

　今回尺度は，日曜日と月曜日，火曜日との差異を引き出すために使用されている．そして彼女が，日曜日と月曜日との間に物事がいくらか変化したことを知る助けとなっている．物事は変化し始め，5にまで上がったのである．このように，前回のセッションから現在までの時間が全て，いまや「進歩」を構成する過程となっている．10よりも0に近いような日々が多くなりがちであるため，質問はおのずといかに悪い日から回復するかということになっている．

[119] SdeS　なるほど．では，もしも明日が，いやあなたの言いたいこともちろんわかりますが，ラッキーなら10で，アンラッキーなら0になる．そいつを何とかできませんか？

[120] C　コントロールなどできないんです．分かりません．

SdeS　うん，なるほど．それでは，日曜日の0から月曜日の5へと，どのようにして変わったのでしょうね？　どうしてそうなったのでしょう？

C　ただラッキーだったんだと思います．

SdeS　ラッキー？

C　[笑い] 分からないんです．

[125] SdeS　うんうん．何か関係あると思うことはありません

か？
　C　ありません．
　SdeS　ありませんか．思い出してみて下さい……では先週，10
　　に関係しているものは？
　C　ええと，そうそう，ほんの少しですが．
　SdeS　うんうん．
[130]　C　というのは……
　SdeS　ええ．
　C　その時は結局，何も気にかかるようなことがなかっただけ，
　　といったことだと思います．
　SdeS　うんうん．
　C　全く何もなかったんです．そう……
[135]　SdeS　あなたを除いてはね．
　C　自分が言ったことは全部するつもりでしたし，実際そうしま
　　した．
　SdeS　わかりました．なるほど．それで自分の気持ちだけに注
　　意を向けることができた．他の人には……
　C　ええ．
　SdeS　なるほど，なるほど．では他に何か関係があったこと
　　は？
[140]　C　うーん，ないですよ．まさか．
　SdeS　なるほど．でもあなたは誰か話し相手を見つけたと？
　C　何人かの友人だけです．
　SdeS　なるほど．で，あー，友人に話しに行こうと決心すれば，
　　それは大分あなたの助けとなりますか？
　C　うーん．
[145]　SdeS　うんうん．
　C　ええ，そうですね．

SdeS　うんうん．ではそれも関係あることになりますね？　もしそうすれば，そう毎日，助けとなるでしょうか？

C　かなり助けとなりますね．

SdeS　うんうん，うんうん．

[150]　C　彼［ボーイフレンド］が唯一私の話を聞いてくれる人なんですよね．それで，正しいかどうか考えさせてくれるんです．

SdeS　うんうん．

C　わかりますよね．

SdeS　うんうん．

C　で，もし間違っているとなればね，私たちはその事について話し合うんですよ．私がしたことの何がわるいのかとかなぜ間違っているのかとか．

[155]　SdeS　わかりました．

C　でもたいていの人は，かまいもしないでしょう？　ただ間違っていると思えば，間違っている，それだけです．

SdeS　うんうん．

C　それで，正しくてもかまいもしない，ただ何でもそのまま．この点については，異論はないでしょう？

SdeS　うんうん．それが日曜日に起こったことなんですね？

[160]　C　ええ．

SdeS　人々が，あなたはまた間違っていると言って，再びプレッシャーをかけるのですか？

C　ええ，まあ．

SdeS　うんうん．では，それを誰から言われたのです？

C　母です．

[165]　SdeS　お母さんですか．ほうほうほうほう．

C　あなただってお母さんの話は聞かなくちゃならないでしょ

う？［笑いながら］私は……

SdeS　ええ……

C　自分は母親の話を聞いているつもりですし，失礼をはたらかないようにもしているつもりです．けど，その両方を同時にするのはすごく難しくて．

SdeS　そうそう，そうですね．

[170]　C　それに小さい頃，たくさんの問題がありました．でも私も母も落ち着いて話し合うことができなかった．母は，そういった問題について話を聞きたがらないんです．

SdeS　わかります．

C　よくは知りませんけど，恐らく母と私についての問題か何かなんです．けれど，それについて一緒に何かすることはできませんでした．

SdeS　うんうん．

C　それから，日曜日に起こったことというのは，子どもの父親が電話をかけてきたことなんです．彼は現在，子どもを私から引き離そうと，弁護士を雇うことになっています．母は彼の味方みたいで，私が母親には向いていないと言うんですよね．でも私は子どもたちと合わないわけではありませんし，叩きもしません．私は子どもたちに食事を作り，入浴させ，服を着せてやりました．母親が子どもにするあらゆることをやってきたつもりです．ええ．でも……

[175]　SdeS　うんうん．

C　分かりませんけど，母は不機嫌になって，うん，私がぜんぜんだめだと感じてるらしいんです．

SdeS　うんうん．

C　で今，夫も血迷ってるんです．っていうのは，彼も私がぜんぜんだめだと感じているから．

SdeS なるほど，わかりました．それであなたがそうなったと．
[180] C ええ．だって，全世界が彼らの味方のような気がして，それに誰も私の立場に立ってくれない，話を聞こうとか，気にかけようとかしてくれないようで．
SdeS うんうん，うんうん．それでは旦那さんはあなたにプレッシャーをかけようとしてくるのですか？
C 夫は，うーん，実際のところよく分かりません．彼は単にいつもわめいたり騒いだりするのが好きなんですけど，私はそれを聞きたくないんです．
SdeS うんうん，うんうん．で，あなたは恐いと感じないんですか？
C ちょうどそういったことから逃れようとしているところなんです．
[185] SdeS うんうん．
C そう，彼のつまらない脅しとか何かから．でも徐々に減ってきています．これまでは実際怖かったものですが，今は違います．
SdeS うんうん．旦那さんはもうあまり脅さないようになりました？
C あー，いいえ．
SdeS あなたはさっき，今は違うと言ったばかりですよ．
[190] C ええっと，そうですけど，でも夫はやっぱり以前のままなんです．ちょっとよく分かりませんが，彼はほんとに卑劣で，つまり……
SdeS うんうん．
C そう，彼は他の人と一緒にいる時とかは，私と1対1で話している時ほど悪い人ではないんですよね．
SdeS わかります，わかります．うんうん．でもあなたは，特

に恐怖や恐れを感じていないんでしょう？

C　んー……

[195]　SdeS　で，日曜日がそうだったんですね．でもあなたは……どうにかして，いくらか月曜日の5にまで戻ることができましたね？

C　ええ．

SdeS　では，何が違うんでしょうね．5であった月曜日と10であった土曜日とでは？

C　何が違……ああ，うーん，よく分かりませんが，ほとんど一人でいたためでしょうか．ただみんなから逃れようとして，自分一人でいただけでしょう．

SdeS　うんうん．

[200]　C　……ほとんど外出していました……どこかへ行くというわけではなく……

SdeS　なるほど，なるほど，なるほど．わかりました．それが役立っているんですね．他に何か役立っているものは？

C　ええと，そうですね．ただそこにいないようにすることです．

SdeS　そこにいないこと，なるほど．ではあなたは何をするんですか？　どのように……何をして，そこにいないようにするんですか？

C　うーん．仕事をすることもありますし．

[205]　SdeS　はい．

C　ただ乗馬をしに出かけることもあります．

SdeS　うんうん，うんうん，なるほど．それは役に立っていますか？

C　ええ．

SdeS　うんうん．

[210]　C　そうするわけは，何も耳にしなくてもいいからなん

です．

SdeS　なるほど，なるほど．

C　私がどんなに悪いのかや，間違っているのかなどということをね．

SdeS　それで，あなたは一人でいられる場所を探している，というか探そうと考えているんですか？

C　ええ．最近はもう考えるのはやめて，実行することにしました．

[215]　SdeS　実行することにしたと？

C　はい．

SdeS　うんうん．

C　しなきゃいけないんです．

SdeS　いつ実行するつもりですか？

[220]　C　できるだけ早く．

SdeS　へえ．

C　多分今月の終わりくらいまでには．

SdeS　お金はあるんですか？

C　なんとか．今月の終わりまでなら．……どこでもいいんです．そんなことは問題じゃなくて，ガレージかどこかでいいんです．

[225]　SdeS　うんうん．

C　お金のことは問題じゃないんです．

SdeS　では，もうそういう段階までたどり着いたと？

C　ええ．

SdeS　どこでも構いませんか？

[230]　C　ええ，どこでも．

SdeS　うんうん，わかりました．それでは，あなたがそのように０の状態である日は，お子さんたちにどのような影響があるでしょうか？

C　ええっと，私が愛してもいないし，気にかけてもくれないと，子どもたちは感じているみたいです．そういう状態の時は，実際彼らのまわりにいたくありませんでしたし．

SdeS　うんうん．

C　っていうのは，私のすることといったら，子どもたちに対してわめくことだけでしょう？

[235] SdeS　わかります．

C　そうでしょう？ それが嫌なんです．

SdeS　それでは，5であったら何が違っているでしょうね？

C　少しは子どもたちと一緒に過ごします．

SdeS　うんうん．

[240] C　子どもたちにちょっとは話しかけるでしょうね．罵ったりすることもなくね．

SdeS　なるほど．では10ならば？

C　10？ その時はすっかり仲良くなっているでしょうね．

SdeS　うんうん．

C　とてもうまくやっていけるでしょう．

[245] SdeS　うんうん，うんうん．［長い間があく］私にはこう思えますが，えーと，あなたがこの前ここにいらっしゃった時，物事や何をすべきかや，どこへ行くべきか混乱しているとおっしゃいましたよね．

C　はい．私は良くなりつつあるんでしょうか？

SdeS　私には良くなったと思われるのです．あなたは丸一週間混乱しなかったとおっしゃった．私はあなたを信じ始めているのです．

C　うーん．

SdeS　今あなたがひどく混乱しているとは思えません．

[250] C　［うなずく］

第10章 「何か良いことはありましたか？」　203

SdeS それで，あなたの次の一歩は何だろうと考えるんです．あなたは次に何を，例えば居場所を探す等，何をすべきだと思いますか？ それとも次にすべきことを他に何か考えていますか？

C うーん，私は学校に行きたいと考えています．

SdeS うんうん．

C 学校に入りたいんです．今日行ってきました．

[255] SdeS ほう，ほう．

C うまくいけば学校に通うつもりです．

SdeS なるほど．で，何の学校で，何のために通うんですか？

C 工科専門学校で，マイクロプロセッサーの勉強のためです．

SdeS うんうん．それはあなたにとって良いことだと思いますか？

[260] C ええと，はい，私にとって非常に良いことだと思います．私には養っていかねばならない息子が三人いますから，子どもたちの世話ができる場所でやれる仕事が必要なんです．

SdeS そうですね．

C それで……子どもたちの世話をして，自分で生計を立てるためにも．

SdeS わかりました．それでは，とにかくそうすればお金を十分に稼ぐことができると思いますか？

C んー，……

[265] SdeS うんうん．

C できると思います．

SdeS 楽しくできるような良い仕事であると思いますか？

C うーん，とにかく私は秘書の仕事に就いているので，ちょっとした知識でももしかすると役に立つんじゃないかと思います．

SdeS それで学校ですか．それと，あー，……新しくすむ場所

を探すと．なるほど．他に何か？

[270] C　うーん，その後は分かりません．でも，もし実行できたら，その時は自分にとってよいことをしていると思うんです．

SdeS　うんうん，うんうん，なるほど．うん，一年前には自分の考えを持っていなかった人にとって，それはとても正しい方向に確実に向かっているように思えます．このことについて，つまりあなたのこの考えについて旦那さんはどう思うでしょうね？

C　わかりません．ただ私は，彼がどこかに行ってくれて，私を一人にしておいてくれたらいいと思います．彼は弁護士を雇って，私に離婚届や持ち物全部を送ると言っていました．私はその計画がどうなっているのかわかりません．彼はまだそういったことをやってないんです．

SdeS　まだやっていませんか．うんうん．

C　思うに，彼はただ私を困らせたり苦しませたり，生活をみじめなものにしたりしたいだけなんです．

[275] SdeS　うんうん，うんうん．

C　長くそうし続けられるなら，ただひたすらそうするでしょうね．よく分かりませんけど．

SdeS　それで，あー，彼のしていることは，ただあなたを苦しめるということだけなのだと．

C　はい．これまでのところは．

SdeS　うんうん．

[280] C　はい．これまでのところはそれが全てです．

SdeS　それはそんな風に長く続くと思いますか？

C　長くは続かないでしょう．

SdeS　続かない．

第10章　「何か良いことはありましたか？」

C 夫は何か他にもっと困らせるようなものを見つけるでしょう．それでまた私を追ってこようとするでしょうね．

[285] SdeS うん．それでは，もしそうなったらどうするつもりですか？

C どうすればいいか分かりません．私はただ，逃げることにも恐れることにも疲れただけなんです．

SdeS わかりました．では何ができると思いますか？

C うーん．分かりません．

SdeS それでは，そういった状況にある人たちと話したことはありますか？

[290] C まさか．

SdeS ない？

C 私は母に話そうと思いました．でもたいてい，母は私が夫のもとを離れたことが正しいと感じているようですね．そういうわけで私は今，母と一緒にいるんです．

SdeS わかりました．

C 母は私を守らなければならないと感じているようですが，また夫の方が全て正しいと感じているような日もあって，私に——よく分からないけれど，夫のもとへ帰ってほしいと望んでいるようです．

[295] SdeS うんうん．

C よく分かりませんけど．

SdeS なるほど．思うに，お母さんは日曜日にそんな雰囲気だったんですね？

C ええ，ええ．

SdeS それが最近あった非常にはっきりしている唯一のことで，で，あなたは帰るつもりはない，と．

[300] C はい．それは最も望まないことです．

SdeS　それでは，どうすれば安全かつ確実に計画を実行できるでしょうか？

C　ええと，それはかなり難しいですね．

SdeS　はい．

C　っていうのは，夫が次に何をしようとしているのか分からないからです．彼はすごい策略家ですから．

[305]　SdeS　うんうん．

C　……つまり，彼は非常に良い人で，何でもやりたがって，万事うまくいっているような日もあるんですが，次の日，あるいは次の瞬間，かっと逆上するんです．

SdeS　うんうん．

C　私は彼を困らせないでいろいろ試みようとしているんですが，全然うまくいきません．

SdeS　ほう．時々はうまくいきますか？

[310]　C　ええまあ，時々なら．

SdeS　うんうん．

C　多くはないですけど．

SdeS　しかし，えー，これまでにこの件について，旦那さんが自分の言ったことに固執することがありましたか？　今回でなく．

C　うーん．はい．

[315]　SdeS　ふーん．でもあなたは，それが永遠に続くと信じたいわけではないでしょう？

C　ええ．

SdeS　それでは，どうにかしてこの状況をなんとかする方法を見つけなければなりませんね．

C　ええ．私を助けてくれる人がいればいいと思います．でも，誰も，誰も助けたいなんて思わないし，気にかけてくれるかさ

えも分かりません．

SdeS　ふーむ．あなたのボーイフレンドはどうですか？

[320]　C　彼は何かできると思います．でも彼の問題は，刑務所に行きたくないということなんです．

SdeS　わかります．

C　もし彼が割って入って何かしたらそういうことが起こるでしょうね．だからその件に限っては，私自身が取り組んで，自力でなんとかしなければならないと彼は言うでしょう．

SdeS　うんうん．

C　その件に関しては，彼は私を助けることはできないのです．

[325]　SdeS　はい．えーと，彼がどのように考えているのかはよく分かりました．他に，彼ができるような助けはないでしょうか？

C　分かりません．私には彼に何ができるのか分からないんです．なぜなら私の夫は，誰とも話そうとしないからです．二人は結局険悪な状態で会ったんですが……

SdeS　ふーむ．

C　ですが，夫は彼に何も話させたくないようでした．つまり何も言われたくなかったんです．

SdeS　わかりました．ええ，私にはそれが分かるような気がしますよ．

[330]　C　夫のやりたいようにやってもらう機会を与えるのはとても難しいでしょう．現に，彼はやろうとも思っていないのです．

SdeS　うんうん．なるほどね．

C　夫にはすべてがあるのに私には何もない．彼がどうして幸せになれないのか，そして私をひとりにしておくだけなのか分からないんです．でも，私には何もないのに，彼は私が決してう

まくいかないように，幸せになどならないようにするつもりなんです．

SdeS　しかし旦那さんは，あなたが自分自身の考えを持っているという事実は知らなかった．

C　いえ，夫は理解したいとも思わないのです．私にも考えがあるのだということを．でも彼はコントロールしていた……

[335]　SdeS　うんうん．

C　……約13年間にもわたって．

SdeS　うんうん．

C　それで，お分かりでしょうが，私はもう夫の話を聞きたくないし，夫の言うことをもうやりたくないんです．夫はそれを嫌がります．

SdeS　分かります．そうですか．

[340]　C　それがまさにそこでの問題なのです．

SdeS　分かります．分かります．彼の側からのね．

C　ええ，ええ．

SdeS　うんうん．そして今やあなたは自分自身の考えを持ち，そして，

C　今やみんなが私を憎んでいます．

[345]　SdeS　あなた以外は．

C　ええ，私以外はね．

SdeS　そしてあなたの恋人．

C　はい，それもそうね．

SdeS　お子さんたちはどうでしょう？

[350]　C　うーん．あの子たちはまだ私のことを愛してくれています．ただ思うに，いつ愛せばよいのか分からないだけなのでしょう．それか少し混乱しているのだと思います．

SdeS　どうして？

C　普段の私の様子からです．

SdeS　なるほど．

C　お分かりになります？

[355]　SdeS　わかりますよ．なるほどね．それでは，どのように，どうすればあなたは，自分自身の考えを持った現在の自分というものに慣れていくことができるでしょうね？

C　それは簡単なことではないですね．時々怖くなるんです．

SdeS　うんうん．

C　自分がやったことに対して気分が良い時もあるし，気分が悪くなる時もあるんです．というのは，楽しいことをすると，誰かを傷つけてしまうことになる場合もあるからです．そう，人々を傷つけるようなことはしたくないんですよね．誰かを傷つけるくらいなら自分を傷つける，その方が良い気分になれるのです．

SdeS　ふーむ．

[360]　C　時々ですが．

SdeS　うん．それでは，あなたはほとんどの時間はまあ自分自身を好きでいられるということですね？　それは意味があることでしょう．でも，自分自身を認め，自分の考えを持っていると言えますか？

C　うーん．

SdeS　うん．何もないよりはずっとましだと思いますがね．どうですか？

C　そうでしょうね．

[365]　SdeS　あなたは前におっしゃいました．ね？　だから今こそ，うん，学ばなければなりません．どうやってそれを調節するかを．そして，あー，

C　コントロールする．

SdeS　ええ，コントロールするのです．

C　うーん．

SdeS　で，……先週の4日間はそんな感じだった．少なくともその4日間はとてもうまくコントロールできた．

[370]　C　はい．

SdeS　では，それから，その時……あなたはどのようにしましたか？　日曜日のような事態をどう変えれば良いのでしょうか？　0に戻らないようにするには．

C　それは私が……

SdeS　もしまたそうなったら．

C　そのことはずっと考えてきました．でもどうすればそうなるのかが私には分からないんです．私は気分が変わり易いんです．

[375]　SdeS　はい．

C　分からないんですけど，でももし私が自分の気持ちを安定させることができるなら，良い状態になれるでしょう．

SdeS　そうそう，そうですよ．でもそれができたことはありますか？

C　ありません．

SdeS　ない，と．他の人々にはできることだと思いますか？

[380]　C　はい．

SdeS　はい，ですか？

C　ええ．

SdeS　なるほど．では，人はどうしてそうできるのだと思いますか？

C　全く何も気にかけないんだと思います．

[385]　SdeS　ほう．

C　私には妹が一人いますが，彼女は全く何も気にかけないんです．妹が不幸だなんて思ったことはめったにありません．

SdeS　うんうん．
C　妹は気にしないから．彼女は「これをしない，これはやらない」と言って，自分じゃない限り，人を傷つけることなど全く気にしないんです．

SdeS　うんうん．

[390]　C　で，妹はいつも有頂天で，何か不幸せであるように見えることはほとんどないんですよね．

SdeS　では，妹さんはどのようにしてそうやっているんでしょうね？

C　彼女は何も気にしないだけなんです．

SdeS　ふーん．ふーん．それは妹さんが全く何の楽しみも持ってないということですか？

C　うーん？

[395]　SdeS　彼女は全く何の楽しみも持っていないのですか？

C　ええっと，

SdeS　楽しみもなく，何も……

C　妹はとてもたくさん楽しみを持っています．私が言っているのは，彼女はただみんなと楽しむことができて，やりたいことをやって……

SdeS　うんうん．

[400]　C　……お分かりでしょう？　それで，それが人を傷つけようと傷つけまいと，自分が楽しければするんです．

SdeS　ええ．なるほど，分かりました．

C　私が言いたいのは，妹は，彼女は自分以外の人の感情は全く気にしないだけなんだということなんです．

SdeS　うんうん．分かりました．

C　でも私は，私はただ，分からないけど，何か気を遣い過ぎるという欠点があるんです．

[405] SdeS そのことが，あなたが変えたいと思うものですか？

C 多くなくてもいい，たくさんじゃなくていいんです．ほんの少し変えたいんです．というのは，いつもそれでうまくいくとは思えないので．

「気にする尺度」を創る

SdeS それでは，違う数字に戻りましょう．再び10ですが，これは最大限に悪く，何でも気にし過ぎて，あなたの一番悪い状態であるとします．いいですか？

C ええ．

SdeS そして0は，えー，全く何も気にしないこと……えー，あなたはどのへんでありたいと思いますか？

[410] C 2です．

SdeS 2，なるほど．で，うーん，水曜日，木曜日，金曜日，土曜日のあなたはどのへんでしょうか？

C 0だったと思います．

SdeS 0ですか？ なるほど．では日曜日は．

C 日曜日は10でした．

[415] SdeS 10まであがってしまったと．それでは今日は？

C うーん，5くらいでしょうか．

SdeS 5くらい，なるほど．それでは，もしあなたが2になることができたとしたらどうなるでしょうか．もしほとんどの時間が2になったとしたら，何が起こると思いますか？

C ええ．自分がいくらか良い人間だと感じていると思います．

SdeS うんうん．うんうん．なるほど．では，0と2との違いは何か，なんとかして私に教えてくれませんか？

[420] C ええと，2では人々の気持ちや性格が気になるでし

ょうけど，徹底的に人々を傷つけるんでなければ，本当に気になることはないでしょうし，

SdeS　うんうん．なるほど．

C　そんな感じでしょうね．

SdeS　うんうん．

C　私が言いたいのは，他の人の気持ちを気にしないようになりたいっていうわけではなくて，もしそれが他の人を死に至らしめるほど重大なことでないのなら，

[425]　SdeS　なるほど．

C　もしそうなら，私は気にしないで，

SdeS　うんうん．

C　お分かりでしょう？

SdeS　うんうん．

[430]　C　あなたは私をとっても困らせますね．

SdeS　うんうん．

C　それが，私の望むあり方です．

SdeS　なるほど．では０の時はどうでしょう？

C　０ですか？

[435]　SdeS　違いは何でしょう？

C　ええと，０では人を傷つけるかどうかということを全く気にしないでしょう．

SdeS　うーん．

C　そうです．

SdeS　うーんうん．たとえそれがどんなにひどく誰かを傷つけようとも？　本当に？

[440]　C　ええ．

SdeS　はい，なるほどね．２が０よりも良いということが分かりました．ええ．それでは，これまでの２，３ヵ月はどのへん

だったでしょうか？

C　うーん，週末は町の外で過ごしていました．それで，その時はうまくいってて……

SdeS　うんうん……うんうん．

C　以前は，自分の思い通りの世界にいる気分でした．つまり自分がやりたいと思ったことは何でもやれたんです．

[445] SdeS　うんうん．

C　そして……

SdeS　あなたが前回ここにいらっしゃった時は，どのへんだったでしょうか？

C　あー，うーん，5くらいだと思います．

SdeS　5くらい．うんうん，なるほど．で，前回あなたがここにいらっしゃった時，こう言いましたね．私は話すことに慣れていない，できない……

[450] C　ええ．

SdeS　そして，あー，こういう風に話すことには慣れてなくて，新しい経験であると．それで私は，えー，あなたが自分のしゃべりたいことを全部話せたのか，どうなんだろうと思ったんですが．

C　話せました．

SdeS　話せた？　前回も今回も？

C　ええ．

[455] SdeS　なるほど，なるほど．それでは，話すことはとても難しいとはもう思いませんか？

C　思いません．

SdeS　思っていたほど難しいことではないようですか？

C　ええ，そうそう．

SdeS　そうですか．なるほど．いいですよ．なるほどね．私は，

あー……

[460] C それは，それはただ，私がまだ自分の言いたいことをうまく言えてないということでしょう．

SdeS うんうん．

C 私が言いたいのは，質問されれば，私は今みたいに答えることができるってことなんです．でも単に質問に答えているだけでそれだけです．

SdeS わかりました．

C 私はまだうまく話せません．

[465] SdeS では，何か私が質問し忘れていることはありませんか？

C ありません．

SdeS あなたが知っていることで，何もありませんか？ ない？

C ええ．

SdeS なるほど，私も他に思いつきません．それでは，えー，私はちょっと外に出て，この問題について考えてきます．あなたはくつろいでいて下さい．10分後くらいに戻ります．

[470] C 分かりました．

物事について考える

彼女は，自分の考えをちゃんと持てたような日々（火，水，木，金，土曜日）は，「たまたま起きた」結果以外何ものでもないと述べたため，目標の達成はたまたま起きるという問題として構成されているのだ！ 彼女はそれに対して少しでも何かできると分かっているのだが，本質的には「手に負えない」ものとして捉えている．他の人々や様々な出来事は「10」や「0」の日を過ごす上で紛れもなくいくらかの（恐らく大きな）役割を果たしている

が，彼女がもっと自分の果たしている役割に気づくことができれば，どんどんコントロールできるようになるだろうし，これからの日々を10よりも0に近いものにしていける可能性も高まるであろう．

彼女は，物事が「悪い」（これはその後矛盾しているように思えたが）と「良く」ないということばでセッションを始めたので，我々（チームと私）は何か違うことをする必要がある．彼女は，自分がどういった時にあまり混乱しないですむかを観察した．その結果，もっと他の課題をやりたがっているようである．このような状況において，初回面接で与えた観察という課題とは異なる課題を我々は必要としている．

[471] SdeS　チームの人々と私は，今やあなたが自分自身の考えを見つけ，それを認めていることに強く印象づけられました．それは素晴らしいことです．そして少なくとも先週の4日間，あなたが自分の考えを持ちそれにこだわることができたことを，素晴らしく思います．

C　ええ．

SdeS　チームの人々も同意していますが，あなたの学校に進むという計画は意味があるもので，良い考えだと思います．自分自身の居場所を見つけるというのも恐らく良い考えでしょう．

C　うーん．

[475] SdeS　しかし，えー，私たちを悩ますのは，私を悩ますのは，それがたまたま起きたという点なんです．

C　うん．［うなずく．］

SdeS　ですから，まず最初にあなたがすべきこととして私たちが提案するのはこうです．それがたまたま起きるのはいつかを，観察し確かめてもらいたいのです．

C　ええ．

SdeS　それで，もしあなたがそれを観察したなら，たまたま起きることが多くなる，そんな予感がします．ですから，それをあなたにやっていただきたいのです．今から次ここにいらっしゃる時まで，毎晩寝る前に．いいでしょうか？

[480]　C　うーん．

SdeS　この10から0までの尺度，つまり10は自分の考えがよく分かって，それにこだわれるような時で，0はその正反対であるようなこの尺度において，自分がどこに位置するのかを予想してみませんか？

C　ええ．

SdeS　それでは，毎晩寝る前に予想してみて下さい．次の日自分が尺度のどのへんであるだろうかと．そして次の晩寝る前に，その日一日自分がどのへんだったか，どの程度予想と合っていたかを考えて下さい．もし違っていたら，どうして違っていたのかを頑張って見つけて下さい．それを毎日やって下さい．

C　ええ．

[485]　SdeS　いいでしょうか．それで，それを書きとめておいて，次回持ってきて下されば，それを見て，そこから何かを学ぶことができるでしょう．

C　わかりました．

SdeS　わかりましたか．それではどうでしょう．次はいつにしましょうか．どう思います？　1週間，2週間，3週間，どうしましょう？

C　2週間ですね．

SdeS　わかりました．いつが一番良いか一緒に考えましょう．

　我々は，10が「気にし過ぎる」を意味し，0が「全く気にしな

い」を意味する「気にする尺度」を用いることももちろんできたであろう．しかし尺度は互いに関連し合っているようなので，あまり違いはみられないだろう．

　セッションの間隔をどれくらいにすればよいかということに関して，クライアントは最良の判断を下せることが多いと私は思うので，可能な限りクライアントの希望に従うようにしている．彼女が1週間を選んだということはあまり自信がないことを示唆するであろうし，3週間を選んだら，もっと自信があるということにならないだろうか？　2週間は私の予定にもうまく合っていたため，私は特に尋ねなかった．

　しかしながら，次のセッションまでには結局3週間もあった．その時までに彼女は学校に通い始め，新しい住居を見つけ，実際に引っ越していたのだ．彼女は3週間のあいだに，自分の考えを持ち，それにこだわることが85％はできた（0から10までの尺度で8.5）と，自分自身について述べた．3回目のセッションの最後に，ひとりでやっていくのに物事は「十分に良く」なっており，もう面接の必要はないと彼女は決心したのであった．

第11章 成功の物語を構成すること
——コンサルテーション面接

>私は決して偏見を持つことはせず，
>つとめて事実が導くところを素直にたどる．
>——シャーロック・ホームズ(レイゲイトの紳士)

　多くのセラピストはほとんどコンサルテーション面接というものをしないが，こういったたった一度きりの状況というものは，かなり簡潔でうまく構成されていることが多く，私の治療法を単純化して表現したものとなっていることもある．しかしながら，文脈が複雑であるために，非常にあいまいな状況ともなり得るのである．

　第一に，観客の人々つまりワークショップやセミナーの参加者は，私の仕事の実際のやり方や説明を見るためにかなりのお金を払っている．それゆえ彼らには，目前で直接行われる面接が少なくとも何らかの点で見本となり得るものであろうと期待する権利がある．面接が大勢の前で行われる時，参加者は存在しないことになっているふりか，少なくともふつう心理療法が行われるような典型的な部屋の壁の一部であるようなふりをしなければならない．参加者が，ワンウェイミラー越しにあるいはテレビ画面を通してセッションを観察しているときには，文脈はわずかに単純になる．

　第二に，クライアントをコンサルテーション面接に連れてくる多くのセラピストたちは，私がこの特別なクライエントにどのように働きかけるのかを見たがっており，自分たちと私との仕事に何らかの類似点を見出したいと考えている．（セラピストというものは，ケースをある意味「行き詰まったもの」とみなすことがあるが，これは必ずしもクライアントをコンサルテーション面接に連れてくる

ための理由ではない)．セミナーの主催者は私に，私のやり方を仲間に売りこんでほしい（または少なくとも，異なったアプローチがあるということを納得させてほしい）と考えている．もっともなことではあるが，たいていセミナーの参加者は彼ら自身の文脈において，ブリーフセラピーの有用性や実行可能性といったものをいくぶん懐疑的に見ているものである．

第三に，特に「外国人のエキスパート」に会いに連れてこられた場合，クライアントにとってコンサルテーション面接というものは治療的に有用であると期待するのも無理はないことである．セラピストが何と説明したのかはともかく，何らかの点で困難なケースでありセラピストが助けを必要としているのだと暗黙に伝わるのももっともであろう．クライアントが自分自身を，セラピストやコンサルタント，そしてセミナー参加者の顕微鏡で観察される陳列物であるとみなすのは，当然のことだと思われる．

最後に，私の考えでは，第一にクライアントを彼ら自身やその期待から守る必要がある．そこで，私はいつもコンサルテーション面接の有用性を問うことから始める．第二に，私にはセラピストを保護し，彼らが自分の仕事の有用性を理解する手助けをする必要がある．従って，物事がより良くなっていくような，またはそのセラピストと共に心理療法を進めてきた間に，良くなってきたような物語や描写をクライアントが構成するのを助ける必要がある．これもクライアントにとって治療的に有用であろうと私は考える．というのは，このような話こそまさに，私の幸運なクライアントが語ってくれた物語のタイプであるからだ．

私が観客に売り込む，良く言えば参加者を納得させようと試みるアプローチは，こういったクライアントに対し（どういったクライアントに対しても）有効である．従って，成功の物語をどのように構成するかを実演するだけではなく，この物語がセッションの終わ

りにはどんなふうに特別なメッセージ（課題を含む）を自然に導き出すのかを例証しなければならない．

　おそらく驚くべきことであろうが，通訳が介在する時というのは私にとって状況がより容易なものとなる．なぜなら，この自動的な力によって私にとってもクライアントにとっても物事が単純化するからである．普通なら他者の「理解」を自動的に想定することはできない．しかし実際のところ，通訳を用いることで「理解」よりも「誤解」のほうがずっと起こりやすいという文脈がはっきりとしてくる．こういった文脈では，私は英語を話すクライアントを治療する時よりもはるかにスケーリング・クエスチョンを好んで使うことが多い．通訳が必要である全てのクライアントが「理解」を必要としていることは，「1」から「10」までの尺度上にある，「5」は「4」よりも良いという認識であり，それは明白であるからだ．こうして「理解」，あるいは少なくとも相互に活用できるような「誤解」を構成することができるのである．

ブレーメンにて

> ヘイリー　それ［症状］が支えているような他の目的についてはどうなんでしょう？　それらは一体何なのでしょう？
> エリクソン　君はそれが他の目的を支えていると考えている．君は症候学について，目的を支える機能は尽きていて，習慣的なパターンになってしまっているのだとは考えたことがないのかい？
>
> (Haley, 1985, p. 15)

　このコンサルテーション面接は1991年にブレーメンの北ドイツ短期療法研究所で行われたものである．クライアントは英語の教師であり，面接は英語で行われた．

[１] クライアント（以下 C）　私は学校で教師をしております．

[２] スティーヴ・ド・シェイザー（以下 SdeS）　何歳くらいの人々を相手に？

[３] C　私，私は退職したんです．しばらく前に退職したのですが，あー，仮に職を続けていようと，あー，私はそこに留まっていることはなかったでしょう．そういうわけで，現在私は働いておりません．しかし私は，英語と地理の教員養成のための教育をしてました．

[４] SdeS　何歳くらいを対象に？

[５] C　12歳から19歳を受け持っていました．

[６] SdeS　ふうん．

[７] C　[聞き取れない]……ついでに都合３回ほど，アメリカのウィスコンシンで学生のグループを教えていたこともあります．

[８] SdeS　そこは私の故郷ですよ．

[９] C　なんですって？

[10] SdeS　そこで私は生まれたんです．

C　ほう，あなたの出身が？

SdeS　ウィスコンシンなんです．

C　我々はスティーヴンズ・ポイントの学校に行ったんですよ．

SdeS　へえー．

[15] C　マディソンの北のね．

SdeS　ええ．

C　あなたはどこの出身ですか？

SdeS　ミルウォーキーです．

C　ああ，ミルウォーキー．ビールの街ですね．

[20] SdeS　そうそう．それで，あなたは教職に戻りたいと考えていらっしゃるんですか？　もしそうできるなら？

C　よくわかりません．あー，しばらく前に，私は退職を求められ

たんです．なぜなら，あー，神経症的な不安や抑うつに悩まされていたからなのです．私は教えることをやめましたが，学校側は5年間待ってくれています．最終的に決心するのを5年間待ってくれているんです．私が，あー，

SdeS　うんうん．

C　私が続けられるかどうかをね．今はいわゆる独学のための学校で教えています．

SdeS　そうなんですか．

[25]　C　でも，たったの，あー，2コースで，4コマしか受け持っていません．

SdeS　楽しんでやっていますか？

C　ええ，楽しんでいます．はい．

SdeS　それでは質問をさせてください．［黒板に向かって行く］あなたのおっしゃるような事だとすると，これから始めましょう．私の最も好きな質問，最も好きな質問のうちのひとつだと思います．では，10が意味するのは，あなたがセラピーに来ることになった問題が……

C　はい．

[30]　SdeS　それらが完全に解決されることです．そして0は，セラピーを始められる以前のありようを意味します．いいですか？

C　はい．

SdeS　あなたは今日，0から10までのどこに自分自身が位置すると思いますか？

C　ええと，10が悪い状態でしたっけ？

SdeS　いやいや，10は……

[35]　C　10は……

SdeS　これが一番下です［0を指しながら］．

C　ああ,一番下.
SdeS　あなたはどこに位置すると思いますか？
C　私が位置するのは,あー,おそらく3ですね,3.

　クライアントが,教えるのを「楽しんで」いると言ったこと,そして自分自身を「3」と評価したということは,セラピーが始まった時からいくらかの進歩があったと考えていることを意味している.我々は0と3の違いをできる限り見いだす必要がある.（0から10の尺度についての彼の混乱は,コンサルテーション面接においてはまれなものではない.それで次のケースでは,マイナス10から0［以下を参照］の尺度に切り替えた.こちらの方がコンサルテーション面接ではクライアントにとって難しくないように思われる.しかしながら,マイナス10から0までの尺度よりも0から10までの尺度の方が私のセッションにおいてはうまくいくということがわかってきた.コンサルテーション面接といつも私が行うセッションとの違いは,セラピーの多くのモデルが,「問題に焦点を当てた」セッションになってしまう事実と,「問題」を扱いそれをなくしていこうとする時には「マイナス尺度」の方が適切なためであろう.）

［40］SdeS　なるほど.それでは次に好きな質問をします.あなたはどうしたらそうなったのでしょうか？　どうやって0から3になることができたのでしょう？
C　それは難しい質問ですね.私は専門家ではないから.
SdeS　ええ.でもあなたはそれをやってのけたんですよ！
C　ええそうです.でも私は専門家ではないから,それを説明するのは難しいのです.
SdeS　ちょっと試しに説明してみてくれませんか.
［45］C　つまりですね,私の問題のうちいくつかは,若い頃にさ

かのぼるんです．

SdeS　なるほど．

C　さかのぼって，私が学校に通っていた頃，ある状況があったのを覚えています……そして現在も，同じ様な状況を経験しているのです．

SdeS　わかりました．しかし私の知りたいのはこうなんです．どうやってあなたが0から3にたどり着くことができたのか？　どのようにしたのか？

C　それは良い意味での進歩だとお考えですか？

[50]　SdeS　ええ，それは進歩ですよ．

C　うーん，私は一番下から始まったのかどうかわからないんですよ，おそらくどこか他のところから始まって，そして5から3に下がったのではないでしょうか．一番下から始まったのでしょうか？　わかりません．それで……

SdeS　あなたがセラピーを始めた時よりも，今は良くなってはいませんか？

C　おそらくほんの少しは良くなっているでしょう．私はいつも物事を何が悪いのか，どこに間違いがあるのかと理解したり洞察したりするのですが，それを実行に移すことやその知識を用いること，そう，ええ，物事を実行に移すことが私にとって非常に困難なのが問題なんです．

SdeS　うんうん．

C　例えば，あなたはいろいろご存知でしょうが，実際の生活においては，多くの過ちも犯すでしょう．

SdeS　もちろんです．それでは，何をするのが正しいことなのか分かりますか？　何があなたのためになるのでしょうか？

C　何が私のためになるのでしょうかですって？　多分，時間が私のためになってくれるものでしょう．分かりませんが．私はどん

な本でも自分の助けとなるように読みます．

SdeS　ええ．

C　科学の本や，素人向けの本をね．

[60]　SdeS　うんうん．

C　そして私はセラピーを受けに行き，あるグループ，自助グループに参加しています．

SdeS　ほう．

C　例えば，抑うつの人々のための自助グループであるとか．

SdeS　うんうん．

[65]　C　それから他にも．私は多くの研修に参加しています．私はとても活動的だから．

SdeS　なるほど．

C　私はとても活動的なんです．活動的というのは，多少なりとも抑うつの反対にあるものでしょう．

SdeS　ああ，なるほどね．

　クライアントは，活動的であることを抑うつの反対とした．セッション中この点を後で明白にする必要がおそらくあるものとして私は記憶にとどめた．

C　もし私が，もし私が幸福だとか，喜びに満ちているとか，その他いろいろ感じられていたなら，私はここにいないでしょう．

[70]　SdeS　おそらくそうでしょうね．それは真実です．それでは，あなたが幸福で，ここに来る必要がなくなるためには，何が起こればよいのでしょうか？　あなたはその時何をしていると思いますか？

　クライアントのこの活動水準に加え，彼が教えるのを楽しんでい

るということ，さらに進歩尺度上において3であることなどは全て，進歩について何らかの指標を開発する必要性と，彼が自分の生活において変化を発見することの重要性等を示している．「抑うつの人々」のための自助グループに行っているのに，彼は自分自身を「活動的」だと（これを彼は抑うつの反対であると言ったが）思っているというのはやや理解に苦しむものであった．良くなった時，彼はどのようにこれを認識するのであろうか？　また彼がスケーリング・クエスチョンに困難を示したために，私は早々に尺度を用いることを断念させられた．おそらくそれは，自分が5に到達した時に自分や他人はどのようにそれを知るであろうかということを彼に質問する時に非常に有効であっただろうけれども．

[71]　C　いや，それは，あー，私がこのような症状を持っていない状態でしょう．このような症状というのは，例えば自信がないとか，自尊心が低いとか，劣等感を持っているとかで，それらは非常に強いものなんです．
SdeS　なるほど．ではそれが無くなった時，何が違っているでしょうか？
C　何が……私，私はもっと生活を楽しんでいるでしょう．例えばね．
SdeS　なるほど．どのように？　どのようにしてそれが現れるでしょうか？　どのようにして他の人は，あなたが生活を前より楽しんでいるということが分かるでしょうか？

クライアントが生活を前より楽しんでいるということを，他者がどのようにして知るのだろうかと質問すると，物事をより明白かつ具体的に表現できるようになることがある．

[75] C　どのように？　それは私の感情に関することだと思います．もちろん他の人にも分かることはあるでしょうが，でも，あー，それは私の問題であって，私が気分良く，気楽にやれるようになったりするだけだと．

SdeS　ええ．

C　良くなったと私が感じるだけでしょう．

SdeS　分かりました．それでは，良くなったとあなたが感じた時，今していないようなどんなことをするのでしょうね？

C　その時は，例えば何かがそこから無くなると思いますね．今は，例えばある特定の状況，集団の中にいる時とかに，いくらか不安を感じるのです．間違いなどをやらかし，他人が私を見て笑うのではないかと．でもその時には不安なんかは無くなり，それに苦しむことも無くなるでしょう．つまり，おそらく苦しむということが無くなるのだろうと思います．

[80] SdeS　はい．なるほどね．それでは，例えばあなたが幸福で自信に満ちているということを，あなたが教えないで，あなたの親友は一体それをどのようにして知るのでしょうね？

C　おそらくもっと違ったことについて話し合うでしょう．現在，あー，親友も私と同じ様な症状を抱えているんです．彼とは自助グループで知り合いました．彼も同様の症状，抑うつの症状を抱えていて，私たちはいつもそのことを話し合うのです．でも私は彼に，「いつも抑うつや薬のことではなく他の話題について話そう」と頼むでしょうね．

SdeS　なるほど．

C　その他いろいろなことについてね．

SdeS　他の話題について話すだろうということですか？

[85] C　ええ．しかし今も私はいろんなことをしています．例えば，ラテン語講座を受けたり，2つの英語講座で教えたり，講演

会に行ったり等です．こういった症状はさておき，他のこともしているのです．

SdeS その通りです．そういうわけでいろいろと尋ねているんです．このようなこと全てをやっているとあなたは言いましたが，それが私が質問したいと思った理由なんです．よりうまくいく時は，いつもと違ってどんなことをするんでしょう？ それがわかるということは，指標が何であるかをあなたが知るために重要なことだと思うんですが，どうでしょう？

C そうですね．例えば，ある特定の状況や出来事を恐れなくなると思います．

SdeS うんうん．

C おそらくそれが現在の私の問題なのです．おそらく不安があってもなくてもね．

[90] SdeS なるほど．特にどういった出来事ですか？ あなたが言っているのは？

C 私は集団について言っているのです．集団，私は集団の中では気分が良いと感じることはありません．2つのグループに教えてはいますがね．でもそこで私は，学科に関しては他の参加者よりも良いと思います．

SdeS そうでしょうね．

C 自分がとても強いと感じるんです．全て大丈夫であると．うまくやることが私はできると．しかし他の集団では，私は常に他人の方が優れていると考えてしまいます．それは，もちろん私の劣等感のせいでしょう．

SdeS なるほど．

C 私は常に他人の方が良いと考えてしまい，私よりも上であろうと思われる人々，非常に良い，非常に強いと思われる人々が恐いのです．

SdeS　なるほど．では，なんとかしてあなたが10になることができたら，それらはもう問題ではなくなっているのですね．
C　10になっても問題は存在しているでしょう．当然存在しているでしょうね．でも現在ほど苦しまなくてもよいものとなっているでしょう．
SdeS　わかりました．なるほど．それでは，あなたは家に帰りベッドに入って眠ったと仮定します．あなたが眠っている間に奇跡が起こりました．あなたが最初にセラピーに来なければならなかった問題は完全に解決されました．でもあなたは奇跡が起こったことを知りません．なぜならあなたはその時眠っていたからです．
C　うんうん．
SdeS　次の朝起きた時，あなたはどうやって知るでしょう．どうやってこの奇跡が起こったことが分かるでしょうか？
C　あなたは起こり得ないような奇跡について話しています．
SdeS　ええ．
C　それは私には現実的とは思えないのですが．
SdeS　ええ．でもちょっと仮定してみてくださいよ．

　クライアントの「それは現実的とは思えない」という反応は珍しいものではないし，もちろん奇跡という考えは現実的ではない．しかしながらこれは，クライアントがセラピーから何を得たいと思っているかを話すことを手助けする有効な手段なのである．

[105]　C　分かりました．そのような奇跡が起こったら，うん，私は違う人間になっているでしょう．
SdeS　あなたは何をしていますか？
C　もっと自信があって，もっと……こういった不安が無くて，それからこんな神経症的な症状や抑うつが無くて．

SdeS　うーん．
C　そう．私はいつも「無くて」，「無くて」と言っていますね．もっと肯定的な言い方ができたらいいんでしょうけど．

　彼は，自分の「症状」について親友と話すことや自助グループに参加することにあまりに多くの時間を費やしているため，代わりに何をしたいか想像するのが困難になっている．不安を取り除くことは，彼が自分のやりたい事を述べるには有効な手段ではない．なぜなら，これら不安の代わりに一体そこに何があればいいのかという疑問が常に生じるからである．つまり，いったん何かが欠けたら，そこには穴ができるのだ．しかし彼の人生に穴があったなら，何がその穴を埋めるようになるのか？　もし彼が他に何をすべきかが分からない場合，または何によってその穴を埋めればいいのかが分からない場合，最も容易な方法は，単にその穴をもう一度不安で埋めてしまうことである（しばしば「再発」と呼ばれる）．物事の終わりをはっきり示すのは非常に困難なことである．それは，誰も明日に何が起こるかは分からないからである．それゆえ物事は最初から始めるのがより有効なのだ．というのは，物事が始まったかどうかを知るのは終わりを知るよりも容易だからである．

[110]　SdeS　そう．そうですね．それが我々が求めていることです．この奇跡が起こったら，あなたは何と言うでしょうね？
C　私がどのように感じるだろうと言っているのですか？　それともこの奇跡がどのように起こったのだろう，と？
SdeS　あなたはどうするでしょうか？　その奇跡の後に，あなたはどのように感じるでしょうか？
C　この奇跡の後は，もちろん非常に良い気分でしょう．
SdeS　はい．

[115]　C　それははっきりしています．

SdeS　なるほど．

C　はい．さらに言うのならば……

SdeS　ええ．あなたはもっと自由を感じるようになって……

C　はい．もちろん私は，非常に強く自由，自由を手に入れるでしょう．その通りです．

[120]　SdeS　わかりました．

C　私は気にしなくなるでしょう．これが正しい言葉遣いかわかりませんが，こういった症状をいつも「気にする」ことはなくなるでしょう．私の一日の大部分が，こんな症状に関わっているのですから．

SdeS　なるほどね．そんなに多くの時間が……

C　はい．

SdeS　なるほど．それでは，あなたがそういったことに時間を費やすことがなくなったら，代わりに何をするでしょうか？

[125]　C　はい．私はもっと肯定的なことをたくさんしているでしょう．

SdeS　どのような？

C　どのような？　例えば，本を執筆したいと考えて，いくつかの出版社に手紙を書くでしょうね．最初は，誰もこれに賛同しないだろうと思いますが．

SdeS　ええ……

C　どうにか次の手紙がうまくいって，出版社はこの本に興味があると言います．

[130]　SdeS　うんうん．

C　この本の題名は「どのようにして我が子は学校で成功したか」であり，もちろんドイツで有名になるでしょう．

SdeS　ええ．

C おそらくアメリカにおいてもね．

SdeS ほう．

[135] C そうそして，これによって私はもっと多くの力とエネルギーを得ることになるでしょう．

SdeS それでは，奇跡の起こった次の日は，この本にとりかかることから始まるのですね？

C はい．私はこの本にとりかかり始め，それから他にも肯定的なことをするのです．

SdeS なるほど．

C たくさんの肯定的なことをあなたは想像するでしょうが，これら肯定的な事のうち幾つかを，私はすでにやっているんです．

　本に取りかかり始めることは，彼にとって（そして他者にとって）良くなったことを知るのにとても有効な手段である．確かに本に取りかかることは，不安が無くなることによって生じた穴のうち少なくとも幾つかを埋めるであろう．（これは，本を書くことは困難ではないとか違った種類の不安を伴わないと言っているわけではない．）

　しかしながら，テキスト中心の読解を通じて発展した謎は依然残っている．彼に関する限り，活動的であることは抑うつの反対であり，また彼はすでにこれら肯定的な活動のうち幾つかをしているのである．けれども彼は自分自身が抑うつ的症状を持っているとみなしている．彼の評定は3より高くなるであろうか？　低くなるであろうか？　10になるというのは非現実的なことなのだろうか？

[140] SdeS そうなんですか．

C 自分の不安や問題にもかかわらず，ね．

SdeS それは驚きですね．それをどのようにしているのですか？

問題にもかかわらず，どのようにしてこのようなことをできるようにしているのですか？

C 私は家に座っていて何もしないということができないのです．

SdeS 同じような人々を私は知っていますよ．もしあなたが2，3年前にここにいらっしゃっていたら，あなたも彼らを知ることができたでしょう．

[145] C これは私の生き方ではありません．混乱しているにもかかわらず，私は講演やその他非常に多くの事をしすぎていると妻は言います．大学も来週には始まるし……

SdeS なるほど，なるほど．

C ええ，そんなふうに私は肯定的な事ができるのです．でもまだこういった抑うつ的なことは存在しているのです．

SdeS なるほど．

C 私は薬を飲んでいます．飲まなければいけないのです．

[150] SdeS それではあなたの奥さんは，あなたにこの奇跡が起こったことをどのようにして知るでしょうか？

C はい．私は自分の症状について妻にしょっちゅう話しているので，私がこれらの症状についてそれほど話さなくなった，または全く話さなくなったことに気づくでしょうね．

SdeS 全く無くなってしまう．

C ええ．

SdeS では，あなたは奥さんと何を話すのでしょう？

[155] C そうですね，肯定的な事でしょう．地理とか歴史とか言語とか．

SdeS 奥さんは何をなさっているのですか？ 働いているんですか？

C 妻も教師をしています．

SdeS 教師ですか．

第11章 成功の物語を構成すること

C　ええ．

[160]　SdeS　彼女は何を教えているのですか？

C　英語と家政学を教えています．

SdeS　英語と家政学．あなたがたが家で一緒に話している時には，何語を使っているのですか？

C　何語？　もちろんドイツ語ですよ．

SdeS　ええ，でも「もちろん」では……

[165]　C　というのは，妻がある試験を受けた時，英語の上達のためにイギリスへ1年間くらい行くべきだと言われたほどだからです．

SdeS　ふうん．

C　それで，家で英語で話すかどうかってことは全く意味の無いことなんです．いやおそらく意味はあるでしょうが，ドイツ語の方が簡単なので．

SdeS　もちろん意味はあるでしょう．

C　ええ．

[170]　SdeS　あなたの英語がもっと良くなるでしょう．

C　ありがとうございます．

SdeS　ふむ．あー……

C　[遮って] ええ，でもわからないのです．この謎，この奇跡の話は別として，わからないんです……

SdeS　うんうん．

[175]　C　……どうすればこういった症状が取り除けるのか分からないのです．症状とは自信がないことやや不安であることと言いましたよね．そしてしょっちゅう落ち込んでいると．

SdeS　そうです．で，他の人とそれについて話し合ったり，それ以外にも多くの時間を費やしている，とも．

C　そう，話し合う……しかし苦しんでもいるんです．

SdeS　もちろんです．

C　それは余暇を過ごす妨げとなります．私は本当にこういったことで苦しんでいるんです．

[180]　SdeS　あなたはそうする事に飽きねばなりませんよ！

C　何をしなければならないですって？

SdeS　そうする事，つまり症状に苦しむ事にそろそろ飽きねばなりません．

C　ええ．それから私の問題は，思うに，これらの症状を全く管理できないということでしょう．ある程度まではそれに逆らって他の事をやれるのですが，ある程度は内面から生じているものだと思います．遺伝的な要素があるのかどうかは全く明らかではないのですが，本当に．

謎はここで少しだけ明らかになった．彼はこれら様々な肯定的活動を，進歩の指標や解決の一部としてではなく，問題に対する戦いとして，対問題，対抑うつの一種として理解していたのであった．問題と戦うことは，問題それ自体と同じくらい耐えられないことではないか！　つまり，問題＋対問題＝苦しみ，である．テキスト中心の読解にこだわることによって，我々セラピスト／読者とクライアント／読者は，これまで話してきたことについていくらか分かるようになった．

[184]　SdeS　分かります．

C　あー，ある程度は内面から生じているもので，それに逆らって何かすることはできないのです．それは脳の生化学の問題でしょう．

SdeS　あー……

C　脳の生化学．

第11章　成功の物語を構成すること

SdeS そうかもしれません．が，私は不思議なんですよ．そんな症状があるにもかかわらず講演会やなんかに行ったりするのがね．

C ええ．

SdeS それは，どうしてそうなるのでしょうか？ どのようにしてそうなったのでしょう？ どのようにしてそんなふうにできるようになったのですか？

C おそらくそれは，ヴィクトル・フランクルの言うところの「自己超越」で，自分の症状を忘れ他の事をしようということです．

SdeS あなたはフランクルを読んだことがおありなんですか？

C ここ数年にわたって読んでいます．ええ，違う本も読みますけれど．

SdeS うんうん．

[195] C それで私は，気分が良くない時であっても良い事をすることがあるんです．

SdeS ふうん．あなたがこれらの事をしている時はたいてい気分が良くない．では隠しカメラか何かであなたを観察すれば，それらの事を気分良くやっているかどうか知ることが出来るでしょうか？ あなたの気分は良くないようだと言うことができるでしょうか？ 誰か他の人が知ることはできるでしょうか？

C はい．他の人々は，ある程度までなら私の気分が良いかどうかに気づくことができると思います．よく人々は，私のことを真面目すぎると言います．

SdeS うんうん．

C それから私はあまり笑うことがありません．それは私にとってそんなに重要なことではないんです．でも他人には違いがわかると思います．

[200] SdeS あなたの奥さんもわかるでしょうか？

C 彼女はいずれにせよ分かるでしょう．

SdeS　あなた方お二人は，一緒に，良いこと，おもしろいこと，楽しんでやれることを何かなさっていますか？

C　私と妻ですか？

SdeS　あなた方お二人が一緒にできる最も良いことは何ですか？

[205]　C　おそらく旅行でしょう．

SdeS　うんうん．

C　そう思います．今日から休日が始まるので，3～4日間，日曜日まで，私たちはドイツのどこか素敵な場所に行くつもりです．

SdeS　あなた方お二人ともそれを楽しむ．

C　はい．

SdeS　とてもいいですね．さて，休日の間，これからの3～4日間にですね，何か楽しんでやれることをなさるおつもりですか？

C　はい．

SdeS　あなたがそれをしたいかどうかにかかわらずですか？　あなたはそうおっしゃっていましたが．どう感じるかにはかかわらず，とにかく実行するのですか？

C　質問の意味がよくわかりませんが．

SdeS　もう一度言います．これから数日にわたって，休日のあいだに……

[215]　C　はい……

SdeS　あなたは，ご自分の問題にもかかわらず楽しめるようなことしなければいけないのですか？　それとも，楽しめることをただするだけなのですか？

C　前者の方が正しいと思います．問題にもかかわらず，それをするんです．

SdeS　なるほど．ではもし奇跡が起こったら，ただそれが楽しいからするのだというふうになれるでしょうか？

C　はい．

[220] SdeS あなたの奥さんは,どのようにしてその2つの違いを知るでしょうか？

C　そう,例えば私は自分の問題について話さなくなるでしょう．これは非常に重要な点です．そして自分の行動も変化すると思います．

SdeS　どんなふうに？

C　私は,私はもっと楽しみを持つようになるでしょう．

SdeS　ほうほう．

C　それから,人は多くの楽しみを持つようになると,よく笑うようになるでしょう．それで,他の人は,表情や体全体や話し方でそれが分かるでしょう．

SdeS　分かります．

C　それが異なる点ではないでしょうか．

SdeS　それでは奥さんには明白ですね．

C　はい．

[230] SdeS なるほど．あなたの英語のクラスの人々はどうだろうと思うんですがね……

C　はい．あー……

SdeS　彼らはどのようにして知るでしょう……

C　思うに,現在私の英語の2クラスの人々は,私たちは3週間で3コマの授業をしているんですが,

SdeS　はい．

C　彼らは私が問題を抱えているということを認識していないようです．例えば,私は授業をしたり,別の生徒に個人レッスンをしたりしていますが,彼らはそれに気づいていないように思えます．ある生徒は,私のことを非常におもしろいとさえ言いました．彼女は私に,いつもそんなふうにおもしろいのかと尋ねてきました．

SdeS あなたは何と言いましたか？

C 私は何も言えませんでした．

SdeS あなたは「そうだよ」と言うべきでしたね．

C 「そうだよ」と言うべきでしたですって？

[240] SdeS あなたがどんなに照れ屋であってもね．

C 私が問題を抱えているということに他の人が気づいていないということは驚きでした．

SdeS ほう．

C そして私が思うに，たいていの人はそれを認識するのは難しいのでしょう．

SdeS あなたの生徒，彼女も気づかなかった．彼女は……

[245] C そうです．彼女は私のことを非常におもしろいと思った．

SdeS うんうん．

C ええ．でも……

SdeS あなたは？

C ええ，私は1対1の時は違う態度をとっていることが多いんです．あるいは集団にいる時は，違う振る舞いをするとも言えますが．

[250] SdeS 英語のクラスにいる他の人も，あなたをおもしろいと感じていると思いますか？

C 英語のクラスのですか？ 私がおもしろいとは思えませんね．私は英語のクラスではもっとおもしろくありたいと思っています．英語のクラスは大丈夫です．おそらく平均的といったところでしょう．良くもなく，悪くもなく．

SdeS ほう．

C 大丈夫なんです．

SdeS 彼らは，あなたのことをおもしろい人だと思っているのではないかなあ．

第11章 成功の物語を構成すること 241

C 私はそうは思いません，というのは，私はあまり笑わないしジョークも言わないからです．もちろん集団の中ではまた違いますが……

SdeS ええ……

C 他の場合とは……

SdeS しかし彼女はあなたをおもしろい人だと感じていると言った．あなたはそれを知らなかった！

C 私にとっては，これはとても珍しい経験だったのです．

[260] SdeS ええ．

C それほど多くの人が私に話しかけるわけではないんです．

SdeS あなたは彼女の言うことを信じますか？

C はい，信じます．彼女はとてもまじめに言ったんですから．

SdeS いいですね．私も彼女を信じたいと思います．

[265] C ええ．

SdeS 時々，彼女といる時のように，あなたはおもしろい人であって，それに気づいていないだけなんだとは考えませんか？

C 私は，いわゆる「皮肉なユーモア」を言われたことがあります．

SdeS ええ．

C 彼女が言っていることはおそらく真実でしょう．でも非常にまれなことだと思います．

[270] SdeS ふううん．

C それで，あー……

SdeS 皮肉なユーモアは難しいし，とても見逃しやすいですね．

C ええ．

SdeS ほんのちょっと別の方向を見たり聞いたりしていたら，それを見逃すでしょう．

[275] C ええ．ええ．

SdeS 私が思うに……

C 問題は，私はいつも他人に拒絶されることを恐れているということです．

SdeS もちろんです．

C おそらくこの英語の授業や他のところでもね．私はいつも拒絶されることや拒否されること，受け入れられないことを恐れているのです．

SdeS わかります．ではあなたはそれにどのように対処しているのでしょうか？ あなたはいずれにせよ，これらに対処しているのですよ．

C 私がただ言いたいのは，それが週に1度か2度しか教えていない若い学生たちなんだということです．彼らは私が非常に調子が良いと感じているでしょう．なぜなら，私は非常に熱心に彼らに対して英語やフランス語を教えているからです．そして彼らは，私の気分はとても良いのだと感じているでしょう．私はこの関係においてはとても気分が良いと感じています．

SdeS うーん．

C でも私は，集団の中では気分が良いと感じることがないのです．

SdeS うんうん．

[285] C でも私は……

SdeS いや，答えがあるかどうかは私にはわかりませんよ．それでは，もう一つ質問します．あなたにとって，最近で「一番良い日」はいつでしたか？

C 私にとって一番良い日，無いなあ．最近で言えば……

SdeS いつ？

C おそらく，夜の講義の最初の日でしょうか．というのも，［夏休みで］ずっと何ヵ月もなかったのでね．

[290] SdeS なるほど．

C 私は，うまくやることができないだろう，そのグループに教え

第11章 成功の物語を構成すること 243

ることはできないだろう，と思っていました．でもその日，私は教えることができたのです．おそらく平均かそこらくらいにはできたのです．

SdeS　うーん．

C　そして，ええ，私は自分自身に非常に満足できたのです．

SdeS　では，また別の質問を一つしましょう．10はあなたが目標に到達する助けとなるであろう課題ができることを意味し，一方0はあなたがする事はただ望んだり祈ったりするだけ，ということを意味します．

[295]　C　わかりました．

SdeS　今日のあなたは，0から10までのどこに位置すると言えますか？

C　0では祈り，

SdeS　それがあなたにできる唯一の事なのです．

C　10は，実行できる……

[300]　SdeS　何でもすることができる．

C　私は，大体7くらいにいると思います．

SdeS　我々が提案するようなことの大部分をすることができますか？

C　はい．

SdeS　自分がきっとやらないであろうと，ちょっと思い付くようなことは何かありませんか？

[305]　C　この問題を解くためにやらないだろうことですか？さらに別の医者のもとへ通う事，それはしないでしょう……

SdeS　なるほど．

C　彼らはあまり役に立つとは思えません．

SdeS　私が信用していることのひとつに有能さがあります．それで今日私が知っておくべきことで，あなたが今言っておきたいこ

とは何かないのかなあと思っているのです．何か思いつきませんか？　何かないでしょうか？
C　実際どれくらい私が有能であるのか，わからないのです．私はこの事について妻や他の人と話します．
[310]　SdeS　そうしたいのですか？
C　私には何人かの友人がいます，だから0から10までの尺度上で，今日の私がどこに位置するのかを尋ねます．
SdeS　うんうん．
C　すると彼らは，いつも8くらいだろうと言います．
SdeS　うんうん．
[315]　C　そして私は，そのように高い評価をされることに常に驚かされます……
SdeS　あなたは「3」だと言い，彼らは「8」と言うと？
C　ええ．
SdeS　うん．私には，コンサルテーション面接を続けるうえであなたに考えてもらいたいことがあります．あなたへのアイディアです．もし他の人の方が正しかったらどうなるでしょうか？

休憩後
　彼の友人が彼を8とみていること，彼が自分自身を3（少なくとも幾らかの進歩を意味している）とみていること，彼の生徒が彼をおもしろい人と考えていること，彼は英語を教える時にベストを尽くしていると思っていること，困難にもかかわらずいろんな活動をしていること，奇跡の後には自分の問題に関して妻や親友と話さなくなるだろうと考えていること，奇跡の後には本の執筆に取りかかるであろうと考えていること，全ては解決へ向かう次の一歩を構成するうえで彼の助けとなるような材料である．
　私は，彼の課題への心構えについてスケーリング・クエスチョン

を行った（294から305にかけて）．というのも，彼は多くの活動で忙しいけれども，これらの活動を解決の一部というよりは問題との戦いとみなしているからである．［294］の質問は，行動課題を，いくらか異なった物事をより良くするというはっきりとした狙いのある行動としてとらえなおす試みだったのである．

［319］ SdeS 今日いらっしゃってくれたことに感謝したいと思います．

C はい．

SdeS あなたと話すのは楽しかったし，あなたの話したいくつかの物事に対しとても感銘を受けました．考えたのですが，ほんの一例ですけれど，例えば出版社，彼らはあなたが気づかないような何かをあなたに見いだすでしょう．出版計画というものがすすめられることに比べどれだけ多く拒否されるものなのか，私にはよく分かりませんが．

C ええ．

SdeS それでも彼らはあなたに何かを見出します．あなたの友人もあなたに何かを見出しています．彼らはあなたが8だと言うのですから．

C そうですね．

SdeS あなたの英語のクラスの生徒，彼らも何かを見出しています．あなたをおもしろいと言った女性は，あなたの中に何かを見出しました．それで私は，あなたの中に自分の知らないようなものがたくさんあるのではと思ったのです．多くの力があるのでしょう．喜劇役者にさえなれるような．

C 喜劇役者ですか．もしあなたが，全ての著名な喜劇役者が内面では本当は悲しんでいるのだという事実について考えているのでしたら……

SdeS 私はそれは確かではないと思います．それは単なる民間伝承にすぎません．私の知る最もおもしろい人々は，内面で悲しんでいるというようなことはありません．（私はこの時，「喜劇役者」と「道化師」の違いを思いつけばよかった．「道化師」こそは心の中で泣いているものだから．）とにかく私は，あなたには自分が知らないことがたくさんあり，それを発見することはあなたにとって有効であると思うのです．これはあなたの友人が言ったこと，つまりあなたは8であるというのと一致するものです．彼はおそらく正しい．あなたにはその事についてもっと考えてほしいと思います．

C はい．

SdeS それで我々には，あなたのためになるであろうアイディアがあります．ひとつの試みとして．あなたはそこから自分について何かを学ぶことになるだろうと思います．最初は，大変な仕事のように思えるでしょう．でもあなたならそれができると考えています．いいですか？ 我々の提案ですが，ひとつの試みとして，あなたと奥さんがこれから4日間一緒に旅行する間……

C はい．

SdeS これから4日間，彼女とは英語だけで話してください．そしてあなたがいつも話している問題は，英語に翻訳することができないと仮定してください．

C ［心から笑っている］

SdeS そして，そうすることによって物事をどのように感じるようになったか等の違いを見つけてください．それから，あなたが何を学んだかセラピストに教えてあげてください．

C わかりました．

SdeS いいですか．［椅子から立ち上がる］

C それでは，たいへんありがとうございました．［握手しながら］

第11章 成功の物語を構成すること

SdeS あなたに会えてよかったです．あなたの幸運をお祈りします．

C 本当にありがとうございました．

ライプチヒにて

　以下の抜粋(1)は，ドイツのライプチヒ（1992年11月）で通訳を務めてくれたヴォルフガング・エーバーリング（北ドイツ短期療法研究所）と共に行ったコンサルテーション面接である．クライアントは，前に一度ラルフ・フォークトというライプチヒで個人開業している心理学者の面接を受けたことがある．セラピーに「新しい考え」あるいは少なくとも異なる見方をもたらすため，私は，――このような場合いつものように――ケースについてそれ以上は何も知らなかった．

　クライアントは，面接中ずっと，質問が訳された後に何秒か待ってから答えた．この間，彼は答えを探しているかのように辺りを見回したり目を逸らしたりした．またクライアントは，通訳に向かってではなく私に直接話しかけた．これはかなり珍しいことである．

[1] スティーヴ・ド・シェイザー（以下 SdeS）　今日はいらっしゃって下さってありがとうございます．

[2] クライアント（以下 C）　［うなずいて微笑む］

[3] SdeS　あなたは時間通りにここを出発しなければならない

---

(1) このプロトコルをより良いものにしてくれたメアリー・ジョー・ロビンソンの忍耐強さに感謝を捧げる．どの場合もそうであるように，これもまた非常に大変な仕事であったが，しばしば思いもかけずドイツ語から英語，英語からドイツ語へと切り替わってしまうような参加者三人のために，さらに大変になってしまった．平易なものにするために，これらのほとんどは英語にされた．

のでしたね……仕事があって．

［4］　C　［英語で］1時間あります．

［5］　SdeS　わかりました．たった1時間ですが，ベストを尽くしましょう．

［6］　C　［うなずく］

［7］　SdeS　保証はありません．しかし，我々はこの面接があなたのためになればと望んでいます．保証はできませんがね．

［8］　C　［うなずく］

［9］　SdeS　あなたはどんなお仕事をなさっているのですか？

［10］　C　［英語で］私は庭師です．

SdeS　庭師ですか．それはご自分に向いていますか？

C　［うなずいて］私に合っている職業です．

SdeS　なるほど，いいですね．ええと，それでは……うん，始めましょうか？

C　［英語で］いいですよ．どうぞ．

［15］　SdeS　それでは，最初はこんな質問から始めます．

C　［微笑む］

SdeS　［書くのにクリップボードを用いて］0は，あなたが治療を受けるにいたった問題が無くなって解決してしまったことを表し，マイナス10はあなたがセラピーを始める以前の物事のありようを表します．

C　［うなずく］

SdeS　今日のあなたは，マイナス10から0までのどこに位置すると言えますか？

［20］　C　マイナス9です．

　物事は良くなっている．クライアントは，自分がセラピーを受け始めた時からはいくらか進歩したと考えている．何を造れるのかを

知るために，現在の進歩をもたらしたことについて，我々は何でも話し合う必要がある．この進歩について話し合わなければ，たとえどんな違いが生じていたとしても，活かすことなく消え去ってしまう恐れがある．

[21] SdeS　うんうん．では，マイナス10からマイナス9になるようなことはどのようにして起こったのでしょう？　どのようにそれは起こったのですか？

C　［腕で身振りをして］セラピストとの会話を通じて，その状況について考えることによって．

SdeS　なるほど．あなたが考えたことと会話，それによってどんな変化が起こりましたか？

C　［手振りをして］私のセラピストは話相手であり，信用して話せる人です．それで，私は自分の問題について口に出し，話し合うことができるようになったのです．

[25] SdeS　なるほど，いいですね．ではその結果，あなたは何か違うことをするようになりましたか？

C　自分自身について話すのは難しいことです．

SdeS　そうですね．

C　［天井を見て，身振りを交える．長い間があく］私が思うに，心理的に内側に閉じ込もってしまうような状況にあっても，うまく対処できるようになったことでしょうか．そのため，より早く先に進むことができるようになったんです．

SdeS　なるほど．

[30] C　よりうまく対処できるようになったんです．

SdeS　なるほど．では他の人々は，マイナス10からマイナス9にどんな違いを見いだすと思いますか？

C　［頭を振って］他の人はどんな違いにも気づかないと思います．

SdeS 今はマイナス9です．ではマイナス9から0の間のどこで人々は違いに気づくようになると思いますか？
C マイナス7です．
[35] SdeS なるほど．うんうん．彼らが最初に気づくのは何だと思いますか？

　進歩のうちいくつかは前回のセラピーのセッション（24）によるとされており，セラピストとクライアントが一緒に行ったことはきっと全て有効であったのだろう．彼が述べた進歩（28から32にかけて）は，単に表情から感じとれるだけで，さらなる詳細はその後に進められた．マイナス7について話すことによって，クライアントが進歩し続け，他者がこれに気づくようになるだろうという期待をコンサルタントは抱くこととなった．一度重要な他者がわずかな違いに気づけば，彼らのする何らかの反応が変化を強化するものとなり得るのだとクライアントは述べることが多い．

[36] C ［長い間があく．手振りを交えて］そうですね，他の人が最初に気付くだろうと思うことは，しばしば私がためらったりやめてしまったりしてしまうような問題状況が無くなることです．つまりそれら［状況］に対処することです．それもうまい具合に．
SdeS なるほど．では，あなたがそのようにうまい具合にそうした時，結果として他の事はどのように変化しますか？
C 私がする事を言っているのですか，それとも私の周りの事を言っているのですか？
SdeS 両方です．
[40] C うーん．［手振りを交えて］そうですね，思うに，例えば私がすることやできることが違った価値を持つようになるのではないでしょうか．つまり私のした事への評価が変わるのでしょ

第11章 成功の物語を構成すること　251

う．おそらく良くも悪くも重要である事がそれほど重要ではなくなるのでしょう．私がそれらに与える価値が変わるのだと思います．また同じことが，人々との関係においても起こるでしょう．

SdeS わかりました．ではその変化とはどのようなものですか？他人との関係においては？

C 私は他の人に話しかける勇気を持つようになるでしょうね．

SdeS うんうん．

C より多くの勇気をね．

[45] SdeS 新しい人々と会うということ？

C そうです．他には……他の人を遠ざける能力です．彼らをただ遠ざけることです．重要でない人々や私に好意的でない人々をね．

SdeS なるほど．なるほど．それから……あなたはどこでこういった新しい人々に出会うのだろうと思いますか？

C 例えば，クラブや劇場などで．旅行でも．

SdeS なるほど．それでは，あなたは現在どれくらいの頻度で劇場やクラブに行っているのですか？

[50] C だいたい月に2回といったところでしょうか．

SdeS なるほど．

C それから，全体として，1年に1度はちょっとした旅行をしています．

SdeS では，マイナス7であれば，どれくらいの頻度でこの事をするようになると思いますか？

C 劇場，コンサート，展覧会，映画，これらは現在の2倍になるだろうと思います．

クライアントがマイナス7になった時のことを話している時に（[36]から始まっている）未来時制を用いたということは，マイナス7に到達することを完全に期待しているということを示している

のだろう．(彼がもし条件時制を用いたのなら，私は彼にマイナス7に到達する自信はどれほどかを判断するように頼んでいたであろう．そういった状況では，次のようなスケーリング・クエスチョンがおそらく有効である．「10では人間としてできる限りの自信を持っていることを表し，0は自信というものが少しもないことを表します．あなたがマイナス7に到達した時，あなたはどれくらい自信があるでしょうか？」)

彼のマイナス7にはその他のさまざまな変化が含まれている，つまり文化的な活動や新しい人々に会うことなどは全て，目に見えた形で増加するであろう．ゆえに，このクライアントは自分自身の進歩を測定する何らかの手段を持っていることになる．さて私たちは，マイナス10，マイナス9，マイナス7に関することは知っているのだから，今こそ0について見極める時であろう．彼が求めているのは，できるだけ正確に何なのだろうか？ セラピーの成功を彼はどのようにして知るのだろうか？

[55] SdeS なるほどね．では，あー，おそらく難しい質問でしょうが……

C はい．

SdeS ある夜あなたが寝ている時，眠っている間に奇跡が起きたと仮定してみてください……

C ［うなずく］

SdeS そして，あなたがセラピーに来ることになった問題，このマイナス10［尺度を指して］は無くなってしまって［指をぱちんと鳴らす］，あなたは0にいます．しかしこれはあなたが眠っている間に起こったので，あなたはそれが起こったことを知りません．では，あなたが次の朝起きたら，奇跡が起こったことをどのようにして知るでしょうか？

C ［座り直す．長い間があく．ずっと手振りを交えながら］最初は気づかないでしょうが，私は通りへ出て，ともかく人々と一緒にいるでしょう．

SdeS あなたは何に気づきますか？

C 簡単に人と話せるでしょう．もっとくつろいでね．そして他の人を違うふうに見るようになるでしょう．

SdeS 違うふうに見ることができるようになったら，他の人はどのように反応するだろうと思いますか？

C 彼らもまた違ったやり方で反応するでしょう．

[65] SdeS うんうん．

C 肯定的なやり方で，しかしまた否定的なやり方でも．

SdeS ではこの奇跡が起こったことにあなたが気付くような，何か他のことはありませんか？

C ［長い間があく．肩をすくめて］分かりません．［微笑む］

SdeS うんうん．では他の人についてはどうでしょうか？ 彼らはどのようにして知るのでしょうか？ この奇跡の存在を彼らはどのようにして発見するのでしょうか？ ……あなたが彼らに教えることはできません，いいですね？ なぜなら，それはあなたが眠っている時に起こったのですから．それでは彼らはどのようにして知るでしょうか？

C ［長い間があく．手振りを交えて］人々は私に対して違う見方をするようになるでしょう．そして私は外に出て，今まではする勇気が無かったような事をし始めると思います．

SdeS どんな事ですか？

C ［にやりと微笑む．姿勢を変える］

SdeS 我々に言えることで何か？

C ［腕で身振りをする．長い間があく］おそらく私はまた踊りに出かけることでしょう．

［75］SdeS　踊るのは楽しいですか？
C　時々はそうですね．

　彼が述べるには，0は何か全く違うことではなく同種の活動の延長であるということで，マイナス9やマイナス7と関係があるようである．それで我々は，クライアントがセラピーから得たいと思っていることについて幾つか考えた．クライアントが微笑みで答えた［72］ことから，特にこのように公の場で話すには，彼自身の奇跡は個人的すぎて話せないものであったのではないかと思った．（チームの何人かは，クライアントは単に話す材料を使い果たしてしまったのではないかと後に考えた．）それゆえ私は，いつもにも増してクライアントのプライバシーを保護する必要があると考えたのである［73］．もちろんクライアントは，自分が話さないと決めた事に関しては話さないという選択をする完全な権利を持っており，「私は話したくない」というメッセージは，それが明白なものであれ暗黙なものであれ，真剣に受け取る必要がある．

［77］SdeS　ええと，あなたは今日マイナス9であるとおっしゃいました．それよりも良かった時が最近他にありましたか？
C　［頭を振って］ありません．
SdeS　一日でも……一瞬でも……
［80］C　うーん．
SdeS　時間単位でも．
C　ありました，ありました．
SdeS　その一番良い時はどれくらいでしたか？
C　うーん．マイナス5です．

　クライアントは実際のところ，目標の半分まできているような時

第11章　成功の物語を構成すること　　255

期があったのだ！ マイナス5の時がたった数秒であっても，解決を構成するうえでは有用であろう．どんなに長かろうとマイナス5の例外をできる限り完全に描写する必要がある．というのは，解決とはおそらくクライアントがその時と同じ事をもっと行うということでもあるからだ．（セラピーでは，おそらく第2回セッションを「何か良いことはありましたか？」という単純な質問から始めるであろう．そのセッションの始めのほうで以下の鉄道旅行について話をするかもしれない．）

[85] SdeS なるほど．では，それはどれくらい最近のことでしたか？

C 3, 4日前です．土曜日のことです．

SdeS 土曜日ですか．ではその時あなたは何をしましたか？ 何が起こりましたか？

C ［反りかえる．腕で身振りを交えて］鉄道旅行をしたんです．見知らぬ土地を．私にとって全く新しい所を．

SdeS それはどこですか？

[90] C ケルン，アーヘン，マーストリヒト全域です．

SdeS それでは，そこであなたは何をしましたか？

C ［手振りを交えて］古い街や下町を見てまわりました．

SdeS うんうん．

C あちこち歩き回り，2時間も見てまわりました．そしてそれから家に帰りました．

[95] SdeS それでは，アーヘンには寄ったのですか？

C 1時間．

SdeS 1時間ですか．ではケルンには？

C 2時間です．

SdeS この旅行は，他の人と一緒でしたか，それともお一人でし

たか？

[100] C ［頭を振って］最初は一人でしたが，旅行の間に他の人々と出会いました．

SdeS この旅行で出会った人々，彼らの中に，再びあなたと会う人や会える人はいますか？

C わかりません．会うことはできるでしょうが……

SdeS 可能なんですね．

C もし私が望むなら．私がそうしたいと思うかは本当に分からないんです．

[105] SdeS うんうん．

C 可能だとは思います．

SdeS なるほど．ではあなたは比較的楽しい時を過ごせたのですね．

C ええ．

SdeS 多かれ少なかれ，ですか．なるほど．それでは，一番良かったのはどんなところですか？ 実際，列車に乗っていた時，街を訪ねて歩き回った時……

[110] C ［見上げる．微笑む］

SdeS または人々に出会った時ですか？

C 列車での旅行と街の観光です．

SdeS ケルンで最も印象的だったのは何ですか？

C ［うなずく．手振りを交えて］大聖堂です．出発するまで，そこを訪れるのが最も私にとって重要なことでした．

[115] SdeS うん，いいですね．わかりました，では！［椅子に座り直す］

C ［同じく座り直す］

ドイツの西部ではマイナス５が達成できることが今わかった．彼

はそれが「ドイツ統合」ゆえであるとし，あるいは休日だったゆえとしていることを知ったので，そうではない例外について尋ねた．つまりマイナス5は家にいる時でも到達できるのかということである．

[117] SdeS ここライプチヒにいる時で，覚えているうち最近最もマイナス5に近い時はありましたか？

C ［うなずいて］あります，あります．劇場にいる時でした．

SdeS ではそれはいつでしたか？

[120] C 2週間前です．

SdeS では，マイナス5にさせたのはいったい何ですか？

C とても楽しい雰囲気だったのです．［長い間があく］私はいつもより少しばかり盛装していました．

SdeS なるほど．

C ［何かを探しているように辺りを見回す．腕で身振りを交えて］私は，その劇が続いている間は，違う世界にいられたのです．

SdeS なるほどね．劇が続いている間あなたがそうして違う世界にいる時のようなことが，劇が終わった後でもしばらくは続くのですか？

C ［力強くうなずいて］はい．

SdeS どれくらい長く？　言えますか？

C それはいつも違っています．

SdeS うんうん．

[130] C 何時間かの時もあるし，何日間かの時もあります．

SdeS 何日間，ですって！　それでは，あなたはマイナス5にとどまることが時には……何時間も？　何日間も？　どう思いますか？　それともそれはこの特別な状況だけなのですか？

C それは良いことなのでしょう．でも，それは……それは……全

くできないこともあるんです．

SdeS　そうですか．でもあなたはこの特別な世界に行くことができる……そしてそれを……何時間か何日間か，劇の間か，することができると！

C　［うなずく］

[135]　SdeS　そして……劇の後も……マイナス5に近くいられると？

C［うなずく］はい．

SdeS　なるほど．なるほど．いいですね．我々は，あなたがおっしゃったことについて考えるため，それをチームの人々と討論するため，しばらく外に出たいと思います．その後，我々の考えについてあなたにお教えしたいと思います．それでは，10分間休憩します．しかしその前に，我々が知っておくべきだと思うこと，知る必要があると思うこと，あなたにとって重要であること，我々がまだ触れていないことなど何かありませんか？

C　［頭を振って］いいえ．

SdeS　わかりました．それではコーヒーでもいかがですか？

休憩後

終わりのメッセージを構成するうえで，幾つかの点がかなり重要であるようである．第一に，二つの例外的状況は両方とも普通の状況ではないということ．彼が旅行や劇をめぐる特別な世界について述べている時の楽しさ，いや興奮といってもいい，そこからチームの人々は，クライアントのマイナス5という評価はおそらく低いものではないのかと考えるに到った．

もし可能なら，特別な例外における行動や感情を日々の生活に移すことができるような方法を開発する必要がある．例外は二つのいくらか異なった文脈で起こっているという事実から，このクライア

ントにとってそのような移動は可能であろうということが示唆されている．

0について少し話してみたけれども，感情や行動についても述べられたマイナス5の方がクライアントにとってより真実味のある話のようであった．それは彼の最近の経験であり，それゆえ家での課題の基礎として用いることができよう．

面接の短さにもかかわらず，あるいはおそらくその短さのために，我々は知る必要があることや，すべきことを見出すことができた．選り分ける必要がある無関係な材料は，たとえあったとしても，さほど多くはなかった．おそらく通訳を用いることによって，少なくともかなりの部分において，言語の違いの架け橋となる尺度を我々は最大限に利用することができた．

[140] SdeS　まず，あなたが今日いらっしゃったことに感謝したいと思います……

C　［うなずく］

SdeS　……そしてこれらの人々［60人］の前で我々と話し合ってくれたことに対しても．それには勇気が必要だと我々は思います．だから，あなたが自分自身のことをマイナス9であると評価したのは低すぎるのではないかと感じました．それよりもっと高いのではないかと思ったのです．

C　［うなずく］

SdeS　つまり，あなたは自分のことを過小評価することがあると我々は考えるのです．

[145] C　［うなずく］

SdeS　例えば今日ここにいらっしゃることや，アーヘンやケルンに旅行することなどには，たくさんの勇気が必要であったと思います．たった一人で旅行するにはかなりの柔軟性と勇気が必要で

しょう．

C　［座り直す］

SdeS　それから人々に出会うこと，あなたが遠ざけるであろう人々や，そうでない人々に……

C　［困惑したふうに眉を上げる］

[150]　SdeS　そしてもちろん，ケルンへ旅することや劇場へ行くこと……これらは全て異なる世界のことです．あなたは多くの異なった文化的興味をお持ちで，我々は感銘を受けました．

C　［うなずく］

SdeS　そしてこれらを正しく理解するには，かなりの柔軟性が必要でしょう．

C　［うなずく］

SdeS　では，我々はあなたにある試みを提案したいと考えています……

[155]　C　［うなずく．微笑む］

SdeS　今から，次にあなたが心理学者と話す時まで，

C　［座り直して，辺りを見回して，うなずく］

SdeS　つまり，毎日あなたはコインを投げて……［実演する］

C　うんうん．

[160]　SdeS　それで，「表」がでた時は（このように），その日は通常の日課……仕事や何か……をしている時間のうち1時間を抜き出してほしいんです．そしてその1時間は，少なくともマイナス5であるふりをしてほしいんです……

C　［腕で身振りをする．うなずく．微笑む］ええ．

SdeS　そして，そうしている時は何が違うのかを注意深く観察してください．

C　［前に乗り出す．通訳の言うことを非常に注意深く聞いているようである］で，他の時間も観察するんですか？

SdeS そうです，その間もその後も．
[165] C ［うなずいて］はい．はい．
SdeS よろしいですか？ そして何が起こったのかを見てください．あなたはそこから何かを学ぶことができると思いますよ．私も何が起こったのかを知りたいと思います．
C ［うなずく］
SdeS それでは，いらっしゃってくださって本当にありがとうございました．お会いできてよかったです．
C ［英語で］ありがとうございました．
[170] SdeS ［握手して］ヴィーダーゼーエン（さようなら）．

* * *

1年後のライプチヒにおける第2回デモンストレーション面接において，クライアントは非常に良くなったと報告した．彼はアムステルダム公園を見る出張にも行ったし，劇場や映画，展覧会，踊りなどに，その1年間少なくとも週に1度は行っていた．彼は心理的にもより良く感じるようになり，それゆえ仕事を失敗することも減った．現在彼は一人で生活するのに飽きて，女性との安定した関係を築くことに非常に興味があるようである．

第12章　かろうじて5になるということ

> 知っていることとそれを言うことを比較してみよう：モンブランの高さは何フィートか——「ゲーム」という言葉はどのように使われているか——クラリネットはどのような音を出すか——もしあなたが，それを知りながらも言うことができない人がいるということに驚くのであれば，3つめの例のような場合ではなく，おそらく最初の質問のような場合を考えているのでしょう．
> ——ヴィトゲンシュタイン（Wittgenstein, 1958 #78）

　第1回のセッションにおいて，クライアントは，娘に関する問題と彼女自身の人生の汚点となる問題とがあると言った．そして彼女は，過去の問題とそれが現在にまで続いているということについて述べ始めた．彼女は，これらの問題はすべて「ヒステリックで低能な人間になるよう育てられた」せいだとしていた．

　ミラクル・クエスチョンに対して，「他人の考えているような人間になる必要はないと思うだろう」し，それゆえに「心が安らぐ感じがするであろう」と言った．そのうえ彼女は，もはやこの「精神的な重荷とこの感情的な重荷」は無くなるであろうと言った．この奇跡が起こったことを，娘はどのように知るだろうかと尋ねた際，「ついに本当の母親になった」と娘は思うであろう，と答えた．セッションの最中には，上述の変化の結果生じると考えられる事についての反応やはっきりとした言動は無かった．奇跡の起こった翌日について，非常に広範で一般的にしか述べられなかったため，次のようなスケーリング・クエスチョンをクライアントにおこなった．「奇跡の起こった翌日を10とし，セラピーを始めた時に戻った状態を0とすると，あなたは今日，自分がどこに位置すると思いますか？」彼女は，何年ものセラピーのおかげで，生活において事態が

良くなってきたとみなしてはいたが,もはや0ではないことは確かだ,と言うことしかできなかった.

セラピストの質問にもかかわらず,クライアントは,これまでの不満と現在まで続く不満のいくつかを答えた.セラピストは,これらの反応を受け入れたうえで,奇跡の後どのようなことが違うだろうか尋ねた.クライアントの反応は,堅く「わかりません」であり,その後にまた,別の不満を言い続けた.

セッションは,クライアントが,人生を良くするためにどれほど頑張ってきたかに対する一連の賛辞で終わった.ミラクル・クエスチョンとスケーリング・クエスチョンに対するクライアントの反応ゆえに,特別な課題は提起されなかった.

> 大切なことは患者が実際にできることを見出すこと.
> 彼自身も知らない彼ができることを.
> できれば,彼の問題に関することで……さて彼らは,
> 実際できることのうち,一体何を見せてくれるのだろうか?
> ——ミルトン・H. エリクソン (Haley, 1985, p. 152)

第2回セッション

[1] インスー・キム・バーグ(以下IKB) 前回あなたがここにいらっしゃったのは,1ヵ月ほど前でしたね.
[2] クライアント(以下C) ええ.
[3] IKB それでですね,あなたの娘さんのことで,何か良くなったことがあったんじゃないかと思うのですが?
[4] C 何もありません.
[5] IKB 娘さんのことで良くなったことは何も無いのですね?
C そうです.

IKB 彼女はまだ,あなたと一緒に暮らしていますよね.

C はい,そうです.

IKB それから,彼女は今,確か学校に行っていませんでしたよね?

[10] C はい,夏の間は.

IKB 夏の間.

C ええ,そうです.

IKB それでは,彼女はどんな生活をしているのかしら,どういうふうに時間を過ごしているのかしら?

C うーん……ブラブラしてます.

[15] IKB ブラブラしてる?

C はい.

IKB 彼女は,ブラブラしてるって言うかしら?

C そうは思いません.

IKB あなたは,彼女がブラブラしていると言うとは思わないのですね?

[20] C そうです,でも何かをやってるようには見えないんです.

IKB そうですか.

C ただブラブラしているように見えるんです.

IKB ええ,ええ.それで,彼女は一つも授業を取っていないし,取るつもりも無い……そうだとして,私思うんですけど,16歳の彼女がキャンプに行きたいと思わないのかしら?

C そうね,彼女は……

[25] IKB 彼女は働いていませんでしたよね?

C だいたい,今学期の半分はさぼってるんです.

IKB そうですか.

C それから,彼女はいつも非現実的な物言いをするんです,「私はうまくやってるわ」,とか……

IKB　それでは，彼女はうまくやってると思っているんですね？

[30]　C　学校に行っていたときのことを言っているんだと思うわ……今学期に出席していたときのことを．

IKB　そうですか．

C　その頃，彼女はうまくやっていて，周りの人も彼女を助けていたし，落ちこぼれてはいなかったし，特別学級にいたし，必要とする助けを得ていましたから．

IKB　でも，彼女はそんなにうまくはやっていなかったんですね？

C　そうです．そして，最終学年になって私はショックを受けました．

[35]　IKB　今現在の彼女の状況は，本当はうまくできるのにしていないのか，それともうまくやる方法を知らなくて，助けを必要としているのかしら？　どちらでしょう？

C　そうですね，彼女には能力はあると思うわ．

IKB　そう思うの？

C　はい．

IKB　あなたはそれを信じていますか？

[40]　C　もちろんです，でも，私……

IKB　どういうことで分かるのかしら？

C　そうですねえ，彼女は基本的に，とても頭が良いからと思って．

IKB　どのようにしてそうだと分かるのかしら？

C　そうですねえ，彼女が言ったりやったりすることでです．

[45]　IKB　例えばどんな？

C　私自身，バカでないもの．私は利口な人間だと思う．私は……

IKB　あなたが？

C　はい．

IKB　そして，彼女も？

[50]　C　彼女もだと思います．私は，自分が無知だと思わない

……

IKB　分かりました．

C　時々，私は自分が無知だと思う．人は間違いをした時……

IKB　誰でもしますよ，誰でも間違いをします．

C　私は自分のことを考えなければいけないというより，他の……

[55]　IKB　それでは，あなたたちは二人とも，とても頭の良い人たちなのですね？

C　覚えているはずですよね，私が2年間大学に行っていたことや，専門的な学位も持っていることを…

IKB　はい．

C　そうですよね……

IKB　分かります．

[60]　C　私が，ね，無知なはずがない．

IKB　それで，あなたはレベッカもとても頭が良いと思うのね？だからそれによって，彼女はうまくやっていけると思うのですね？

C　ええ，まさにそうですよ，彼女が生まれてから現在までのことを考えてみると．彼女の姉は，姉はあらゆることにおいて優秀なんです．

IKB　そうですか．

C　彼女の姉は，ええ，彼女はまさに，ね，少しプライドの高いようなところがあるんです．

[65]　IKB　そうなんですか？

C　そう，大げさではなくて……

IKB　年は……

C　ベッキー〔レベッカの愛称〕に比べて．

IKB　彼女は何歳ですか？

[65]　C　姉は……ええ，……今，21歳です．

第12章　かろうじて5になるということ　　267

IKB 21歳．

C ええ，でも彼女は……

IKB 彼女は，あなたとレベッカと一緒に暮らしていないんですよね？

C はい．なぜかというと，ええ，彼女は隅っこに座っていて，そうよく座っていて……彼女は，ええ，彼女はいつも本を読んでいました．そして，本を読む以外何もしなかったんです．

[70] IKB どちらが？

C 姉の方です．

IKB お姉さんが．しかし，彼女はうまくやっているんですよね？

C 学校についてはそうです，彼女はいま，ドイツにいて……

IKB 彼女もまた，とても頭が良いんですよね，それから？

[75] C 私，私は思うんですけど，ね，彼女たちは違う点で頭が良いんです．どちらも読書に関しては優秀です，うん，レベッカはその気になった時は賢いんですよ．彼女ができるなら，いえ，あなたに姉と同じように彼女を落ち着かせてもらえるなら，まだ彼女は可能性を持っていると思うんです．

IKB では，彼女らに必要なこと，二人の子どもたちが必要なことについて何か良い考えがありますか？

C そうねえ，姉については何も無いですね．私，彼女を外へ引っ張り出して，勉強と生活のバランスをとらせるつもりでいます．

　クライアントは，前回のセッションから事態が改善されていないと述べている．第1回セッションでのミラクル・クエスチョンとスケーリング・クエスチョンは，クライアントとセラピストが大まかなガイドラインを得ただけで，成功か（または失敗か）どうかを判断する方法は示さなかった．それゆえセラピストは，差異を作り出すことを期待して，何か違うことをする必要がある．なぜなら，同

じ方法でアプローチし続けることは，うまくいかないことをさらに続けるだけに他ならない．そしてそれがまさに問題の描写そのものなのだ．

クライアントは何を望んでいるのか？

IKB　あなたが1ヵ月前にここに来られた時のこと，つまり前回のセッションのことから始めたいと思います．事態を少し検討し直してみたいと思うんです．というのは，きっと前回ここにいらっしゃったことについて，いくらか考える機会があったと思うものですから．

C　ええ，ええ，そうですね．

[80] IKB　それで，そのことを検討し直すことができると思うのですが，どうお考えなのか……「再びセラピーを始めて本当に良かった」と思えるために，レベッカとの生活についての見方や，たとえどんな環境でも，その見方を変える必要があるということについてどうお考えですか．以前にたくさんセラピーを受けられてきたと思いますので[1]．

C　まあ……その通りです．

IKB　それで，今回ここへ来ることで何かやれたんだと思えるために，何をする必要があると思いますか？

C　私は，全く家族との結びつきが無いんです．そうなんです．事実，これまでもコミュニケーションを取っていなかったし，今も取っていないんです．家族の絆は無く，私たちのあいだに楽しいことは無いんです……

IKB　それで，あなたは家族の絆を確かめたいのですね？

---

[1] 前回のセッション（第1回セッション）において，クライアントはそれまでに2つの重い診断を受けていることを知った．それは境界例と精神分裂病である．

[90] C そうなんです，彼女たちが生まれた時から，それはまるで夫との関係のようでした．彼は彼女たちの人生を乗っ取ったのです．

クライアントの話が前夫への不満に及ぶのは妨げられ，「家族の絆」について説明するような課題へと戻された．

IKB では，何か意見をお聞かせ下さい．家族の絆とは何を意味しますか？ 家族の絆は何を意味するのでしょう？
C 私と娘二人との関係です．もっと良い関係でありたいと思っています．つまり，ここでじっとしてレイチェルについて話せて，でもレイチェルは私についてまったく無関心なの．実際のところ彼女は，私がどこかでのたれ死ぬか，老人ホームにでも監禁されるのを望んでいるんです．それが本音です．でも私は，ここでじっと，レイチェルのことを本当に評価し本当に満足しているようなことを言います．でも，もしあなたがこの部屋に彼女を連れてきたとしたら，彼女は気にもかけないでしょう．それで，彼女は……彼女はこの部屋の中を歩き，ちょっと見て言うでしょう，「ああ，お母さん，ここにいたの」と．そして出ていってしまうでしょう．
IKB 分かりました．あなたはそういうところを変えたいと思っているのですね．
C ええ，きっと……
[90] IKB どうでしょうか……
C 決して良くなってきていません……
IKB 分かりました．あなたとレベッカについてはどうですか？
C 同じです．あなたが彼女の生き方に同意してみせても，レベッカはほんの少ししか原因に触れないでしょうね．それは，前夫が

最初っから彼女たち二人を管理していたからです．そして今でも管理しているのです……

IKB　どうやら……それは今後も変わらないようですね．

[95]　C　はい．

IKB　彼の存在が大きいのですね．

C　そうです．

IKB　そしてこれからもそうあり続ける……

C　……つまり私は，娘たちがめちゃめちゃではないと言いたいのです．彼女たちは何につけても本当にいい加減な態度ですが，ええ，すごくいい加減で，とても自由でオープンな態度で，そして……

[105]　IKB　あなたはどうお考えでしょうか……あなたは今，大きな問題を抱えているように聞こえますが……

C　二人の娘のことで……

IKB　二人の娘さんのことで……

C　私はかなり締め付けられてきたと思います……

IKB　それに，家族の絆を求めている……

再び，クライアントはゴールを定義するところに戻された．

[105]　C　その通りです．

ゴールを構成する

[106]　IKB　あなたの助けとなるために私は何ができるでしょうか？「あの人に会って話をして本当に良かった」と言ってもらえるために．

C　そうですね，分からないです．あなたにはお分かりでしょうか，レベッカと私はまだ一緒に暮らしていて，それなのにコミュニケ

ーションをとっておらず，何も関係を持たず，彼女はいつもどこか離れているんです．そしてどこにいるか知ることはできません．たとえ私が何か言ったとしても，彼女の父親は「放っておけよ，彼女は自分のことは自分でできるさ」と言うんです．

IKB　レイチェルは今，家を出ているのですね？

C　はい，出ています．

[110]　IKB　彼女は一人で暮らしているのですか？

C　はい．でも実際，レイチェルとは，決してうまくはいってなかったんです．私はいつも彼女と仲良くしようとしてきました，彼女がほんの小さな時から，彼女の生活のために私のやり方を獲得してきたのです．

IKB　では，我々はどこから始めましょうか？　あなたとレベッカ？　それとも，あなたと……

C　私とレベッカだと思います．

IKB　あなたとレベッカ，そこから始めたい．

[115]　C　はい．

IKB　あなたとレベッカに関することから始めたいのですね？

C　そう，私はレイチェルを愛しているけれど，彼女は私を憎んでいるものですからね．

IKB　もちろん，母親は子どもを愛するものですよ．

C　ええ，その通りですね．そして彼女の働いているところにまで現れたりするのよ，「ここで何をしているの？」なんてね．

[120]　IKB　それじゃあ，あなたとレベッカのことについて始めましょう．

C　分かりました．

IKB　……ともあれ，最初のところを．

C　そうですね．それが始まりですね．

小さな第一歩を構成する

IKB　それであなたは，レベッカとのあいだに起きていることで，少なくとも我々が正しい方向へとスタートを切りつつあることが分かるようなものは何だと思いますか？　まだ済んだわけではなく，正しい方向へとスタートを切りつつあるようなことで？

[125]　C　そうですね，今までに何かあったとすれば，私たちの関係は非常に制限されたものですが，今の限界を超えるようなレベルというようなことでしょうか．

例外を構成する

[125の続き]　そのレベルというのは，例えば，彼女に何かさせたい時に「その皿を洗って整頓したなら，5ドルあげるわ」というふうに言うようなことです．何でしょう，整頓するとは何なのでしょうか？　時間を確かめると大体20分くらい，5ドルのためにやり終える．それって正しいのでしょうか？

IKB　そしてその時，彼女はそうするのですね？

C　それは時と場合によります．彼女が本当に緊張していて不安でいっぱいの時には，私も言えないだろうし，彼女もその日はそんなことをする時間が無いってことを私に怒鳴るでしょうね．

IKB　5ドルのためであっても？

C　そうです．

[130]　IKB　あー，それでは，彼女はそうすることもあれば，しないこともあるということですね？

C　はい．

IKB　掃除したり，部屋を片付けたりすることをですね．

C　そうです．私は，それ以上のことをさせることができることもあるし，できないこともあります．

IKB　違いは何でしょうか，なぜ彼女は，したりしなかったりする

のでしょうか？

[135]　C　それは彼女の気分次第で，それが彼女の生き方ですし，彼女，彼女は私の生活やその他あらゆることを管理しているのです．

IKB　彼女がここにいるとして，私が「違いは何ですか？　5ドルのために時々そうするのはどうしてでしょう？」と尋ねるとします．5ドル楽に稼げるのですから，思うに……

C　ええ．

IKB　「5ドルを稼げるのよ」と．

C　時には10ドル与えることさえもあるんです．

[140]　IKB　あなたがそんなことを？

C　ええ，もちろんです．私はただ……私は彼女をかわいそうだと，本当に大変な時を過ごしていると感じているんです，ええ，そんな時彼女に10ドル与えてしまうのです……

IKB　それで彼女はそれをする時もあるし，たとえ10ドルのためであってもしない時があるのですね？

C　時々はしない，その通りです．

IKB　分かりました．それでは，彼女がその理由を何て言うと思いますか？

[145]　C　生活のため，でしょうね．

IKB　彼女はそう言うだろう，ということですか？

C　もし彼女が，ガールフレンドやボーイフレンドと，もしくは父親とどこかへ逃げるとしたら……彼女の生活においては，他のすべての人が私よりも大事なのでしょうね．そうでしょう，あー……

IKB　今あなたが言ったことで，私はレベッカが16歳であることがよく理解できましたよ．

C　ええ，そう，彼女は16歳です．

[150]　IKB　そのようなことに関して，それは16歳として典型的なことでしょうか，それともあなたは，彼女が多くの16歳の子と比べてあまり典型的ではないと考えているのでしょうか？

C　いえ，あなたがそうだと言うならばそうなんでしょう，でもそんなことを言ったら，すべてにおいてそうだと言えるのでしょうね．彼女が自分の部屋を掃除したことがないという事実についても，それが典型的であると言えるのでしょう．彼女が，うーん，ボーイフレンドの家に外泊するという事実についても，それが典型的であると言えるのでしょうね．すべてが典型的だと言えるのでしょう．

IKB　ではあなたは，それを望まないのですね？

C　ええ，そうです．

IKB　そうですか，分かりました．このことを理解するつもりでいますし，考えようとも思っていますので……

[155]　C　つまり私が言いたいのは，彼女らがすることは何でも，16歳の子ならばみんなそうだ，と誰もが言えるのではないか，ということなんです…

IKB　ええ．

C　友達とケンカしようが，家に遅く帰ろうが，早起きしないでベッドで寝ていようが，すべてが典型的となるんです．

IKB　……もし私がレベッカに，自分は典型的な16歳の子であると思うかどうか尋ねたとしたら？

C　ええ，彼女は同意するでしょうね．

[160]　IKB　同意する，と．

C　ええ，そう．

IKB　では彼女は，自分のことを非常に典型的であると考えているのですね．

C　ええ，きっと．

IKB 彼女は,自分には悪いところは何も無いと考えている.
[165] C ええ,全く.こういう文化と,ここの文化のありようと社会のせいだと思います.ええ,限度が無いようなものです,でも,違う文化では子どもたちを監視するでしょう.
IKB 彼女は,あなたと同じように,この家族の絆を望んでいると言うでしょうか?
C いえ,そうは思いません.
IKB そうは思わないのですね?
C 思うに,彼女が何か望むとしたら,母親が彼女に構わないということかもしれません.きっと,おそらくそうでしょう.でも,あなたが彼女とどんどん話をしていくとすれば,彼女は,うーん,もしかすると,もう少し母親のことを理解できるかも,と言うかもしれません.

「家族の絆」は,ますます相互作用的な言葉で定義された.つまり,母親の観点からみたあることは,娘の観点から言えば全く別のことなのである.

[170] IKB 何を,理解……
C 私をです.
IKB あなたを?
C そうです.
IKB 彼女があなたのことをもっと理解したいと思っているのですね?
[175] C 私は彼女を理解していないし,彼女は私を理解していないんです.
IKB それで彼女は,自分が望んでいるのは互いによく理解することだと言うのでしょう.

C　そうです．私はそう思うのですが．
IKB　ああ．分かりました．彼女はそう言うかもしれない……
C　ええ，私がそう思っているだけですが．
[180]　IKB　はい，分かりました．では……

　別の例外を構成する
C　彼女は時々私に親切にしてくれることもあるんです．
IKB　え？
C　時々ね．時々，私に親切にしてくれるんです．
IKB　そのことについて，もっと何か話して下さい．彼女は何を……
[185]　C　ええ，時々彼女は家の掃除をします．
IKB　彼女がするんですか？
C　そうです．
IKB　彼女一人で？
C　ええ，時々やっています．
[190]　IKB　彼女だけで，あなた無しに……
C　私無しに，そうです．
IKB　……5ドル払って？
C　ええ，時々．そうです．
IKB　そうですか．
[195]　C　時々しますね，ごくまれに……
IKB　彼女がそうする時，きちんとやりますか？
C　私は「ダメ」と言うような時もありましたが，今はただ，「掃除したのね」と言うだけですね．
IKB　……本当に……いずれにしてもすばらしいことですね．
C　そうなんです．私は彼女に「まあ，すばらしい」と言うことさえあります．

第12章　かろうじて5になるということ　　277

[200] IKB まあ．

C それから，彼女が出ていった後に，私はいたるところに掃除機を走らせるんです．

IKB ……そうですか，わかりました．それで，彼女は何と言うでしょうか．あなたが望むのと同じ類の家族の絆を望むでしょうか，それともあなたが望むのとは違う類のものを望むでしょうか？

C うーん……私は，自分が普通の母親とはぜんぜん違うということを，二人から言われているんですよ．それから，ええ，

IKB それは，そんなに珍しいこととは限らないですよ．

[205] C それでは，あんまり気が進まないけれど，現実を直視してみましょう．うーん，これまで過ごしてきた家族や環境によって，みんな違うんですよね．私はある家族の中に入ったらうまくやっていけるでしょう．

IKB 確かにそうですね．

C そしてまた，別の家族の中ではうまくやっていけないでしょう．

IKB もちろん，そうですね．

C それでね，その多くが，娘たちの父親の影響力に関係していると思います．だから，彼女らの父親に関する限り，私は正しい母親ではないのです．

[210] IKB そう，思うに，あなたが彼に父親であることを押し付けているのと同様に，彼もまたあなたに母親であるよう押し付けているだけなのでしょう．

C そう，そして，彼と離婚したことで，私はかなり助かっています……

IKB そう，良かったですね．

C 彼と結婚した時，彼とは感情的にも精神的にも本当に合わない人だと思っていましたから．

IKB そうですか．あなたとレベッカのことに戻りましょう．あな

たがた二人がせめてもう少し互いに理解したり，話をするように
なったりすることについて，彼女は何て言うと思いますか？　そ
れは，どうなることなのでしょうか？

[215]　C　何もかもが，いつも私の肩にのしかかってくるのです．
私が黙るべきだというかのように．

IKB　彼女がそう言うということですか？

C　私がそうすべき，ああ，あのですね，彼女がしたいようにさせ
ておくべきなんです．というのは，父親はそうしているんです．
父親の元にいる時，彼女はそこで夏を過ごして，何も……

IKB　なるほど．

C　父親の元にいる時は，どうするかというと，彼は娘に自由に行
ったり来たりさせるんです．彼は彼女に決めさせるんです．

[220]　IKB　そうですね，あなたとは全く違う教育方針ですね．

C　私は，彼女に私のことに対して決断を下させたくない．という
のは，思うんですけど，ここでもう少し知識をつけさせるために
もうしばらく彼女をそばに置いておきたいんです．私は彼女に，
自分に対して何も言ってほしくない……でも彼はそうするんです，
彼は娘に決断を下させるんです，そして……

IKB　それで彼女は何と言うでしょう，彼女がここにいて，彼女に
尋ねたとしたら何と言うでしょうか．あなたがた二人が，せめて
お互いに会話をし，少なくともお互いに親切にし，理解するとい
うことを考えたとしたら……

C　私のことは構わないで，と言うでしょうね．

IKB　彼女がそう言うんでしょうか，私のことは構わないで，と．

[225]　C　ええ，ええ．

IKB　そうですか．わかりました．

もう一つの例外

[227]　C　私たちが唯一本当にうまくいっている時は，彼女と一緒にショッピングに出かける時なんです．

IKB　ああ，彼女はそうするのが好きなんですね．

C　でも，それがいつもうまくいくとは限らないんです．

[230]　IKB　それでは，教えてくれませんか．あなたがたが一緒にショッピングに出かける時，彼女は一緒に行きたがるんでしょうか？

C　いつもということではないんです．もしそれが彼女の計画に合っているならば，なんです．

IKB　そういう時，彼女は行きたがる．

C　そうです．

IKB　わかりました．

[235]　C　そうなんです．

IKB　……私には，典型的な16歳の子のように感じられます．どうでしょうか……彼女は何と言うでしょうか，あなたたち二人がせめて……

C　何も言わないでしょうね．

IKB　彼女は何も言わないのでしょうか？

C　その通りです．というのは，彼女に関する限り，私はいつも口出しするのをやめるべきなんです．私は知りたい……私は答えを探し回っています．何かを見つけようとしています．

　クライアントは，娘が，母親に口出しするのをやめてほしい，黙っていてほしい，放っておいてほしいと思っていることについて何度も繰り返し話す．しかしながら，これらの例外は，少なくとも事態がそれほどはっきりとはしていないことを示している．

[240] IKB　何のために？

C　彼女と仲良くやっていくためです．

IKB　彼女と仲良くやっていく．

C　時々彼女は，私をあまりにも混乱させるので，私は言いたくなるんですよ……

IKB　それでは，あなたがた二人が適度にうまくいっている時のことについて話してください．理想的でなく，完璧でなく，まさに適度に……それで，われわれはそのようにやっていくことができるでしょう．理想ではなく，そのように生きていけるでしょう．

[245]　C　そうですね，その時私は，彼女を本当に良いと思いました．例えばデパートに行って，それで，それで彼女が近づいてきて言うんです，そう，「まあ，これ，お母さんによく似合うみたいよ」と．彼女は私に何かみつくろってさえくれます．

IKB　本当に？

C　でも，私にも自分の好みがあって，すると彼女が私に言うんです，私はとても……変わった趣味をしていると……

IKB　そう．

C　ええ……そうなんです．

[250]　IKB　きっと，結局，違いっていうのはありますから……

C　……あなたはどのように思いますか．

IKB　……16歳らしく思えますね．

C　そうですとも，ええ，タバコを吸って，ヒッピーのようですよ．

IKB　いいえ，そういうことではありません．それでも時々彼女は，そんなやり方であなたに親切にしようとしてるんだと思うんです．彼女はそういうやり方で努力しているんじゃないでしょうか？

[255]　C　時々．時々です．

IKB　ふむ．彼女があなたとうまくやっていくためにしていることでは，他に何がありますか？

C　ええ，彼女はそうしない時もあるし，悪意を持っている時もあるんです．彼女が私に本当に腹を立てたとしたら，こう言うでしょう，父親と暮らすため彼のところへ行ってしまおう，とね．彼女は私に，父親と一緒に出かけてたことを知らせるか，彼女が自分のために買ったものを教えるんです．だから，つまり，彼女は親をからかっているんです．

IKB　そうですか……

C　彼女は自分のしたいことをしています．

[260]　IKB　人はみんなそうですよ．

C　そうですね．

IKB　両方から離れられることを知るために，そうですね？

C　そうだと思います，明らかに．

IKB　そうですね．では，これについて何をしたいですか，あなたとレベッカについて事態をどのように変えたいですか？

[265]　C　そうですねえ，いつも関係をどうにかしたいと思ってきたんです．でもうまくいっていないようです，全然うまくいっているようには思えないんです．

IKB　はあ，ではあなたは，あなたとレベッカとの社会的な関係がうまくいくことを望んでいるのですね？

C　ええ．彼女はすべての友達のところに行くし，一番に犬を取るでしょう，私のことよりも前にね．そして，彼女の姉も小犬に関しては同じようなことをしていました．彼女らは学校から帰ってきても，私が家を完璧にきちんときれいにして，場合によっては彼女らそれぞれのためにドレスやブラウスを作り，彼女らを好きにさせておいたのに，「まあ，おいで，ハロルド」――犬がいつも一番でした．だから私はいつも言っていたものです，「ハロルド，お前なんか，いつかどこかにやっちゃうわよ！」そして，彼はいなくなりました．

IKB 犬が自分でいなくなったんですか，本当に？

C 私が，彼が楽しいであろうところへ送ったんです．

[270] IKB あなたがしたんですね．

C 私がしました．

IKB ああ，それで，それはうまくいったんですか？

C ええ，はい．彼は以前より幸せですよ．隠居した夫婦と一緒にいて．

IKB ああ．

[275] C ハロルドにとってはよかったんです．

IKB よかったんですね．

C はい，もうハロルドを見なくてすむのが嬉しかったです，でも，それはそう長くは続きませんでした．彼女の姉が小犬を買ってきたんです．

IKB まあ．

C そしてレイチェルは，犬を連れて飛び出したんです．彼女は父親と一緒では犬を飼っておけなかった，彼は家で動物を飼わなかったので，私は老夫婦に犬を送ったのです．それでレイチェルはやってきて妹に小犬をあげたんです——ああ，信じられません——この犬は，どこへ行くにもレベッカと一緒なんです．

本題に戻る

[280] IKB わかりました．私はまだこの事について考えているところなんですが……あなたのお役に立つために，私は何ができるでしょうか？　私はまだ少し迷っています．あなたとレベッカが家族の絆を得るために，何かお役に立つことができるでしょうか？

C わかりません，あなたはそれを見つけ出すことができますか？私はできないのです．そうしようとしてきたんですが．

第12章　かろうじて 5 になるということ　　283

IKB 何を見つけ出すのですか？ 見つけ出すために，何かお手伝いできるでしょうか？

C レベッカと仲良くやっていく方法と，それから，ええ．

IKB わかりました，わかりました．そこで，ちょっと教えてくれませんか．彼女と仲良くやっていく方法をなんとかして見つけ出すことができたとしましょう．私には何かわかりませんが……

[285] C 私は彼女に腹を立てています．彼女にひどく腹を立てています．

IKB あなたが？

C 実際，私は彼女のことが耐えられない時があります．彼女のことが本当に大嫌いなんです．

IKB ええ，ええ．

C でも，彼女の姉のことは好きです，たとえ意地悪な時があっても．でもこの子は，この子にはとてもいらいらするんです．そう，彼女はとても悩ませるし，いらいらさせられるし，悪意があるんです．彼女はある日家に帰ってきた時，足首に入れ墨をしていたんですが，とても巧みに「ねえ，入れ墨どう思う？」と言ったんです．それで私は，本当はそういうのが好きではないと言いました．私は自分の体にそういうことをすべきではないと思います．そして彼女は言いました，「ねえ，私の友達がね」（何という名前かは忘れましたが）「私がフォン・ド・ラックに行った時やってくれたのよ」と．そして私は，まあ，と言ったんです．ほら，彼女ってやっぱり意図的でしょう．彼女には悪意があるんです．敵意があるし，いらいらさせるし，彼女は……そう……

クライアントが娘をどう見ているのか，そしてその原因についての確固たる考えかたを聞けば，彼女にとって，どのように物事が変化しうるか想像するのが難しいというのは，全く不思議ではない．

しかし「例外」は，母親と娘のあいだで物事が良い方向へ向かっていることが時々あることを示している，あるいは少なくとも暗示しているのである．

[290] IKB　それで……

C　それで，私は入れ墨が足首にあるのを見ました．

IKB　ところで，あなたはしなければならないんでしたね，彼女と仲良くやっていきたいのですよね，たとえあなたが……

C　はい，そうです．

IKB　……彼女に腹を立てたり，大嫌いなことがあるとしても？

[295] C　そうです，ええ，ええ．

IKB　あなたは……あなたはまだ，彼女と仲良くやっていきたいと思っているのですよね．

C　そうは思っていません．私は彼女が，彼女がそのようであるかもしれないと考えています，つまり，彼女は父親の影響をたくさん受けているからそのようであるんだと思うんです．それに，実際私は彼女を産むつもりじゃなかったんです．彼女の父親と離婚しようと思っていたのに，彼にだまされて，彼と関係を持ちました．それで結局彼女を妊娠してしまい，結婚生活がもう少し続くことになったんです．とてもむかつき，腹立たしいことでした．とても憂鬱でした．私は毎日ずっと泣いていました．そして決心しました，何があろうと離婚しようと，子どもがいようがいまいが．

IKB　まだ，この件について迷っています．私はあなたをどのように援助することができるでしょうか？　何かお役に立てるでしょうか？

C　私が本当に望んでいなかったのは出産です．

[300] IKB　わかります，わかります．

C　それから……

IKB　……私は何かあなたのお役に立つことができますか？

C　ええ，それは，彼女の人生にかかわり良い関係を持つといったことだと思います．たくさん腹が立つことがありましたし，たくさん不幸なことがありましたが．

新しい方向

IKB　思うんですが……我々は……あなたがどんな困難な人生を歩んでいるか，どんな困難な問題を抱えているか．

[305]　C　ええ，ええ，そうですよね……

IKB　あなたには良いことがなかったんですね……

C　私に，ちょっと言わせて下さい，いいですか？

IKB　ちょっとお待ち下さい．

C　はい．

[310]　IKB　さて，あなたの人生は完全に幸せというわけではないようですね．

C　全く良くありません．

IKB　いろんな，いろんな点で．

C　いつでも……

IKB　はい．それに，そうですね，結婚は良くなかったし，幼児期はひどかったし，それに子どもたちは行儀が悪いようですしね．

[315]　C　その通りですね，まさにそれです．

IKB　ええ．そうですね．

C　いつも地獄みたいなものでした．

IKB　そのようですね．

C　そうなんです．

[320]　IKB　はい．わかります．それにもかかわらず，あなたは，このような，ええ，普通の家族の絆を持ちたいのですね？

C　ええ，そう思わない人はいないですよね？　長い間こんな最悪な年月を過ごしたなら．

IKB　確かに……確かにそうですね．

C　私は，自分は良い人間だと思っています．そうですよね．

IKB　ええ．

[325]　C　私は神経の先を紙ヤスリで磨かれているようです．

IKB　ええ．では，あなたはどのようにお考えでしょうか……特にこのことを克服するために，何を取り上げればよいでしょうか？　この悲惨な生活を克服するためには？　何を取り上げれば良いとお考えでしょうか？

C　わかりません．あなた，私が……私はまだ探しているところです．まだ答えを見つけようとしているところなんです．

IKB　何について？

C　物事がうまくいくために，何を取り上げればよいのか？

[330]　IKB　結構．

C　わかりますよね．

IKB　そして，あなたは多くのことを探してきた……

C　ええ，そうです．その通りです．

IKB　ええ．

[335]　C　いつもです．

IKB　いつも．

C　今までの人生ずっと．

IKB　それを探すために，長い間セラピーを受けてきているんですよね．

C　長い道程でした．

[340]　IKB　そうですね．

C　こんなふうに会話をし，考えることすらできないことがありました．

第12章　かろうじて5になるということ　　287

IKB　そうですね．

C　自分で考えなければなりませんでした．

IKB　そうですね．

[345]　C　私は，よく心の中で思ったものです．どうやったら他人と同じように考えられるのだろうか？　それに，不思議に思ったものです．どうやったら彼らが物事を考え，原因を考え，そして問題を得て，解決できるのだろう……

IKB　わかりました．

C　私はよくそんなふうに考えていたものです．

IKB　わかりました．

C　そして結局，長い長い時間がかかりました．

[350]　IKB　しかし，あなたはそうしてきたのです．

C　こんな長い間かかって．

IKB　でも，できたんです……すばらしいことですよ．

C　そうですとも．そうですとも．

IKB　それでは，あなたは娘さんと何をしたいのでしょうか．このことは，あなたが普通の生活をしようと努力してきた困難の続きではないんですか？

[355]　C　私，私は，思うんですけど，もとの夫と，彼の環境と戦っているんだと思います，彼の影響と戦っていると思うんです，私は戦っているんだと……

IKB　まだ戦っているんですか，それとももう終わっているんですか？

C　それは，彼女と彼女の姉に影響していますから．

IKB　わかります．あなたの子どもたちを通じてね．

C　ええ，そうです．なぜならば彼はまるで，たとえば……

[360]　IKB　待って下さい……ちょっと待って下さい，私に質問させてください……確かにあなたはもっと良い人生を送ってもいい

と思うのですが．

C　そうだといいんですけど．

IKB　あなたが過去にしてきたことよりもです，そうでしょう？

C　ええ．

IKB　そうですね，つまり，次々と悪いことがあったようですので……

[365]　C　めちゃくちゃ……そうですね．

IKB　運が悪かったのですね，不運としか言いようがないですね．

C　ええ，ええ．なぜなのか理解できません．

IKB　もちろんそうでしょう．誰がこれを説明できるでしょうか？　それを知る方法はありません．それで，それを知ること，それを知ろうとすることにあなたは長い道のりを費やしてきたのです……

C　ええ．

[370]　IKB　あなたは本当に長い間やってきた．

C　ええ，はい．空っぽの入れ物のようでした．

IKB　ええ，ええ．そしてこれからも，長い道のりがあるように思います．

C　ええ，そうです．

IKB　それを知ってから，どれほど強く，何か違ったことをしたい，何か試みたいと思っていますか？　あなたは普通の……普通の母娘，母と16歳の娘の関係に少しでも近づくために，レベッカに何か違ったことをしていますか？

[375]　C　だから私は，彼女と一緒に暮らさなければならない……

IKB　わかります．

C　それに，私は彼女に落第させたくない，彼女はサマースクールにさえ行きませんでした．次の学期が終わるまでは落第させたく

ない，高校退学なんてさせたくないんです．

IKB　では，彼女をもっと良くしたいと思っているのですね．

C　ええ，確かに．たとえ私が……たとえ彼女がいらいらして私をこてんぱんにしたとしても……

[380]　IKB　ええ．

C　彼女がすること全てにおいて．ほら，わかりますよね．

IKB　そこで，あなたに質問させてください．

C　こんなに早熟なことってありますか？　彼女は14歳の時に男の子の誰かにバージンを捧げてしまったほどなんですよ，日記に詳しく書いていたんです．

IKB　ええ．

[385]　C　わかりますか，私はこれを見つけたんです．

IKB　んん．

C　私は13歳半の時，レイプされました．私はバージンを失いたくなかったのに．

IKB　ええ．そうですよね．

C　私はこれを読んでいて，もう，すっかり腹が立ちました．

[390]　IKB　もちろん，そうですよね．

C　私はこの子が信じられません．いつも私はびっくりさせられるようで……

IKB　そこで，お聞きしたいことがあるんですが，いいですか，我々が限度を決められると思いますか……

C　それとも，おそらく私が普通ではないんですね．おそらく，現代の生活や現代の人々にとって，まさに「限界は無い」し，「何でもやりたいことをしなさい」，そして，何でもＯＫ，ということが普通なんでしょうね．

IKB　レベッカにとっては，ですね．

[395]　C　おそらくそれが，現代の生活というものでしょう．そ

して私は……おそらく私は，人生についてのかたくなな固定観念か誤った考えか何かを持っているのです．

IKB　確かにありますね……それがジェネレーション・ギャップと言われている所以です．私たちは確かに違ったやり方で育てられ，違った価値観を持っていますよね．

C　そうですね，私はいつも打ちのめされていました．

実行する尺度を考案する

IKB　……はい，結構です．そこで，お聞きしたいのですが，私はまだ知る必要があります．いいですか，ここに線を引きます（クリップボードの上に），最高が10，最低が0とします．ですから，0から10までです．

C　ええ，ええ．

[400]　IKB　そして，10は，ここで……（クリップボードに書かれている尺度を指して）あなたは人間らしく何でもできることを示します……

C　やってみます……

IKB　あなたとレベッカとのあいだがうまくいくようにしています，ですので，あなたは少なくとも少しはうまくやっていますよね．

C　ええ．

IKB　結構．その状態がちょうど今だとします．0は……すべてが地獄のようです．嫌な感じですよね？

[405]　C　まあ，そうですね．

IKB　あなたはどこに位置すると言えますか．今，0から10のあいだのどこに位置しますか？

C　多分，2です．

IKB　2．

C　ええ．

[410] IKB　まあ．
C　はい，そうです．はい，そこにたどり着きました．
IKB　まあ，すばらしい．それはすばらしいです．2ですか．
C　それはかなりいいです．
IKB　それは，すばらしいですね……
[415]　C　はい．
IKB　問題がいかに深刻であるかを考えると．
C　ええ，その通りです．
IKB　はい．それを考えると，確かにそうですね．すばらしいです．

　「2」という答えは，一見，比較的低いように感じられ，この反応はクライアントが非常に良くなっているわけではないということを表しているようであるが，この文脈にいるクライアントにとっては，「2」は非常に意味のある進歩と達成を表している．2は，なにしろ，0や「わかりません」とは全く異なるのである．

確信の尺度を考案する
[418の続き]　IKB　では，もう一つお尋ねしてもよろしいですか？
C　はい．
[420]　IKB　今回の，この10は，あなたの願望が全て叶うことを示します．
C　まあ，大変．
IKB　あなたとレベッカのあいだに起きてきたことは知りました．レベッカに会ったこともないのにね．うん．彼女に会ったこともないのに，私は，あなたとレベッカのこれまでを知っているのです．
C　あの子は本当に驚くでしょうね．
IKB　今度は彼女がどういう子なのか，どういう類の子なのかを知

ることです．10は，あなたが望むこと，あなたが求める家族の絆が起こりうると確信している状態を示します．とても自信を持って，それが起こりうる，と．0は，「テントをたたんで家に帰ったほうがまし」，つまりどうにもならない状態を示します．ちょうど今は，0と10のあいだのどこに位置するでしょうか？

［425］ C 確信して？

IKB はい．

C かろうじて5というところでしょうか．

IKB そうですか．

C 5に達するよう努力しています．そうなんです．

［430］ IKB それはすばらしい．すばらしいです．何か……あなたはほんの少しずつやってきたんですね……

C ええ，そうです．

IKB うん，そうですね．

C なぜなら，うーん，彼女のことで努力していますから．

IKB わかります．

［440］ C もし努力しなければ，実際4といったところでしょう，でも私はかろうじて5にいると思うんです．

IKB かろうじて5なんですね．

再び，文脈と，クライアントが自分の話をどういうふうに語っていたかを考慮すると，かろうじて5となった4は，より印象的である．この新しい方向に切り替えたことは成果をあげているようである．確かに「かろうじて5となった4」は，変化が生じるという考えを具体化することとして読みとれる．

［441の続き］ IKB いいですね．5になった時，十分な5である時を想像してください．

C 十分な5ですか？

IKB かろうじてなっている，というのではなく，十分な5です．

C それでは，あらゆることが……

[440] IKB レベッカとのあいだで，何が違っているでしょうか？

C ええと，その時は，本当に安定していて，関係のあり方がもっと鮮明にわかる方法があると思います．

IKB 彼女との関係，ですね．

C はい．

IKB あなたがそうなったと仮定してください．あなたは5に達しました．

[445] C ええ，ええ．

IKB 私は，あなたがどのようにそこへ到達するのかわかりませんが，あなたが5になったと仮定してみましょう．

C はい，わかりました．

IKB 中間地点に達しました．現時点で起こっていないことで，二人のあいだに起こりうることは一体何でしょうか？

C そうですね，それはきっと，こんな感じじゃないでしょうか．目覚める時や道を横切る時に，うーん，何らかの，平和で少し調和しているような感じがあるんじゃないでしょうか．そして，彼女が何かする時にいらいらしてなくて，私が彼女の生活の中に自然に調和していて，彼女が私にこう言うことさえあるでしょう，「いつ出かけるの？ 友達が遊びに来るんだけど，お母さんはここにいる必要はないのよ」と．

[450] IKB ふんふん．

C 私は子どもに怒鳴られたくない，そのために，何とか調和したいのです．私が何か本を読んでいたり……

IKB 5であるならば？

C あるいは家事をしています．

IKB 結果として5になるために，いつあなたはそうできて，いつ彼女はそうできるでしょうか？

[455] C じゃあ，あなたはそう思わないんですか？ もしあなたが中間地点にあるとしたら，そういう部分もあるけれども100％である必要は無い，でもいくらかうまくやっていけるという感覚を持つと思いますけど．完全にというわけではなくて．

IKB ……そうです，そうですとも．

C そうですよね，やってみます．

IKB そうですね．私もいいと思います．いいですよ．あなたが5となったことを想像してください．

C はい．

[460] IKB いいですね．

C ええ．

IKB レベッカは，あなたがどのように違うと言うと思いますか．もし彼女がここに座っていて，私が彼女にこう尋ねたとします，「今あなた，そしてお母さんが5になってますが，どんなふうでしょうか．あなたのお母さんは以前とはどういうふうに違っているでしょうか？」

C ええと，彼女は，私がより母親らしくなった，あるいは訪ねていって話のできるような人になったと思うでしょうね．

IKB それで，彼女は，お母さんのところへ行って話すことを快く感じる，と言うのでしょうね．

[465] C ええ．私ができることは，自分がどう感じているか，そして彼女が，ええ，私のことを理解していることがわかったことを，できるだけ表現することです．

IKB なるほど，わかりました．結構です．それで，彼女は何と言うでしょうか．彼女はあなたからどのような手がかりを得るでしょうか．母親のところへ行って話をしてもよいこと，自分と母親

第12章　かろうじて5になるということ　295

が，16歳の子どもがとてもワクワクするような事について，お互いに無理なく話すことができるということを伝える手がかりを．彼女は何と言うでしょうか？

C　そして事実，これが私にとっていい関係を持つのが非常に困難である理由なんです．私は理解させることができない，今までただやってきただけ，成り行き任せでした．例えば，もし私が彼の家（彼女の父親の家）を訪ね，「もう，レイチェルはどこ？　彼女に手紙が来ているの」と言うと，彼は「それがどうしたんだ？」と言うでしょう．「彼女に手紙か来てるの」「あのさ，人のことに構うな」「どうして私がこの手紙を持っていると思うの？　私はその手紙を渡したいの」「それで，彼女は自分がどこにいるかを君に言ったのか？」そこで私が「いいえ」と言うと，彼は，「だったら，僕は言わないよ」と言うんです．もし私が「レベッカ，レベッカはどこにいるの？　家にいないの，彼女は昨夜帰っていないのよ，あなたのところに寄ってない？　一体どうなっているのか教えて」と言ったとしても．だから私は，彼女の生活に関わる方法と，彼が背後にいることを解決しようとしているんです．たとえ彼女が私と一緒に暮らしていても，彼は基本的に全てを管理していると思います．私が何かするのは困難なんです．私は，彼女が退学するのを見たくない，そうなったら彼に責められますから．

IKB　では，5に達することですね……

C　はい．

[470]　IKB　我々は，あなたとレベッカを変えるべきなのでしょうか，それとも，あなたと元のご主人を変えるべきなのでしょうか？

C　私，私が思うに，もし私たちが彼と無関係になれたら……完全に．

IKB　私はそれはできません．

C　彼を銃で撃ち殺すことはできない？

IKB　きっと，毒をのませたいような気分の時があるんですね？

[475]　C　ええ，そうです……

IKB　わかりました．

C　彼に火をつけてやりたいことも…

IKB　ええ，ええ．でも，それは起こりえないですよね．

C　はい．それはできません．

[480]　IKB　そうですか．彼が変化しそうなところは何でしょうか？

C　……無いと思います．彼が良い人である時は死に瀕している時くらいでしょう．彼は発作が起きた時，すぐに私の家の電話番号が浮かび，それで私に電話してくるでしょう．その時は，私，そこへ出かけていくでしょう．

IKB　そこで，彼が何と言うと思いますか？　彼とあなたが子どもたちのためにうまくやっていくため，彼は，あなた，つまり元の奥さんのために何をすればいいのか．

C　私は彼に本当によくしています．私はいつもよくしています．

IKB　では，彼は何と言うでしょうか？

[485]　C　彼は，私に対してとてもひどい態度です．私はいつもよくしているのに，彼は……

IKB　では，彼はそう言うのでしょうか……

C　彼はそれを望まないでしょう．彼は私に消えて欲しいと思っているんです．ええ．もし私が……彼の最初の奥さんが2年前に亡くなったんですが，「ついてないことに，君じゃなかった」というような感じでした．ねえ，そうなんです．うん．私……

IKB　しかし，彼はあなたとうまくやっていきたいと言うでしょうか？

C　まあ，なんてこと．それは全くないわ．

[490]　IKB　彼は，いいえ，というでしょうね．

C　いいえ，と……

IKB　たとえこれが子どもたちにとって良いことだとしても．

C　そうですとも．彼は，たとえそれが子どもたちにとって良いことだとしても，望まないでしょう．彼は，「方法は無い」と言うでしょうね．彼は二人の子どもたちのことを管理したがっています，そして……

IKB　そしてそれは止められないようですね．

[495]　C　そう思います．

IKB　彼はあきらめないでしょうね？

C　はい．

IKB　子どもたちを管理することを．

C　はい．

クライアントが実際にできることを構成する

[500]　IKB　なるほど．それで，あなたはこれについて何をするつもりですか？

C　それが私が解決しようとしていることです．私にはわかりません．5に達しようと努力はしています．

IKB　わかります，わかります．ええ．それでは，背後に父親がいても5に達することはできるでしょうか，それとも背後に父親がいるかぎり，5にはなれないと思っていますか？

C　そうですね，それがおそらく真実でしょうね．最近，彼がいなくなることをいつも考えていますから．おそらくその時は，5になり，6になり，7になるでしょう．

IKB　6になり，7になりますか．でも，それは起こりそうにないですよね．

[505] C はい.

IKB 殺しでもしない限り……つまり

C ……今度彼が発作を起こした時に, うまいこと敵対する. それはできるでしょうが, でもその時に罪の意識を感じ始めるでしょうね, それを引き起こしたんですから.

IKB ええ, そうですね. あなたはどちらもしたくないのですね. そう, ではどっちですか? 背後に父親がいる限り, あなたとレベッカのあいだを良くすることはできないのでしょうか?

C そうはならないでしょうね. 彼女は, 昨夜また彼のところに泊まったんです.

[510] IKB ええ.

C とても難しいですね. そんなふうには思えないんです.

IKB 本当ですか?

C ええ.

IKB あなたの解決することは何でしょうか, あなたはどうしたいのでしょうか? これら全ての状況について. 彼はいなくならないように思いますが.

歯車を再考案する：クライアントが彼女自身の課題を考案する

[515] C ええと, おそらく私は, 適切に転換する方法を見つけられると思います.

IKB きっと, そうですね.

C おそらく, レベッカに対して.

IKB 結構です. それについてもっと話して下さい. どのようなことですか, はっきりとした何か……

C おそらく, 彼女に話しかけたいと, ええ, そう, 言い始めるでしょうね. それが, 実際, 私のすべきことでしょう. ああ, でも, 車に乗っている時はいつも, 彼女に言われるんです,「いつも何

か話しているのね」と．あるいは彼女は，ラジオをつけるか，ウォークマンを取り出してイヤフォンをつけるんです．思うにおそらく，私たちが，私がタコ・ベルに行って，私たち二人のために何かを買ってきたとすると，一緒に食べながら，何か気の利いたことを言うでしょうね，そう，「あのね……」．

[520] IKB ええ．

C 「私は真剣に考えてきたの．あなたが望むような母親でないことはわかっているわ」．

クライエントがここで話し始めていることと，7章で論議が交わされたケースでのジョン・H. ウィークランドの課題との類似は，かなり印象的である．

[521の続き]「私は，あなたが求めているのがどんなタイプの母親であるのかわからない．あなたに私のことを理解して欲しいし，どうにかして，私に何が足りないか教えて欲しいの，うーん，そして，私たちのあいだがうまくいくために，私に何ができると思うかしら？」

IKB ええ．

C たとえどうであろうと．

IKB あなたは，もし自分がそうしたら，彼女は何て言うと思いますか？

[525] C それは，場合によりますね．彼女が今いい気分か悪い気分かを観察しなければいけないでしょうね．

IKB はい．わかります．

C もし彼女が，彼女が気分のさえない状態だったら，その日は，会話すらできません．でも，まあまあ気分の良い時なら．うん，実際私がすべきことは，彼女の気分を知ることでしょうね．

IKB　ええ，いい考えですね．

C　そして話し始め，しゃべり始めて，そして一撃を受けることになるでしょう……文字通りこっぱみじんに……そしてそれで終わりです．

[530]　IKB　はい．それであなたは，もっとうまく知ることができたら，と思っているんですね．

C　彼女がどんな様子かを知って……

IKB　……それから，彼女に話し始め……

C　そうです．

IKB　……彼女は返答するでしょうか？

[535]　C　わかりません．

IKB　まあ．

C　だって，これは，私が見つけなければいけないことなんです．

IKB　……やってみるだけの価値はある，そう聞こえますが，違いますか？　つまり……

C　ええ，そうです．

[540]　IKB　彼女があなたにとって重要だから．

C　ええ，彼女は私の娘ですから，私は……

IKB　もちろん，そうです．

C　……彼女を，つまらないところで迷わせるようなことはしたくないんです．

IKB　まあ，そうですか．

[545]　C　……彼女のこの先の人生のために，落第……ああ，そんなことだめです．

IKB　そうですね．

C　仲良くやっていくんです．

IKB　なるほど．

C　そう，ええと……

詳細を，詳細を

[550] IKB 彼女がいくらか気分が良いかどうかを，いつどのようにして知るかということに対しいい考えがあって，そしてその時，タコ・ベルに行き彼女に話しかけると想像してみてください……

C まあ，タコ・ベルには行ったわ．

IKB そして，食べ物を持ってきますね．

C はい．

IKB 家に？

[555] C 車に乗っている時だと，私は話しかけようとし，彼女はそっぽを向きます．

IKB：なるほど．

C そこで，そうするよりむしろ，私はただそれを取りに行って，持ち帰ります．

IKB はい．

C そして，気分をチェックします．

[560] IKB そしてチェックする，結構です．

C そのうえで，彼女に話しかけます．

IKB ええ．

C 彼女にとって気分の良い日か，あるいは，何が起こっているかについて……

IKB そうですね……

[565] C その時，もし彼女が良い日を過ごしていて，全てが比較的良い状態であったならば，こんなふうに言うでしょうね，私がこんなふうに尋ねるのは，15分くらいあなたと一緒に過ごしたいからなのよ．それくらいを限度に……

IKB はい．

C ……彼女はこれが続くだろうとは思っていません……

IKB そうですね．

C 彼女は，続けて何時間も私と話をしたがりません．

[570] IKB もちろん．もちろんです．16歳の子の多くがそうですよ．どうやってそのことを知ったんですか？

C あなたと話していて，です．

IKB ええ？

C その中で，それを知ったんだと思います．あなたは私に，そういう質問をし続けていたんですから．

IKB なるほど．

[575] C いろいろと．

IKB 考えるうちに，何をすべきかについていくつかの考えにたどり着いたのですね．

C その通り，その通りです．

IKB いいですね，いいですね．結構です．すばらしい．それでですね，私は質問をし尽くしました．チームの者と話し合ってきたいと思います．それから，いくつかアイディアを持って戻ってきますので．

C はい，どうぞ．

休憩後

[580] IKB 私たちは，いわばあなたが地獄へ行ってそして帰ってきたかのような，あなたの人生がいかに大変だったかということに心を打たれました．

C いえ，私は戻ってきてはいないです．まだそこに居るんですよ．

IKB まだそこに？

C 私はまだ，その渦中にいます．

IKB あなたは戻ってきているように見えますけれども．そんな感じがします．でも，あなたは本当に，とても不幸な経験をしてきています，そしてそれにもかかわらず，あなたはいまだにとても

とても娘さんに献身的です．あなたは，こんな家族の絆を作りたいんですね．あなたと娘さんの間のことや何かをより良くしていきたいのですね．あなたは，父親の過干渉にもかかわらず，レイチェル，レベッカと何とかして家族の絆を持とうと，色々考えてきたように思います．

[585]　C　ええ．

IKB　あなたはまだそうし続けています．

C　ええ．

IKB　そして，ほぼ5まで到達しました．それは驚くべきことです．全く驚くべき事です．私たちは，あなたが考え抜いた方法と能力とを，とてもすばらしいと思います．

C　まあ……そうですね，どうすればいいかということを学ばなければいけませんでした．

[590]　IKB　ええ．でもあなたはそれをやっています．私たちはその例をみてきました．

C　はい．

IKB　考え抜くこと，そしてレベッカと機転を利かせた会話をするという方法を，私たちは気に入っています．そして私たちは，タコ・ベルから食べ物を持って帰ってきた時，彼女がどういう気分でいるか知ろうというあなたのアイディアを取り上げました……

C　ええ．

IKB　そして，座って，このような適切な会話を持って．

C　ええ，はい．

[595]　IKB　私たちはそれについて提案があります．

　この限られた会話についての提案は，ウィークランドの例（第7章）や，このように独特な課題とそれに類似したものについての20年以上の経験からくるもの以上でさえある．

[596] C　はい．

IKB　それは，彼女がどんな気分でいたとしても……

C　ええ．

IKB　いいですか．あなたは，じっと座って，彼女に話しかけてください．話しはじめは，これまであなたがよく言ってきたように言ってください，「私はあなたにとって最悪の母親だったわ」と．そして，そこでやめてください．それ以上先にはいかないでください．

[600] C　はい，わかりました．

IKB　それ以上は何も言わないでください．

C　ええ．

IKB　もしあなたが，何かもっと言いたいと思っても，言わないでください，食べ続けてください．そしてもしどうしても言いたいならば……

C　顔の前に食べ物を置いて……

[605] IKB　食べるのをやめて，歩き出してください．立ち去ってください．

C　ええ．

IKB　そこでやめてください．いいですね．

C　ええ．

IKB　なぜなら私は，そのことが，かろうじて5になることが成功したようないくつかのチャンスを与えることになるかもしれないと思うからです．

[610] C　ええ．彼女が何て言うかをみるためですね．

IKB　彼女が何て言うかを見るために，あなたは関心が無いかのように振る舞うことを提案するのです．

C　はい．わかりました．

IKB　あなたは，彼女がそのことについて何と言うかを知ることに

第12章　かろうじて5になるということ　　305

関心を持たないことです．

C　でも，私は耳を傾けるべきです．

[615]　IKB　もちろん．彼女が近づいてきて，このことについて話すにしろそうでないにしろ，どういう気分でいるのかは見るべきです．彼女がどういうふうに反応するかはわからないのです．

C　ええ，はい．

IKB　わかりにくいことです．

C　そうですね．

IKB　しかし，そういうものですよ．

[620]　C　ええ．

IKB　それ以上はやっていけません．そしてこれが，最初の一歩です．小さな第一歩です．それ以上のステップがまだたくさんあるでしょうが．

C　はい，わかりました．

IKB　そうです，いいですか．

その後のセッションで，クライアントは，事態は良くなったと報告している．しかしながら彼女は，どのように良くなったかを述べることはできなかった．また，その判断を下すための基準について述べることもできなかった．彼女はまだ，かろうじて5にあるという状態のままであるが，以前よりは良くなっている．

尺度を通じて，セラピストとクライアントの両者は，治療が成果をあげたかどうかを判断する方法を見つけ出すことができた．明らかに，厳密に5が意味するものはおそらく謎のままだろう．5あるいは，より5らしくなることは，4よりも良く，そしてそのことが本当に重要なことなのである．

第13章　表層——そこに解決を求める

> 体，線，計画，原因と結果，動作と静止，形式と内容といったもの
> を仮定することによって，我々は自ら生活世界を整えてきた．
> これらを信じることなくして，今日生きていくことはできない．
> しかし生活世界はそれらの拠り所の正しさを証明することはない．
> 人生は論拠とはならない．人生は誤りを含んで
> いるのかもしれないのだ．
> ——フリードリヒ・ニーチェ（Nietzsche, 1974, p. 177）

　どんなワークショップ，セミナー，面接のトレーニングにおいてもよく質問されることがある．クライエントが自分の意志で来た時よりも，誰かに連れてこられた時の扱い方についての質問である．夫が妻によってよこされたり，連れられて来ることもあれば，その逆もある．また子どもが両親に連れられて来ることもあれば，誰かがケース・マネージャーや仮釈放観察司，保護観察司などによって連れられて来ることもある．

　私の見方からすると，これらのケースは見た目ほど異なっているものとはいえない．どの場合でも，人々がセラピストに何を求めて来談してくるのかを知らねばならない．それは彼の生活を変化させることかもしれないし，周囲の人の生活を変化させようとするものかもしれない．さて，彼らが目的としているものを手に入れたかどうか，どのようにして知られるのであろうか？　連れてこられた人についていえば，早くもう来ないでもいいと言われることだけかもしれない．もちろん彼らを連れてきた人物は，セラピーの中味に期待しているのである．

　ある意味で，連れて来られた人も，来させた人物もどちらもがク

ライアントである．もし，よこされた人が望んでいるものが得られても，来させた人物の望んでいるものが得られなかった場合，我々の仕事は本当に成功したと考えられるであろうか？　もし，来させた人物の望んでいるものが得られても，よこされた人の望んでいるものが得られない場合，それは成功と考えられるであろうか？　どちらの場合でも，私の答えは「否」である．セラピーが成功したとみなされるためには，双方がセラピーに求めているものをできる限り得る必要があるのである．

　もちろんこれに関して例外もある．特に，来させた人物がある特定の問題とそれに関するある特定の解決があると考えているのに，よこされた人はそう考えていない場合である．言い換えれば，来させた人物がセラピストと一緒に，よこされた人が問題を抱えていると確信したいと望んでいる場合である．たとえ，よこされた当の本人が問題がないと考えていても！　おそらくそのような場合に期待されることができる最善のことは，よこされた人が来させた人物を悩ませないように援助することである．もちろん来させた人物の視点で見れば，これは我々が失敗することを意味するかもしれない．

誰がクライアントなのか？

[1]　スティーヴ・ド・シェイザー（以下 SdeS）　ええと，私たちはチームとしてセラピーをしておりまして，チームの何人かがそちらの後ろに控えています．私たちを助けるべく，セラピーを見聞きし，頭を働かせながら．30分かそれくらい後で，あなたが話していたことについて私は彼らと相談しに行き，それから戻ってきて，私たちの考えをあなたにお伝えしようと思います．それが私たちのやり方です．それで，どういったことでここにいらしたのですか？　あなた自身のことばでお願いします．

［2］ クライアント（以下C） 彼女に．［笑いながらケース・マネージャーを指して］

明確かつ単純．しかしながら疑問は残っている．この「クライアント」は自分のために何かを望んでいるのだろうか？

［3］ SdeS え？ どうして？
［4］ C 彼女が，私が問題を抱えているって……食事の問題で，ええと，私は食事に問題があるのは分かっているのだけれど，だからといって困っているわけではないんです．
［5］ SdeS うんうん．彼女がね．それなら彼女がセラピーを必要としているわけだ．［笑いながら］
［6］ C ええ……［笑いながら］
［7］ SdeS あなたからすればね．
［8］ C ええ．
［9］ SdeS 分かりました．それでは私たち，つまり私とあなたはどのように知るでしょう？ 彼女が……
［10］ C 彼女が正しいということですか？
SdeS いえいえ，いえいえ．あなたがここに来る必要がないと彼女が納得する時を，あなたと私はどのように知るでしょう？
C 私が自分で食べることができた時です．
SdeS うんうん．
C 無理矢理ではなく．吐くこともなく．
［15］ SdeS うんうん．分かりました．なるほど．では，そうすればあなたがここに来る必要がないと彼女は納得するでしょうか？
C 納得しますか？［ケース・マネージャーに聞く］
SdeS あー，いえいえ，いえいえ．

C あ，私の視点からでしたね．

SdeS そう，あなたの視点からです．

[20] C はい．

SdeS はい？

C はい．

SdeS それは1度でいいのですか？ もし1度だけ吐かずに自分から食べたら，彼女は納得するでしょうか？

C いいえ．

[25] SdeS なるほど．

C 1度きりでは，彼女は私が無理していると思うだけです．

SdeS うんうん．では吐かずに食べることを続けて……

C はい．

SdeS 他には？ そうでなければ，それはどのくらいの期間続けなければならないのですか？ どのくらい……

[30] C 死ぬまでずっと．

SdeS ……続けば彼女を納得させられますか？ なんということだ．それじゃあ，彼女は絶対納得しないですね．[笑い]

C ええ．[笑い]

SdeS あなたは死ぬまでずっとここに連れて来られるつもりですか？

C いいえ．1週間くらいだと思います．

[35] SdeS 1週間くらい？ あなたが思うのは1週間……？

C 分かりません．ただ言っただけです．

SdeS あなたはそう思ってるんですね．

C はい．

SdeS なるほど，なるほど．じゃあ彼女に少し聞いてみましょう．でもその前に，他に彼女が納得するようなことはありませんか？

[40] C ［間があく］私が1日3食，食べることができた場合で

す．それは基本的に彼女が望んでいることなので．

SdeS　彼女が納得するまで何日かかりますか？

C　彼女が納得するまで何日かかるかですか？

SdeS　はい，あなたが1日3食を食べる場合です．

C　ええ．

[45]　SdeS　何日でしょうか……

C　彼女を納得させるのに？

SdeS　はい．

C　それは，私がたゆまず努力をすることです．

[50]　SdeS　あなたも彼女もここに来る必要がないと思うように，彼女を納得させることです．何日続けばいいでしょう……1日3食とって彼女を納得させるには．もう連れて来る必要がないと……

C　分かりません．

SdeS　……あなたをここに．考えてみて下さい．

C　うーん．うーん．私が彼女と治療を受けている限りですかね……分かりませんけど．

SdeS　うん．

[55]　C　分からない，分かりませんね．

SdeS　なるほど．

C　私はただ……うーん……彼女に直接聞いて下さい．その方が手っ取り早い．私には分かりません．

SdeS　なるほど．それでは，あなたが問題として考えているのは，1日3食を食べないことですか？　それとも食べるのだけれども吐いてしまうことですか？

C　うーん．

　この時点で，「クライアント」がこの摂食の問題を，ケース・マネ

第13章　表層　311

ージャーが問題と考えている以上のものとして考えているのかどうかは全く分からないままである.「クライアント」の望んでいるものは,せいぜいケース・マネージャーを悩ませないことなのであろうか?

[60] SdeS 分かりました.［ケース・マネージャーに向かって］それで,今のは当たっていますか.あなたはそれで納得しますか? 今の二つのどれかひとつで? その両方? それとも他のこと?

ケース・マネージャー（以下 CM） 彼女が食べ物に耐えられるようになることです.

SdeS うんうん.

CM 彼女が妊娠したとき,食べ物を摂ることができなくて餓死しそうだと……いうものですから.

SdeS うんうん.

[65] CM それで私たちは彼女をとても心配しました.

SdeS うんうん.それで,あなたはもし問題が解決したら,どのようにそのことが分かりますか? 彼女が食べ物に耐えられるようになる時,あなたはどのようにそのことを知るでしょう?

CM 彼女が食べ物を吐かずに胃におさめた時です.

SdeS うんうん.どれくらいの量で,どれくらいの期間?

CM そして気分が良くなることですね.

[70] SdeS ええと,気分が良くなってくる.でもそれはまた別のことですよね.

C ［笑う］

SdeS ……食べ物を胃におさめておくこと,についてですね.彼女がどのくらいの量を食べ,どれくらいの期間それをやり続けたら,あなたは納得するのですか? 彼女が……

CM　何ヵ月かです．

SdeS　何ヵ月．

[75]　CM　ええ．

SdeS　うんうん．

C　死ぬまでずっとってことです．

SdeS　それはあなたが死ぬまでずっとということではないと思いますけど．

CM　ええ，6週間．

[80]　SdeS　6週間．なるほど，なるほど．それなら，あなたが死ぬまでというよりも，ほんの少し短くなりましたね．1週間よりはほんの少しだけ長いけれども．分かりました．それであなたは，気分が良くなることとも言っていましたよね．

CM　ええ．

SdeS　それはどういう意味ですか？　彼女が気分が良くなったことを，あなたはどのように知るでしょう？　別の表現で言うとどのようになりますか？

CM　彼女がもっとエネルギーを持つというか．うーん……

SdeS　彼女はあなたにエネルギーをどのように示すでしょうか？　あなたはそれがどのように分かるでしょう？

[85]　CM　彼女が寝ずに起きていられることです．彼女は1日中ベッドで過ごして寝ています．私が電話をかけると，それで起きるんです．

SdeS　うんうん．

CM　そして彼女がもっと行動的になること．

SdeS　うんうん．彼女はどんなことをやるようになるでしょう？

CM　週に4日，治療を受けに来ます．

[90]　SdeS　うんうん．

CM　うーん……社会参加して，もっと機敏になるでしょう．

C　週に3日.

SdeS　うんうん,分かりました.週に3日か4日……ね.

C　何日も……今はやっています.[笑い]

[95]　CM　[笑い]

SdeS　[笑いながら]分かりました.では彼女がより行動的になって,そして……

CM　もっと機敏で.

SdeS　もっと機敏.あなたは彼女が前より機敏になったことをどのように知りますか? どんなシグナルがあなたに発せられるでしょう?

CM　全く気力が衰えなくなるでしょう.テーブルに座ったり,横たわったりしない.カウチにも横にならない.

[100]　SdeS　うんうん.

CM　そしてエネルギーがもっとあるような感じで振る舞う.

例外の構成

SdeS　うんうん,うんうん.今までそのような彼女を見たことがありますか?

CM　エネルギーがあるような彼女をですか?

SdeS　うんうん.

[105]　CM　うーん.2回ほど.

SdeS　それはいつのことですか?

CM　彼女が子どもを産んだ時です.

SdeS　うんうん.

CM　……病院で.

[110]　SdeS　それで,それはいつですか? どのくらい前のこと?

CM　だいたい1ヵ月前ですね.

SdeS　なるほど．うんうん．
CM　微笑んでいて，威勢良く振る舞う彼女を見たと言えるのは，それが初めてだと思います．
C　［笑い］
[115]　CM　彼女は食べるようになって，
SdeS　うんうん．
CM　彼女はついに食べ物を口にするようになって，うん，私は彼女と一緒にかかりつけの精神科医のところへ行きました．すると彼女は前より機敏で，よく話していました．
SdeS　うんうん．それはいつのことですか？
CM　2，3週間前です．

　二つの例外が見出された．そのためこの時点で，このケース・マネージャーの求めているものはクライアントが適切な行動を学ぶことであると分かる．

[120]　SdeS　うんうん．ええと，精神科医ですか．なるほど．そうすると我々は，精神科医とあなた［ケース・マネージャーを指しながら］を仲間に持っているわけですね．そして今，あなたがたはここに来ている．どうしてでしょう？　なぜそのことについて，その精神科医のところに話しに行かないんですか？
CM　行きました．
SdeS　うんうん．
CM　医師からここを紹介されまして……
C　それでここに来たんです．
[125]　SdeS　うんうん．
C　ええ．
SdeS　では，どうしてあなた方は精神科医に診てもらっているの

ですか？

C 彼はあのお医者様のことを言っているの？

CM ええ，そうよ．

[130] SdeS 私はその人を知りません．あなた方が診てもらっていた人は誰も……3週間前にね．

C それは……

SdeS なぜ？

C ［笑い］私が神経質だからです．いえ，うーん……

SdeS 誰がそんなことを言ったのですか？ あなた自身，それとも彼ら［ケース・マネージャーを指しながら］……それとも他の誰かが？

[135] C いろんな人が，私は心を落ち着けなければならないと……しかし私が診てもらっているのは，薬をくれるからです．

SdeS ああ，なるほど．

C ……自分をコントロールするために．

SdeS 自分をコントロールするために薬が必要なのですか？

C ええ．

[140] SdeS どうして？

C 私は躁うつ気味なのです．

SdeS うんうん．

C それで私は，自分をコントロールするために，基本的に薬を飲まなければならないのです．

SdeS どのくらいの期間薬を飲んでいるのですか？

[145] C 1992年の3月20日からです．

SdeS うんうん．その薬はあなたに効きますか？

C ええ．

SdeS あなたが十分なエネルギーを持っているとは思えないと彼女は言っています．その薬はそんなに効くのですか？ それは

……

C 私は薬と一緒に食べ物を口にすることができません．

[150] SdeS ……その薬で，あなたはそんなに落ち着くのですか？

C 私は食べ物を口にしません．私はただ薬だけ飲むのです．毎日ではありませんが．

SdeS うんうん．

C 今でこそ薬を飲んでいますが，[笑い] 以前は思うようにいきませんでした．

SdeS うんうん，うんうん．それで，あなたが思うように薬を飲み始めたのはいつですか？

[155] C だいたい2週間前ですね．

SdeS 2週間くらい前ですか．あなたは何か違いに気づきませんでしたか？

CM ええ．

SdeS 何も？

CM ええ．

[160] SdeS けれども，もっとエネルギッシュになったのではないのですか？ あなたは先ほどそう言いましたよ．この2週間でよりエネルギッシュに見えませんでしたか？

CM うーん，何もかもってわけではないんです．彼女は貧血も起こしましたし，赤ちゃんも生まれて，いろんなストレスがあって，でも……

SdeS うんうん．

CM ……今彼女はほんとに一生懸命頑張っています．

SdeS うんうん．

[165] CM それから……

SdeS うんうん，うんうん．分かりました．それで，あなたはど

のように関わっているのですか？

CM 彼女は私たちのところに通所してくるクライアントでした．そしてデイケア・プログラムに連れて行っていました．コカインとかの……

SdeS うんうん．

CM ……常習者を対象としたプログラムで．それでも彼女はほとんど食べ物を口にしませんでしたし，元気になりませんでした．それどころか，彼女は飲み物も徐々に口にしなくなっていったのです．

[170] SdeS うんうん．

CM けれども私たちは本当に気がかりでした．なぜなら，彼女自身も赤ちゃんも，飢え死にしてしまうから，それで……

SdeS うんうん．

CM それで彼女の治療プランは，食べ物を口にすることだったのです．

SdeS うんうん．

[175] CM 彼女が自分で選んだものを食べて……

SdeS うんうん．

CM ……彼女がそうやれる時に．けれども，彼女は毎日食べ物を口にしなければならなくなったのです．何かを．

SdeS うんうん．

CM 毎日何かひとつを．

[180] SdeS うんうん．

CM で，彼女は一生懸命やりました．

SdeS うんうん，なるほど．

CM でも彼女は食べ物をもどすと言っています．私は知りませんでした．

SdeS なるほど．では……

[185] CM　それで，危機的だったのは，彼女が最近ビールを24本も飲んだことなんです．私が「どうやったら24本もビールを飲めるの？」と聞くと，彼女は「吐いては飲むのよ」と答えました．

SdeS　うんうん．

CM　だから私，言ったんです．ええと，このことを考えなくてはいけないと．

SdeS　うんうん，なるほど．

CM　彼女は今，私のサポートが必要なのです．

[190] C　私は今，彼女のサポートを必要としています．怖いからなんです．

SdeS　何が？

C　ひとりでいるのが怖いのです．

SdeS　どうして？

CM　[笑い]

[195] C　私は．

SdeS　あー，あなたは，ええと……何が怖いのですか？

C　自分ひとりでいることが怖いのです．どうして今ひとりでいるのが怖いのか．

SdeS　ええ．

C　私には分かりません．

[200] SdeS　あなたは何が怖いのですか？

C　分かりません．

SdeS　私の言っている意味が分からないのですか？

C　いいえ，分かります．[笑い]変に思うかもしれませんが，私はひとりでいるのが怖いんです．何が怖いのかは分かりません．私はただひとりでいることが怖いのです．よく分かりませんけど，人が話す内容が怖いのかもしれませんね，分かりませんが．そんなことだと．

SdeS ふむ．
[205] C 分かりませんけど，そう思います．
SdeS うーん，なるほど．それじゃあ……
CM 前にあなたは，いつも約束を守れるか怖いと言ったことがあるわよね．
C ええ，その通りです．ひょっとすると，新しい状況に対して恐怖があるのかもしれません．
SdeS はあ……
[210] C なぜならここに来たのは初めてですから．
SdeS はい．分かりました．とにかくある意味そうでしょうね．はい．ええと，[間があく] そうですね，ちょっと変わった質問をします．

セッション中のこの時点で，クライアントはだんだんと落ち着きがなくなっていた．ついには膝をドラムに見立てて，両手でリズムを取り始めた．私が「変わった質問」と言うと同時に，彼女の落ち着きない行動は止んだ．

[212] C 分かりました．
SdeS いいですか？
C ええ．

奇跡の翌日の構成

この時点まで，クライアントとケース・マネージャーと私は「目的志向の言語ゲーム」に巻き込まれていた．それは，何が問題であるかというケース・マネージャーの考えと，彼女がクライアントにとってのよかれと考えることからできあがっていた．今や我々には，ケース・マネージャーの求めているものが分かる．しかしクライア

ントが求めているものについては，ケース・マネージャーが問題とみなしているものに関して分かるだけである．

　ユニット［211］で，クライアントがこのセラピーから何を求めているのかを彼女自身が理解するのを援助しながら，私は「解決志向の言語ゲーム」に変え始めている．彼女はケース・マネージャーが彼女のためによかれと考えている目標の話し合い以上のものを求めていることがはっきりとした．

　少なくともこのセッションでは，目標と解決との違いは明白である．問題に関してクライアントがこのセラピーに求めるものが目標であり，問題とはまったく別にクライアントがこのセラピーに求めるものが解決なのである．

［215］SdeS　ええ，あなた方二人に，いやまずはあなたから参りましょう．こんな夜を思い描いて下さい．おそらく今夜，いやある夜あなたは眠りにつく．そしてあなたが眠っている間に奇跡が起こります．いいですか？

C　ええ．

SdeS　そして問題が……彼女があなたをセラピーに来させることになった問題が解決してしまいます．［指を鳴らす］ただそれだけです．いいですか？

C　ええ．

SdeS　けれども，寝ている間に奇跡が起こったために，あなたはこのことを知りません．

［220］C　ええ，分かりました．

SdeS　次の朝あなたが目覚めて，その日のうちにあなたはどのように奇跡が起こったことに気づくでしょうか？

C　目が覚めて，朝食を用意して……

SdeS　うんうん．

C　……それから食事をとって……

[225]　SdeS　うんうん．

C　……子どもと一緒に．そして吐かないでて．

SdeS　うんうん．何を食べますか？

C　何を食べるかですか？

SdeS　うんうん．

[230]　C　ゆでた……固ゆで卵を2つに，ベーコンに，それとおそらくトースト．

SdeS　うんうん．

C　それからジュースも．

SdeS　うんうん．吐かずにね．

C　そう．

　彼女の食事をより細かく聞くことはたいてい好ましい．なぜなら，このように細かい点を聞くと，かなり「現実味を帯びたもの」になり得るからである．

[235]　SdeS　うんうん．なるほど．それで奇跡の後，どんな……他にはどんな点がいつもと違ってます？　他にあなたはどんなことに気がつきますか？

C　自分の家に住んでいます．母と一緒に住むのではなくて．

SdeS　うんうん．

C　空色の美しい車を持っています．

SdeS　なるほど．うんうん．

[240]　C　より幸せな人間になっているということです．

SdeS　うんうん．それはどのような形で現れますか？　あなたが今はしていない，どんなことをするのですか？

C　働こうとしています．

SdeS　うんうん．

C　うーん．

[245]　SdeS　特にどういった職業ですか？

C　秘書です．今習っているワープロがもっと上達して．

SdeS　うんうん．

C　うーん．幸せな人間になって……別人のようになるでしょうね．

SdeS　うんうん．どのように……

[250]　C　食事に関する問題もなくて，体重も意識しなくなっているでしょう．

SdeS　うんうん．

C　私たちは幸せな家族になっていると思います．私と子どもと……

SdeS　うんうん．

C　……私の恋人と．

[255]　SdeS　うんうん．もしお子さんが話せたら，この奇跡が起こったことにどのように気づくでしょうか？

C　わめきながらではなく，微笑みながら目を覚ますことかしら．

SdeS　うんうん，なるほど．他にお子さんが気づくことは？

C　うーん．私が無理せず食事をすることでしょうか．

SdeS　分かりました．

[260]　C　うん．それから，上の子どもの勉強を手伝う代わりに，もっと多くの時間，子どもと遊びます．

SdeS　うんうん．

C　それだけではなくて，子どもには子ども自身の時間も与えます．

SdeS　うんうん．なるほど……他には？

C　そんなところだと思います．

[265]　SdeS　分かりました．それで，あなたの恋人は奇跡が起きたことにどのように気づきますか？

C 私が食事をとって，お酒を飲まなくなるのが彼には分かるでしょうね．

SdeS うんうん．

C 煙草を吸いさえしないでしょう．

SdeS うんうん．

[270] C まあ，なんてすばらしい！［笑い］

　彼女は自分自身の描いた奇跡に驚いたのであろうか．

[271] CM ［笑い］

C 私は，うん，マリファナも吸わなくなります．

SdeS うんうん．

C 免許をとります．

[275] SdeS 免許？

C 彼は驚くでしょうね．うん．

SdeS 何の……？

C 車の免許です．

SdeS 車の免許ね．なるほど．

[280] C 彼は本当に驚くと思うわ．

SdeS うんうん．

C うーん，彼にいいえと言えるようにもなります．罪悪感を感じることなくね．［笑い］彼にいいえということに罪悪感を感じなくなるんです．

SdeS うんうん，なるほど．それで，特にあなたがそう言いたい事柄はありますか？

C いいえ．単にいいえと言うことです．

[285] SdeS うんうん．

C 私は彼にいいえと言いたくはないんです．実際のところ，子ど

もにもいいえと言いたくありませんし．けど，いいえと言わなければならないこともあります．
SdeS　うんうん．あなたは彼よりも子どもにいいえと言う方がいいですか？
C　はい．というのは，子どもたちは私の目をまっすぐに見ることができないので，罪悪感を感じずにすむからです．
SdeS　うんうん．なるほどね．それでも時々は彼にいいえと言うこともあるんですね．何か……他に何か彼が気づくことは？
[290]　C　私がもっと幸せになって．
SdeS　うんうん．
C　もっと微笑むようになって．
SdeS　もっと微笑むようになる．
C　そう簡単には落ち込まないようになるでしょうね．今ほどすぐにはくよくよしません．
[295]　SdeS　それはどういうことですか？　代わりに何をするでしょうか？
C　彼らと一緒に笑っています．
SdeS　うんうん．
C　たとえ嫌でも……あら，これは奇跡の話ですね．嫌がることなく彼らと笑っているでしょう．
SdeS　うんうん．あなたは嫌なのですか？
[300]　C　いいえ．
SdeS　いいえ？
C　もう嫌だとは思わないでしょう．これはあくまで奇跡ですから．
SdeS　うんうん．
C　それらしく振る舞わなければならないわけですから．
[305]　SdeS　分かりました．
C　うーん．けれど，彼は私が幸せであると本当に分かるでしょう

ね．私がすべてやることができたら，望んでいることを……

SdeS　うんうん．

C　……人生をうまくやろうとね．お金のことを心配することもなく．うーん，食べ物や洋服や，つまり必要なものを手に入れることができるということです．

SdeS　うんうん．

[310]　C　そして，私が必要なものを手に入れたら，私の……私の問題が解決したと彼は思うでしょう．

SdeS　なるほど．それはいつもとは違っていますか？

C　ああ，はい．彼は何かが違っていると分かるでしょう．

SdeS　とにかく何かが違っているのですね．はい．うん，なるほど．

C　こんなところでしょうか．

[315]　SdeS　分かりました．

C　おっと，もうひとつありました．いえいえ何でもありません．

SdeS　はい？　どうぞ続けて．

C　いえいえ，いえいえ．

CM　言わなくてもいいの？

[320]　SdeS　いいんですね？　なるほど，分かりました．

C　分かっているんでしょう？

SdeS　とてもプライベートな個人的なことなんですね．なるほど，分かりました．では，お母さんは奇跡が起こったことをどのように知るでしょうか？

C　母がどのように知るかですか？

SdeS　うんうん．

[325]　C　母と私は話をするでしょう．

SdeS　うんうん．

C　仲が良いと思います．

SdeS　お母さんに対して，この奇跡が起こったという最初の表れは何でしょうか？　彼女は最初に何に気づくでしょう？

C　私が母に何か言っても，それに対して母は批判しなくなって，実際に聞こうとしてくれるでしょう．

[330]　SdeS　うんうん．

C　それから，その後私はそれほど悪い気分にはならないでしょうし，泣くこともないでしょう．私たちは実際に話をします．互いに分かり合えるでしょう．

SdeS　うんうん．なるほど，なるほど．うーん，それでは，彼女は［ケース・マネージャーを指しながら］奇跡が起こったことがどのように分かるでしょうか？

C　彼女がどのように分かるかですか？

SdeS　うんうん．彼女に話さなかったら，どのようにあなたは［ケース・マネージャーに対して］分かるでしょう？

[335]　C　彼女はなんとなく分かるでしょう．［笑い］彼女はいつも何となく分かっているんです，うん．

SdeS　彼女はあなたの中にどんなシグナルを読み取るでしょうか？　どのようにして分かるのでしょう？

C　起こったこと全てからです．母とマイクと子どもに関する全てのことです．彼女には分かります．

SdeS　うんうん．

C　私が目的にたどり着いたと．

[340]　SdeS　うんうん．

C　落ち込まなくなって，ドラッグやお酒や煙草と完全に縁が切れて．

CM　ええ．

C　私は多分……［笑い］うん，いえ私は毎日料理を作ることはないかな．

CM　［笑い］
[345]　SdeS　毎日ではないんですね．
C　それはいくら奇跡が起きたといってもね．
CM　［笑い］
C　そればかりは奇跡が起きてもどうにもならないわ．
SdeS　［笑いながら］なるほど．週に何日くらい料理をするでしょうか？
[350]　C　えー，5日ですね．
SdeS　5日．うんうん．
C　あ，いいえ，金曜と土曜と，それから水曜の夜もしないから，料理をするのは4日ですね．
SdeS　うんうん．なるほど．週に4日料理をするわけですね．それはかなり強力なシグナルになるでしょうね．
C　それからお金を上手に使えるようになるでしょう．
[355]　SdeS　うんうん．
C　うーん……以前のように全て時間通り行なうでしょう．
SdeS　うんうん．
C　そして学校を出て仕事に就くことができるでしょう．それから治療や，子どものことや，食事や，たくさんのことを1日のうちにバランスよくこなすでしょう．
SdeS　うんうん．
[360]　C　それで，うまく対処することができる．
SdeS　うんうん，うんうん．なるほど．
C　それからドラッグを絶って，自分をコントロールします．
CM　治療薬のことね？
SdeS　治療薬？
[365]　C　はい．ええ，そうです．
SdeS　あー，なるほど．

C　治療薬を飲まなくてもいいようになります．
SdeS　なるほど．他に何か？
C　ありません．
[370]　SdeS　分かりました．
C　他には思い付きません．
SdeS　それでは思い出したら教えて下さい．

　「クライアント」のミラクル・クエスチョンに対する反応と，自分や周囲の人々が奇跡の後どのように影響を受けるかということについて彼女が述べたことはかなり多く，細部まで詳しく説明されている．特に彼女がケース・マネージャーに連れて来られているという文脈の中で．[236]までは，会話はケース・マネージャーが捉えている問題に全体的に焦点が当てられている．従って，目的はクライエントの目的ではなく，ケース・マネージャーの目的となっている．奇跡が起きた次の日についてクライエントが描いたことは，単に普通に食事をとることだけではない．この時点で，クライアントが自分のために何か（解決）を求めていて，単にケース・マネージャーを悩ませないために（目的）面接に来ているのではないということが私には徐々に明らかになってきた．

[372の続き]　あなたはどうですか？　このことにどのように気づきますか？　どうでしょう？
CM　決まりきったことを聞かなくても良くなるでしょう．「薬は飲んだ？」とか．
C　「食事はしたの？」とかね．
[375]　CM　そう，「食事はしたの？　何を食べたの？」ってね．
SdeS　どのように？　何に……どのように気づくでしょうか？　そのようなことを尋ねる必要がなくなるということですか？

CM　おそらく彼女の振る舞い方の変化に気づくと思うんです．

SdeS　うんうん．

CM　部屋に入ってきて，他の人と同じように台所へ行って何か食べ物を作る．誰も拍手しない［手をたたきながら］．それが当たり前のことで，特別なことではなくなっている．

[380]　SdeS　うんうん．

CM　食べ物が好きだとか，これは私が作ったのよ，とさえ彼女は言うかもしれない．

SdeS　うんうん．

CM　彼女は料理が楽しいと思う．

SdeS　うんうん．彼女が今はやっていないことでするようになることは何かありませんか？　例えば偶然彼女と通りで出会った場合など，明らかにはっきりとしたシグナルであるような．今のとは他の状況で．

[385]　CM　レストランで彼女に会えたら素晴らしいでしょうね！［笑い］

SdeS　なるほど．

CM　そしたら私は彼女のところに行って，うん，大きな声でガミガミ言わなくてもよくなるでしょう．

SdeS　なるほど．ではレストランで偶然彼女に会ったら，あなたはどんなシグナルに気づきますか？

CM　ええ．彼女がそこで食事を楽しんでいるように見えるでしょう．食べ物をつついて遊んでいるのではなくて．でも……

[390]　SdeS　うんうん．

CM　もしかしたら，彼女はお母さんと一緒にそこにいるかもしれないわ……昼食を食べていて．

SdeS　なるほど，なるほど．

C　それは奇跡ね！

CM ［笑い］

[395] SdeS それは奇跡に思えますか？

CM 奇跡でしょうね．

SdeS うーん．なるほど，なるほど．で，あなたのお友達はどうですか？ 奇跡が起こったことにどのように気づきますか？ どのようにそれを知るでしょうか？

C 友達？ うーん．友達がどのように奇跡が起こったことを知るかですか？ 彼らが食べ物の話をしても，吐きそうにならなくなると思います．

SdeS うんうん．

[400] C ええ．みんなが昼食の合図をしたら，私も合図を返します．

SdeS うんうん．なるほど．

C そして昼食をとるでしょうね．みんなと一緒に．

SdeS それから，うん……

C セックスに溺れなくなったと話すでしょう．そうすれば，奇跡が起こったと分かるでしょうね．［笑いながら］

[405] SdeS あー，なるほど．

C なんて，すごいんでしょう．

SdeS ええ．

C ああ，すごい．

CM ［笑い］

SdeS では，誰か，友達にそのことを話したとしたら，彼らはあなたの身に何か起こったのだと分かりますか？

C はい．

SdeS うんうん．なるほど．

C そうですねえ，2，3人は分かるでしょうね．

SdeS うんうん．

[415]　C　あとの人は，おそらく私が嘘をついていると言うでしょうけど．[笑いながら]

「進歩尺度」の考案

SdeS　分かりました．では，ええと，こんなことをやってもらいたいのですが．ただちょっと想像してみてもらいたいんです．うーん，0から10までの尺度を想像してみて下さい．

C　ええ．

SdeS　10は奇跡の次の日にあなたに起こること全てが起こった状態を表します．それが10の意味です．

C　ちょっと待って下さい．もう1度説明していただけませんか．

[420]　SdeS　10は，あなたが先ほど話した内容が全て起こった状態です．

C　奇跡の日のことですか？

SdeS　奇跡の後の日．その通りです．

C　分かりました．

SdeS　それで，0が意味するのは，えー，私は知りませんけど，最も悪いどん底です．

[425]　C　分かりました．

SdeS　今日あなたはどのへんだと思いますか？　[ケース・マネージャーに向かって]彼女はどのへんだと思いますか？　正直に，思った通り言ってみて下さい．今日あなたは0から10までのどこでしょうか？

C　10は奇跡の後の日を表すんですよね？

SdeS　うんうん．

C　0は最悪の状態を表している．

[430]　SdeS　うんうん．

C　うーん，今日はだいたい3くらいでしょうか．

SdeS　だいたい3なんですね．
C　　そう思います．
SdeS　なるほど．あなたはどうですか？
CM　　5ですね．

　このように，最悪の状態からはいくらか良くなっている．興味深いことに，また驚くことに，ケース・マネージャーはクライアントよりも良くなっていると思っている．しかもなお彼女はクライアントをよこさせた人物なのである！

[436]　SdeS　あなたは5ですか．なるほど，なるほど．それであなたはどう思いますか……彼女が5と言っていることを……
C　　ええ．
SdeS　……あなたは3と言っていますけど．彼女はあなたが気づいていないどのようなことに気づいているのだと思いますか？　どうして彼女は5と言うのでしょうか？
C　　分からないけれども，嫌味かしら？
[440]　CM　　[笑い]
C　　あなたはどう思いますか？　私に教えて下さいよ．
SdeS　ええ，彼女が何に気づいているか？
C　　うーん．おそらく私が今ここにいて，気分が良いからではないでしょうか．
SdeS　うんうん．
[445]　C　　そんなに神経質になっていないから．
SdeS　うんうん．
C　　うーん，分かりません．あなたはどう思いますか？
SdeS　しかし彼女があなたよりも2点も高く言うなんて，驚きませんでしたか？

C 驚きません．

[450] SdeS 驚かない？

C 彼女は私とは違うように思っていますから．

SdeS ああ，なるほど．

C 特別なことでも何でもないんですよ．

SdeS うんうん，なるほど．いや私は驚くことだろうと思ったものですから……

[455] C そういえば，私が微笑んでいるということも，彼女が5を付けた理由でしょう．

SdeS うんうん，うんうん．それには私も驚いていますよ．

C 私の状態は1日の中でも違うし，日によっても違いますからね．はい．

SdeS それで，今とは違うどんなことがどのように起これば，あなたは5と言うでしょうか？

C もし医者が私にもっと座っていなさいと言わなければ，5と言っていたでしょうね．

[460] SdeS うんうん，なるほど．

C そして他の人が無理矢理私を座らせようとしなければね．

SdeS うんうん．

C なぜなら，私は初めての場所では長く座っていられる気がしないのです．地獄のように最悪なことに思えます．

SdeS はい，うんうん．それであなたが5であったら，あなたはどのようにそれが分かるでしょうか？

[465] C その忌々しい部屋で，息苦しくなったり体が硬直したりしなくなることかしら．

SdeS なるほど．

C それはひどく嫌なことだし．

SdeS うんうん．

C　こんなことはうんざりなんです．

[470]　SdeS　なるほど．他には？

C　そんなところです．

SdeS　分かりました．

C　うん，それだけですね．

SdeS　うんうん．で，そうなるには何が起きなければなりませんか？

[475]　C　私が担当医の言うことを聞かなければなりません．

SdeS　うんうん．

C　もっと気楽に，とかね．

SdeS　うんうん，あなたとっては容易なことではないんですね．気楽にするということは．

C　はい．

[480]　SdeS　気楽にするということはあなたにはとても難しいんですね．

C　そうです．

SdeS　なるほど．

C　私にとっては，ただ座ってじっとしているということがとても困難なのです．

SdeS　うんうん．

[485]　C　それから，1日中寝ているということも．

SdeS　うんうん．

C　つまり，私はこの世で最も活動的な人間というわけではないけれど，周りの人にお願いしてやってもらうよりも，自分で自分のことをやりたい時もあるんです．基本的にはそうなんです．

SdeS　うんうん，うんうん．それでもしあなたが担当医の要求に従うとすると……

C　ええ．

[490] SdeS ……その問題が解決するのにどのくらいの時間がかかりますか？

C おそらくそう長くはかからないと思います．

SdeS そう長くはかからない？

C おそらく．

SdeS うんうん．

[495] C 担当医の言うことを聞かなければ，永遠に解決しないでしょうけれども．

SdeS うんうん．ええと……それであなたは何をする必要があるのでしょうか？

C 彼の言うことに従うことです．

SdeS あなたがそうできるようになるためには，どんなことを，何をする必要がありますか？

C 靴を隠すことかなあ．わからないけれど．

[500] CM うーん．

C 私，私，私には本当の解決にはならないか．靴下のままで部屋から出て行ってしまうものね．

CM まあ．

SdeS ああ，それなら靴と靴下を隠さなければならないな．

C 裸足のまま部屋から出て行ってしまうでしょうから，それは無意味ですよ．どこかに私をくくりつけて，動けないようにするのもいいかもしれませんね．私が言いたいのは，基本的にはそういうことかしら．窓をボルトで固定する．私が窓から外へ出られないようにね．

[505] SdeS なるほど．

C 基本的にはそんなところです．つまり私がただ座ってじっとしているために，実際できることはないということです．

SdeS あなたが決心しない限り……

C　あるいは，あるいはそう自分にさせない限り……

SdeS　自分自身でそうやることをね．

[510]　C　でも周りにあるもの全てを，私が満足いくようにきちんと整頓する．

SdeS　うんうん．

C　そうすれば，座っていられるし，リラックスできるわ．

SdeS　なるほど．それで，そのようにするには何があなたに必要ですか？

C　ええと，子どもたちは眠っていて，洋服が洗濯されていて，アイロンがかけられていなければなりません．

[515]　SdeS　うんうん．

C　寝室がきれいになっていて，つまり私の寝室ね，あと台所がきれいになっていること．つまり，家全体が，全てがきれいになっていることです．

SdeS　うんうん．

C　私の目にかなうくらいにね．

SdeS　うんうん．

C　私の期待に添っていて．そしたら私は汚いコップを見なくて済むかもしれない．分かりませんけどね．

SdeS　うんうん．

C　分かりませんが，例えばそうです．

SdeS　うんうん．

C　今のところは単にそういった感じです．

[525]　SdeS　うんうん．でも，あなたはそうできないと分かっているでしょう？

C　はい，できないと思います．

SdeS　それは私もそう思いますよ．ええ．

C　それは私にはちょっと難しい．

SdeS では，あなたは何をするつもりなんですか？

[530] C 私……私に分かります？ 私は，私はおそらく今夜子どもとゲームをするでしょう．分かりませんけど．

SdeS うんうん．

C ええ，それから私はやろうと，手伝おうとするでしょう……

SdeS うんうん．

C 子どもが自分の名前を書けるようにね．

[535] SdeS うんうん．

C 完璧にね．

SdeS うんうん．けれどもあなたは，この苦しい問題については何をするつもりですか？

C できないわ［笑い］．それを変えることはできないわ．ただその問題と付き合っていかなければならないのよ．

SdeS どんなふうに？

C つまり，私が彼の言うようにリラックスした気分でいられたら，問題は解決するわけです．

SdeS うんうん．でもあなたはそうすることができないわけですね．

C 私は今夜子どもの名前を書く練習に付き合ってあげたいと思います．名前の書き方を教えてあげたいのです．

SdeS うんうん．

C でもそれは，子どもが学校で習っていることだから……

[545] SdeS そうですね．

C 私は他にももう少し何かしてあげられると思うわ．そうね，もっと漫画のテープを聴かせてあげようかしら．

SdeS うんうん．

C そして物語を読んであげて．

SdeS うんうん．

C そして夕食を済ませたあと，ゲームをやるの．でも私，私は今夜ぜったいにリラックスするとかしないとか，頑張ろうとか，リラックスすると思うとか，そういうことではないんです．ただやってみようということで．

「リラックス尺度」の考案

SdeS 分かりました．ではあなたが今夜リラックスした気分でいられたら10，リラックスできずにまったく見こみなしの状態ならば0という，0から10までの尺度があるとします．

C うーん……2です．

SdeS 2ですか．

C いや，あの，私は，私は本当に本当にやってみるだけなんです．

[555] SdeS うんうん．

C つまり私は本当に頑張ってやってみるということなんです．一生懸命．ただ考えてみるとそれは大変です．

SdeS うんうん，うんうん，うんうん．

C ああ，もう．

SdeS 分かりました．では私がチームのところへ行く前に，もう2つほど質問をします．うーん，あなたが最近，もどすことなく1日3食口にしたのはいつですか？

[560] C 1989年です．

SdeS うんうん，うんうん，なるほどね．

C それが最後にまともに食事をした日です．

SdeS 3食ね，はい．なるほど．それでは1日に1食でも吐かずに食事をしたのは最近いつですか？

C 今日です．

[565] SdeS 今日ですか？

CM ええ．

SdeS　どのようにして？

C　私は食べたものを戻したくなかったのです．

SdeS　うんうん．

[570]　C　その場に恋人がいたものですから．

SdeS　うんうん．

C　いいえ，彼がそこにいたから吐かなかったのではないわ．食事をごちそうしてくれた人がいたから，吐かなかったのです．

SdeS　うんうん．あなたはどのようにして吐かないでいられたのですか？

C　彼が，食後に私を風呂場へ行かせなかったのです．強制的に．

[575]　SdeS　うんうん，うんうん．それであなたは何を食べたのですか？

C　サンドイッチです．

SdeS　何のサンドイッチ？

C　ハムとチーズの．

SdeS　うんうん，うんうん，なるほど．それで，彼はいつもそのように，ええつまり，影響力を持っているのですか？

C　彼が［ケース・マネージャーと一緒に］私のセラピーに来るようになってからは，今週からはそうです．

SdeS　うんうん．

C　はい．

SdeS　うんうん，うんうん．

C　もう，やだー．

[585]　CM　[笑い]

C　彼は火曜日からこんな感じでしたね．［ケース・マネージャーに向かって］あなたはとんでもない化物を創り出したものねえ．

SdeS　彼は，あなたが1から10のうち，どこであると言うでしょう？　あなたは3で，彼女は5と言ってましたけど．彼はあなた

がどこであると言いますか？
C　1から10まででですか？　彼はおそらくケース・マネージャーさんと一緒ですね．
SdeS　彼は彼女と一緒ですか．なるほど．それで，あなたがそのサンドイッチを食べた後……
[590]　C　私はむかむかしてきました．
SdeS　それからあなたは吐きたかったが，彼はそうさせなかった．それとも彼がいるためにあなたは吐けなかった．いずれにしてももどさなかったんですね．
C　彼は私を風呂場へは行かせません．
SdeS　ええと……それであなたは，それについて苦々しく思っていると言っていましたよね．つまりあなたはサンドイッチが好きではないのですか？
C　私はサンドイッチが私の中に入るのが好きではないのです．
SdeS　なるほど．それで，むかむかした気分がなくなるのに，どれくらいかかりましたか？
C　サンドイッチが完全に消化されるまでかと思います．
SdeS　大体どれくらいですか？
C　分かりません．
SdeS　それでは，いつあなたは完全に消化したのですか……どのように？
C　横になりました．サンドイッチを吐きに行けないので，横になって，寝てしまいました．
SdeS　うんうん，うんうん．なるほど，なるほど．それであなたはどれくらい寝ていたと思いますか？
C　大体2時間くらいですね．

「実行尺度」の考案

SdeS　大体2時間くらいですか．分かりました．ええと，それでは今度はこれまでとは別の0から10までの尺度があるとします．いいですか？

C　ええ．

SdeS　そのあと，しばらく時間をとります．えー，その尺度で10は，あなたが10に近づけるように提案したことをほとんど完璧にやるつもりであることを意味し，0はその反対を意味します．

C　［笑いながら］分かりました．

SdeS　あなたは0から10のどのあたりですか？

C　今ですか？

SdeS　うんうん．今日の，今の．

C　［間があく］大体10かしら．だって私は，彼女が問題と考えているものを解決したいもの．

SdeS　彼女を悩ませたくないんですね．

CM　［笑い］

C　基本的にはそうです．

SdeS　分かりました．私は5分か10分で戻ると思いますので．

休憩後

　クライアントの10は，自分自身の10，つまり自分が望んでいるものを得るためなら何でもするという意味なのだろうか？　それとも，ケース・マネージャーを悩ませないためなら何でもするという意味なのだろうか？　［603］から［614］の前でクライアントは，自分自身，子ども，母親，友人，恋人が奇跡の起きたことを知る手がかりを38個挙げている．しかしながら，［603］から［614］では，ケース・マネージャーを悩ませないことに依然目が向いたままである．誰がクライアントなのかという疑問は未だに残っている．

クライアントは，（奇跡の次の日を表す）10に対して，今の自分に3をつけている．そして担当医の言うことに従い，苦しい思いがなくなって，もっとリラックスした気分でいられたら，彼女は5であるということを知るだろう．私は故意にクライアントの4について尋ねなかった．なぜなら，彼女の5はあまりに厳密に定義されており，このように数字が厳密に定義された場合，尺度の効果がなくなってしまうからである．

[615] SdeS　よろしいでしょうか．
C　はい．
SdeS　分かりました．チームと私は，あなたが奇跡の次の日についてとても詳しく話してくれたことに感心しました．このように話せるということは，あなたが自分の考えや価値観を持っていて，自分が進みたい方向を知っているからだと思います．
C　ええ．
SdeS　そして，そこにたどり着くことは，少なからず厳しい作業であるかもしれません．おそらく相当厳しいかもしれない．
[620] C　覚悟しています．
SdeS　それで，私たちはあなたがどのようにそこにたどり着けるか確信は持てません．けれど，そこにたどり着こうとして努力する価値はあると思っています．それで，私たちが今度会うまでにあなたにやっていただきたいことは，あなたが3から4になり始めて，そして4になった時に，あなたがしたこと，あなたの周りで起きたことを何でも観察してほしいのです．でもこれは自分だけの秘密にして下さい．ことによったらメモかなんかして，特にケース・マネージャーにだけは秘密が漏れないようにして下さい．いいですか？　あなたが3から4になった時，彼女がそれに気づくことができるかどうかみてみましょう．いいですね？　それか

ら，チームと私は，あなたが今日ここに［ケース・マネージャーを］連れて来たいと思ったことに感謝しています．というのは，彼女の見方は微妙にあなたと違っていて，とても役に立つと分かったからです．ですから，チームと私は，あなた［クライアント］にはまた今度来てもらいたいと思っているし，あなたが今度来る時は，彼女［ケース・マネージャー］を連れて来てほしいと思っています．それで，私たちがあなた方にやってほしいことはこのようなことです．［クライアントに向かって］あなたが4になったらすぐに，彼女に電話をして次の予約をとってください．あなた［ケース・マネージャー］は，彼女が4になったと感じたらすぐに彼女に電話をして予約をとって下さい．どちらが先かな？

CM　うーん．

SdeS　ええ，どちらが先でしょうね．

C　分かりました．［笑いながら］［ケース・マネージャーに向かって］ということは，あなたは私の気持ちを読みとらなければいけないわけね．

　さて，クライエントが3から4に上がるかどうかということは，さしあたって問題ではなく，そうなったことをどちらが先に気づくかということが問題なのである．すなわち，ケース・マネージャーが次の予約をとるために電話をかける前に，クライアントは3から4にならなければならない．そして私は，彼女が3から4になること，またどちらが先にそのことに気づくか楽しみにしていると彼らに伝えているのである．明らかに，最初に一方が気づいたということは，他方がそのことに気づいていないということを意味するのではない．ただそれに気づいたのが2番目であったということを意味するだけなのである．二人ともセラピーに来て望んでいるものを手

に入れることに興味があるように思われたので，このようにして彼女たちを二人とも同時にクライアントにすることができるのである．

　もちろん，私はクライアントが先に気づいて，先に電話する方がよいと考えている．またもケース・マネージャーの方がクライアント自身よりも良くなっていると思うよりは，私やケース・マネージャーに自分が良くなったことを示す方が，クライアントの自尊心を高めることになるだろう．

　私たちは，「クライアント」にまたセラピーに来てほしいとお願いし，ケース・マネージャーに付き添って来てほしいのなら別に構わないとも言った．私たちは，自分で決めるという「クライアント」の権利を尊重するために，次回の予約日を決めないでおくことにした．全体的にみると，クライアントがセラピーに来たがっているのかどうか，それとも単にケース・マネージャーを悩ませたくないだけなのかどうかが，今一つはっきりしない．235から610まで，私は彼女が単にケース・マネージャーを喜ばせるためだけにそこにいるのではなく，自分で何かを手に入れたいと思っているという確信をどんどん強めていた．

　ケース・マネージャーから，何週間か後に状態がほんの少し良くなって，クライアントが少なくとも3から4にはなったという報告を受けた．ケース・マネージャーは，そのセッションでクライアントに役立ついくつかの方向性が彼女に与えられたと感じ，クライアントも彼女ももう面接は必要でないと考えていたのであった．

第14章 ちょっと待って,
     それが奇跡なんだ！

> 過去から未来を設計することはできないものだ.
> ——エドマンド・バーク

　1980年代中期以前には，私や仲間たちは，アルコールや薬物乱用を他の問題とは違ったものとして常々考えていた．それは，アルコールや薬物の「乱用」問題に関して，短期療法家を訪ねるようなクライアントは比較的珍しかったからとも言える．「疾病モデル」(Fingarette, 1988 ; Peele, 1989)は広く受け入れられ，それによって乱用者はより専門化した援助を求めるようになった．つまり，短期療法を修得したジェネラリストよりは，薬物・アルコール問題を専門とするカウンセラーによって提供されるような専門的なものをである．私たちがこの見解を受け入れた背景には，ベイトソン(Bateson, 1972)[1]の，アルコール中毒や断酒会についての疾病概念からきた特典というのが最も大きい理由である．家族療法や短期療法の発展と成長に影響を与えたシステムやシステム理論について考えるベイトソンは，断酒会の見解を，システミックに「正しい」ものである (Bateson, 1972 p.337) と述べている．ベイトソンによれば，アルコール中毒患者が一度いくところまでいってしまうと，もう逃げ道は無い．彼らは，いくら努力しても飲まないということは出来ないことを思い知らされ，しかし一度いくところまでいってしまえば，飲み続けることは死あるいは狂うことを意味するというこ

---

[1] アルコール中毒はベイトソンが長年に渡る精神医学領域の仕事のなかで，唯一研究対象として取り上げた「病気」である．第5章を参照.

とも知っている．そしてアルコール中毒者は，必ず2つの「悪い」選択肢から選ばなければならない．いくところまでいってしまったアルコール中毒患者が位置するのは，ベイトソンと彼の仲間 (Bateson, Jackson, Haley & Weakland, 1956) が「ダブルバインド」と呼んだ状況の一例なのである．ベイトソン (Bateson, 1972) によれば，ダブルバインドから逃れる唯一の道は，断酒会の言う「降伏」だけである．

この見地からすると，断酒会に紹介することがセラピストにとって良識のある唯一の手段であろう．なぜなら，ベイトソンが述べたように，「アルコール中毒者更正会とは……アルコール中毒者の扱いに成功した目立った記録である」(Bateson, 1972, p.310) から．(ここでのいわゆる成功，というベイトソンの考えは全て「断酒会の出版物のデータに基づいている」[Bateson, 1972, p.310]．)

しかし，ベイトソンの見解は全面的に，断酒会によって定義されたアルコール中毒という病気の概念と，断酒会の出版物から得られている．いったん断酒会が定義したものとは何か違うやり方でアルコール中毒が定義づけられたならば，ベイトソンの問題への主張は，少なくとも疑問視されることになるだろう．

展望の変化

ここ数年に時々，様々な理由によって，アルコールや薬物の乱用問題を抱えたクライアントは，問題を扱うための援助を求めて短期療法家を探した．(例えば，de Shazer, 1982, pp.50-64, 133-134 を見よ) このような時にも私たちはこれらのケースを「いつもどおり」に扱ったが，この「乱用」ケースに対する成功率は他のケースのものと差が無い，ということが判明した．私たちはこのようなケースの成功を「まぐれ」と見なしていた（アルコール中毒に対しても例

外ではない).それゆえ,成功の理由は以下のどちらかであろうと考えていた. a) クライアントは普通ではない方法で病気を克服した普通でない人間である.またはb) 診断ミス,すなわち,アルコール中毒という本来の診断が間違っていた.だが結局は,アルコール乱用問題への対処は短期療法家に持ち込まれる他の問題への対処と何ら変わりはないのではないかという方向に,私たちの見解は変わっていった.これらのケースは(アルコール中毒モデルにおいては)例外的な事と伝統的には見られるかもしれないが,短期療法の範疇では「いつものこと」と見なされるようになったのであった.(例として,Berg & Miller, 1993; de Shazer, 1988, p. 132-138, 145-150, 152-159 を見よ)

このような私たちの見解の変化は,ここ数年にわたり展開してきた,より広い状況でのアルコール中毒の全体概念の変化にも見合っている.多分この変化はアルコール中毒の治療について,アルコール中毒は常に「飲み始めると止まらない」,それゆえにアルコール中毒はコントロールできない,という広く持たれている信念にまず影響を与えることになるだろう.

> 一般的なアメリカ人がアルコール中毒について
> 科学的真実と信じている事のほとんどは誤りである.
> (Fingarette, 1988, p. 1)

デイヴィス(Davies, 1962)は,「回復したアルコール常用者における正常な飲酒」という論文でアルコール中毒の概念に弔鐘を鳴らした.この論文以前は,アルコール中毒は,多かれ少なかれ単純でかつ統一的概念を含む病気と見なされていた.絶対禁酒はアルコール中毒へ残された唯一の方法と思われていたし,今もなお多くの人にそう思われている.なぜなら中毒段階では,「どんなことをしてでもアルコールを手に入れなにがなんでも飲み続けたい,という抗

しがたい欲求（Davies, 1962 p. 94)」が存在するゆえというわけである．とはいえ，デイヴィス（Davies, 1962）が，回復した「アルコール常用者における正常な飲酒」を考案したことにより，アルコール中毒の概念はその永久の汚点をまぬかれることになった．我々は「死ぬまでアル中」のような世間の常識の正当性を疑うべきなのである．

　おそらく1962年以前においても，時にアルコール中毒者の中には，アルコール中毒の一部やそれと関連するような問題をなんら生じること無く，再び飲酒し始める者がいるということを一部の臨床医は知っていた．だが，デイヴィス以前には，このような例外は，まぐれ・偶然の出来事・誤診などの，真性の中毒ではないのにそう見なされた，つまり誤診であるとして退けられたのだった．まぐれ・偶然の出来事・誤診とされた，これらの例は取るに足らないものでありアルコール中毒のようなものとは無関係として除かれた．デイヴィスもまたこのようなケースの発見を隠しておけたであろうに，論文の執筆を決意し，この意味においては少なくとも回復したアルコール常用者の「正常な飲酒」というものを考案したのだ．アルコール中毒は，長い間そうであって，そして今も多くの人に病気と見なされている．そのため，アルコール中毒に関するその他の（標準的ではない）見解の全ては辺縁に追いやられ，つまらないものであり，補足的なものとみなしてしまうような全体概念がアルコール中毒にはある．それゆえ，その他の見解は無視される．デイヴィス（Davies, 1962）そしてデイヴィス，スコット，マレーベ（Davies, Scott & Malherbe, 1969）の業績は，この概念に対する危険な補遺であり，教科書に対し真剣に制限を加え異議を唱えた脚注なのである．

　論理的に考えて，もし「回復した」アルコール中毒者が正常な飲酒を再開できるとするならば，それはアルコール中毒の概念の内に一つの可能性として含みこまれなければならない．もしそれがたと

え偶然の産物だとしても，また極少数のクライアントにとってしか可能でないにしても，この偶然の結果は必要欠くべからざる可能性となるのだ．このように，アルコール中毒は，ある特殊なケースにおいてのみであっても，クライアントは正常な飲酒をまた始められるかもしれないという可能性を込めて再定義される必要がある．

ヘザーとロバートソン（Heather & Robertson, 1981）は，これに続く一連の研究を通して以下のような結論に至った．

> アルコール中毒者の行動が「まず神経心理学的なメカニズムや内的動因に影響を受ける」かどうかを決定する有力な根拠はない．中毒者の飲酒が環境によって形成され，飲酒行動が形成されたのと同じ原理によって修正できるという立証とは無関係なのである．誰もが極端な行動主義者になる必要はないし，内的状態を語ることは科学的ではないと思いこむ必要もないのである．また，飲酒行動に隠された意味を理解する必要もないのである．もしアルコール中毒者の飲酒が健常者の飲酒と同じような方法で修正可能なものであるならば，アルコール中毒を特別な病気として述べる意味もなくなり，また，アルコール中毒者に一般的に見られるどうにもならないコントロールの喪失についての原因を求める意味もなくなる．結果として，治療における禁酒要求への理論的根拠は根本的に必要なくなるのである．(pp. 126-127)

論理的にも経験的にも，もし病気があるならば，そこには原因があるにちがいないということに気づくことも重要である．しかしながら，「なぜ［ある］人々がアルコールを多量摂取するようになるのかについて，その因果関係を説明する研究は……無い．事実，一つの'疾病'に対し一つに寄せ集めたような'原因'を見出そうとする試みは，繰り返し研究者を迷わせてきた」(Fingarette, 1988, p.

65).

　統一された定義が無いことや，アルコール中毒の疾病概念の弱体化は，「降伏」がアルコール中毒から逃れられる唯一の可能性だというベイトソンの知見を完全に危うくした．定義によってはアルコール中毒者は大勢いるということになるし，また，より極端に言うならばアルコール中毒者などはいないということにもなる．明らかに，一つの治療法を全員に当てはめるようなやり方は，多くのクライアントには適さないということを意味する．治療の多様性．それが最も適切な選択に思える．

文　脈

> 文脈．それが鍵である．そして発言の意味が常に非言語を含む文脈によって決定されるという事実ゆえに，意味論は，言語学研究の領域において最も困難なものとなる．実際の発話における意味を，純粋に言語学的な見地から分析することなど決してできはしない．なぜなら，話し手と受け手そして話題との関係は言語学的データの中には存在しないからである．　　　　　　　　　　　(Lodge, 1990, p. 78)

　出来事が起こった状況というものは，その出来事をどう記述するかに影響を与える．もちろん，出来事と文脈は別々のものでなく，きっかりと区別するなどできないことなのだ．文脈が出来事に影響を与える一方，出来事は文脈に影響を与える．しかしながら，少なくともある部分においては，出来事を取り巻く文脈は出来事自体に意味を与える助けとなる．出来事が起こった文脈や状況は言語を用いて記述され，また文脈は私たちにとって何が起こっているかを理解し記述する助けとなるため，文脈は，出来事それ自体に影響を与える曖昧さと同様のこととなる．

　文脈は可能性に制限を加える．そして，ある行動を不可能にする

という点で選択の自由を制限することさえできる．例えば，自分の教授と床に座りながら食事をするのは普通であり，日本や韓国では望ましい態度といえるが，ドイツでは考えられないことだろう．アメリカなら，教授と床に座って食事をするのは，教授，状況，場所如何による可能性となる．つまり，自分の教授と床に座って食事をともにすることができるかどうかは，それが起きている文脈によるのである．行動は――文脈を参照することなしには――それだけでは良いとも悪いとも言えないし，また良いとも悪いとも言える．つまり，決めがたい問題なのである．

同様に，アルコールの乱用は真空状態で生じるわけではない．人間の他の行動と同じように，乱用を取り巻く文脈が存在するのだ．実際，文脈は，乱用を「乱用」と定義するのに役立ち，また同じく，「乱用」として知られる行動の重大な一部となるのである．すなわち，ある特定の文脈においては（そう，矛盾する例として断酒会），ビール一杯飲めば「乱用」と見なされるかもしれない．他の文脈でなら（パブなど），3パイント飲んでも「正常」と見なされるかもしれない．

明らかに，状況に巻き込まれた様々な人々は，個々の行動に関する文脈の一部となるのである．多量の飲酒は，多量に飲む人々の中では「正常」と見なされるが，モルモン教徒の家族と同席の食事では多すぎると見なされるかもしれない．実際，多量に飲酒する人々と一緒にいて，たった一杯のビールしか飲んでいないことに気づかれたなら，「異常」と見なされるかもしれない．

治療という点から見て，文脈はかなり重要である．なぜならば，行動や態度の変化は，それのみでは起こらないためである．文脈における何らかの変化は，適切な飲酒や飲まない状態を促進するかもしれないし，文脈における変化は，適切な飲酒や飲まない状態を強化するのに役立つかもしれない．

「25万ドルで十分」

［1］　スティーヴ・ド・シェイザー（以下 SdeS）　ええと，何も知りませんので，あなたについて教えてください．あなたは…

［2］　クライアント（以下 C）　ええと，ここに参りましたのは……

［3］　SdeS　いやいやそうではなくて……あなたについて，あなたはどんな人なのかを教えてください．

［4］　C　名前はフランク・ジョーンズです．年は32歳，えー……

［5］　SdeS　好きなことはなんですか．

［6］　C　バスケットボールが好きです．

［7］　SdeS　バスケットボール？

［8］　C　ええ．

［9］　SdeS　何か他には？

［10］　C　ボーリングです．

SdeS　ふんふん．

C　うんと飲んで，音楽かなんかを聞いていますね．

SdeS　どんな音楽ですか．

C　基本的に，なんでもですね．

［15］　SdeS　そうなんですか？

C　ええ．

SdeS　特に好きなものはない？

C　特には……

SdeS　いいでしょう．では，どんなふうにお金を支払っていますか．

［20］　C　ええと，そう……妻と私……私たちが一緒に払います．

SdeS　なるほど．いいですよ．

C 仕事については，そう，世の中で一番良い仕事とはいえないのですが，なんとかしのいでいます．

SdeS ふんふん．

C 欲が深いのでしょう．

[25] SdeS どんなことしてるんですか？

C いろんなことやってきました．

SdeS ええ．

C ここ数ヵ月は．

SdeS そうですか，わかりました．では，なぜここにいらっしゃったのですか？

[30] C そう，今，飲酒問題に取り組んでいます．

SdeS ふむ．なるほど．それで，あー……

C 時々飲んで……

SdeS あなたはこうおっしゃいましたよ，今……

C ええ，取り組んできてますよ…

[35] SdeS ほう．

C でも，今がまさに，自分の人生にとって本当に飲まなければいけない時期のように，何かしなければいけないような時期に思えて．これまでは治療を受けていたんですから．

SdeS わかりました．

C 自分がどの位深刻に受け取っているかは疑問ですが，それがどんな状態かはわかっているのです．

SdeS ふんふん．

[40] C それで，私，私は，自分の中毒に気づいていて，そのことがあなたにとってどんなことなのかもわかっています．現実的になっていると思うんです．馬鹿なことはしていませんから．

SdeS わかりました．それで……何度かコントロールしようとした．そうですね？

C　はい．何回も．

SdeS　ふんふん．なるほど，わかりました．それで，あー……

C　思うんですけど……中毒に関しては……あなたから見たら，状態が良い時もありますし，思うほど良くない時もありますね．それで……あなたは……

[45]　SdeS　ええと，ここ数週間はどうですか？　何日かはほかの日よりいいですか？

C　何日かはそうです．……良くなっていました．

SdeS　ふんふん．そうですか．最近で最も良かった時はいつですか？　その……無い……

C　問題の無い……

SdeS　ええ．

[50]　C　毎日のちょっとしたことなんですが．

SdeS　ふむ．

C　体のちょっとしたことなんですが，実際……飲むと気持ちが悪くなるんですよ．そう，私にも他の人と同じように，人生における悩みってのがあるんですかね．

SdeS　ええ，もちろんそうでしょう．確かに．

C　でも，今は体の方が，大変になってきていますね．

[55]　SdeS　ふんふん，なるほど．

C　(不明瞭)……コントロールできないんですよ．食べることが．

SdeS　ふんふん．わかりました．

C　食べる習慣とか，何やかんやと．

SdeS　わかりました．

[60]　C　それで……うん．

SdeS　でも，何日かは……ない．全然飲まないのですか？

C　しばらく，飲まずに過ごしたことはありませんね．

SdeS　そうなんですか？

第14章　ちょっと待って，それが奇跡なんだ！　355

C　ここ何ヵ月かは．

[65]　SdeS　そうですか．

C　毎日，一日中ビールを飲んで．寝るまで飲んでました．

SdeS　ふむ．わかりました．いいでしょう．ええと……では，うん……それで，前に治療を受けていたといっていましたよね．

C　はい．私は……

SdeS　それで，役に立った治療とはどんなものでしたか？

[70]　C　なんですか？

SdeS　あなたにとって役立った治療は何でしたか？　何が役立ちましたか？

C　あなたは治療を知っているでしょう，そう，一番長かった治療は良くご存じかもしれない──［有名なプログラムか］？

SdeS　ふんふん．

C　ええ．そこに3ヵ月いました．

[75]　SdeS　そうですか．

C　よかったですよ．

SdeS　ええ．

C　ええ．本当によかったんです．

SdeS　そうですか．

[80]　C　平和で，静かで，問題っていうんでしょうか，いろんなことから遠ざかっていましたから．

SdeS　どんなことからも．

C　隔絶されていました……

SdeS　そうですか．

C　……違う雰囲気の所から．そして，そう，自分自身を保つことができて，体の調子も良くなるし，パターンをつかむことができるんです．

[85]　SdeS　そうですか．

C　とても良かった．

SdeS　ふんふん．

C　街では，そんなふうになれませんよ．だっていつも鎖でつながれているようなものですから．わかるでしょ．

SdeS　それで，後……

[90]　C　治療センター…

SdeS　……そこにいた90日で，どのくらいそんなふうに続けられたのですか．

C　だいたい1ヵ月半です．

SdeS　ふんふん．

C　だいたいね．

SdeS　わかりました．

[95]　C　そして，最高だった時期は，飲まない頃，もっと若い時，最初に飲み始めた頃のようにね．

SdeS　はあ．

C　乱用していなかった頃……

SdeS　ふんふん．いいですよ．

[100]　C　良かったんですよ……

SdeS　ふんふん．

C　そう，忙しくして，空白を埋めていれば，それでうまくいっていたんです．

SdeS　ふむ．いいでしょう．でもそれは，乱用してもできることだった．

C　そうしたのは……

[105]　SdeS　ええ．

C　2，3ヵ月前の，4日間くらいです．

SdeS　ふんふん．

C　でも正しい決断はできなかった．断酒会に行かなかったんです．

SdeS　ほう．

　もし乱用しないことや断酒会への通所が彼にとって役立つのなら，もし有効なら，それが飲酒問題の解決の一部となるであろう．しかしながら，私たちにはまだ，彼の解決方法が狭く限定されているものなのかどうかはわからない．

[110]　C　そう，私は，サポートを必要としていた．そこには行かなかった．
SdeS　ふむ．
C　ただ家に居続けることをやめて，禁断症状から抜け出した．でも同じように終わってしまったんです．
SdeS　ふんふん．
C　私は，呪文は解くことができると思うんです．
[115]　SdeS　ふむ．できますよ．それで，ちょっと変わった質問をしたいんですが，あー，考えて欲しいんですが，あー……今晩，家に帰って，ベッドに入って，寝ます．すると，奇跡が起こるんです．いいですか？　それで，あなたがここに来るに至ったような問題が解決するんです．
C　ほう．
SdeS　でも，あなたはそれを知りません．
C　ええ．
SdeS　眠っている間に起こるからです．
[120]　C　はい．
SdeS　いいですか？
C　結構です．
SdeS　それで，明日の朝起きたら，どんなことに気づくでしょうか．もしかしたら奇跡が起こったのでは，という手がかりは何が

与えてくれますか？

奇跡の起きた翌朝を構成する

C 多分，頭痛が無いでしょうね．

[125] SdeS なるほど．はい．

C なにか残した感じはしないでしょうね．

SdeS ふむ．

C なぜならば，そう，夢の中では時に，何かをやり終える機会を持てないですよね．それで何かし残したような気になってしまう．

SdeS そうですね．

[130] C 終わってもくっついくる，全然関係なくて，くだらないものみたいな．

SdeS ふむ．

C 多分ハイな気分になるでしょう……

SdeS そうですね．ええ．

C ……ナチュラル・ハイに．

[135] SdeS わかりました．それで，どんな感じでしょう．それについてもっと教えてくれませんか．

C どんな感じかということですか？

SdeS ええ．そのナチュラル・ハイがね．

C うれしい，いい気分です．サンタクロースやクリスマスを初めて知った時のような……

SdeS ほう．

[140] C 雪とプレゼントがあって……

SdeS ふんふん．わかりますよ．

C あの感じ．朝早く起きたら，プレゼントがあってサンタクロースがそこに居た．そんな気分ですよ．

SdeS はい．はい．わかります．その結果として，目が覚めたら

こんな風に感じるのですね，ナチュラル・ハイで，うれしい感じ．それで，あー，あなたにそうさせるのはどんな違いなんでしょう……その日にね？　その日の始まりにどんな違いが起こるんでしょうか．

C　そりゃあ全く違うことでしょうね．

[145]　SdeS　ふんふん．

C　そんな日がきたら……

SdeS　ええ．

C　そう，いい気分で起きて，歌いながら，したことがないことをちょっとしてみる，ちょっと起きて，家中を掃除して，床にモップをかけて……

SdeS　いいですね．

[150]　C　あなたは，私にこんな感じを受けるんじゃないでしょうか，なにかとても元気で……

SdeS　そうですね，そして……

C　……力強く，喜んで，いいこと全てをするような，ちょうど，ええ，そう……何日間も，やり方は知っているのに今まで放っておいたものを．

SdeS　結構です．いいですよ．

C　いい気分で，飲まないでいられるような．

[155]　SdeS　ふむ．

C　今，自己評価も相当低いと思うんです．やってみる価値のあるようなことでも，全くしたいと思わない．唯一重要なことが明日の缶ビールを探しまわること……

SdeS　ほう．

C　そして，眠りにつく……

SdeS　わかりました．それで奇跡が起こった後，どんな違いがあると思われますか？　ビールを探し回るのでなくて，代わりに何

をするんでしょう？

[160]　C　そんな毎日に加えて，普通に……

SdeS　ええ．

C　仕事をする．

SdeS　ええっと，それもそうですね．ええ，確かに．何でも結構ですが，今奇跡が起こったことをあなたに知らせるような，何か本当に違うことは何でしょう．そうですね，仕事以外に，これが奇跡だという目印となるようなものは他に何か？

C　どうなるかは分かりますね，いやかなあと思う人でも，そう，まわりにいてもそんなに気にならないでしょう．

[165]　SdeS　ふむ．

C　多分，彼らとうまくやっていくでしょう．

SdeS　なるほど．

C　たぶん，近寄って，握手するんです．そう……

SdeS　ふんふん．

[170]　C　するとかしないとかいうわけではなく，車を止めて，お年寄りが道を横切るのを手伝うかもしれません．

SdeS　ふんふん．

C　いつか，そう，少しだけ止まって待ちながら，ちょっと先に行かせて，渡り終わらせるような．

SdeS　ああ．

C　そんな特別な日なら，車を止めて外に出て，彼女が道を横切るのを手伝うかもしれません．

[175]　SdeS　そうですか，そうですか．それで……

C　そんなことが教えてくれるんです．実際に，奇跡が起こったって．だって，奇跡が起こらないなら，私はとってもケチくさくて，すねてるでしょう．

SdeS　ふむ．

C　もうただ，人を非難したりするわけでないし，ほんとに，ええ，人々に対し誤った見方をするというわけでもないんです．ただ，そう，私はすねたタイプなんでしょう．

SdeS　そうですか．

[180]　C　こんな感じですよ．もし店でですよ，あなたが足を踏んだら，そんな風に見ますよねえ．そうでしょ．間違いとわかっていても見るんです．

SdeS　そうですね．

C　今も時々やるんです．誰かがばかみたいに急いでいるかなんかで足を踏んだら．

SdeS　ふむ．

C　気がちがったみたいに，もっとゆっくりというように見るでしょう．

[185]　SdeS　ほう．

C　時々は，いいですよ，と言うかもしれない．失礼，わかっています．両方です．

SdeS　いいですよ．それで，何が違いますか？

C　いい気分でもあるし，いやな気分でもあります．

SdeS　いいですよ．でも，その日何か違うものがありますか，あなたに気づかせるような……

[190]　C　わからない．それがわからないんです．本当にわからないんです．

SdeS　そうですか．

C　そう．なんか——何て言えばいいのか——あの嫌な日みたいに．

SdeS　ええ．ええ．悪い日もあれば，いい日もある．時にはまた違うこともある，そう……

C　引き金です．

[195]　SdeS　……引き金を引くか，引かないか，とか，そう．

C　……それに，思うんですが，もしですよ，かりにもし目が醒めて，そんな奇跡が起こるなら……アルコールとの闘いが，終わるような気がする．

SdeS　ふんふん．

C　わかりますよね．

SdeS　わかります．

[200]　C　アルコールに結びついていくような問題が終わるのでしょう．

SdeS　ほう．

C　わかりますよね．これ以上ごたごたで悩むことがないような，新しいスタートが始まるんです．誰でもちょうどただ自分の生活をするように自分の生活をするんですよ．

SdeS　なるほど．

C　もし過ちを犯しても，なんていうのかな，自分の生活を規制しようとせずに，ええ．

[205]　SdeS　そうですね．そうですね．いいですよ．それで……

C　……もっと社交的になって，ええ，そうなったらたくさんの，たくさんの人々，親類とか友人とかがいるでしょう．

SdeS　ふんふん．

C　周りに居てもそんなに気を遣わなくてもいいような．素晴らしい日を過ごしていて，馬鹿なことをいったり，余計なことが引き金になるでしょう．

SdeS　ああ．

[210]　C　ほんとに……気がおかしくなるような．

SdeS　ふんふん，ふんふん．

C　それで，ただ，周囲の人がお互い本当はそんなに好きではないからである……

SdeS　なるほど．

C でも，奇跡が起こるとしたら，一緒にいて，そして……気にもならない．それで僕が彼らを見てると彼らが言う時に，笑いとばしますよ．

奇跡の起こった翌朝についての想像は「飲酒問題」に狭く焦点を合わせたものではない．彼はセラピーからもっと何かを求めている．

例外を構成する

[215] SdeS ふむ．いい日もあれば，悪い日もある，そう，いい気分の時も気分の悪い時もありますね．でも，他の日よりも奇跡の日に幾分か近い日はありますか．奇跡の片鱗でもあった日はありましたか．そのようなことが？
C ええ．
SdeS 最近ではいつですか？ 奇跡みたいなことで？
C 良いことですか，悪いことですか？
SdeS 良いことですよ．良いこと．確かに，良いことです．

「悪いこと」とはどんなことなのか考えが浮かばなかったが，しばらくの間，少し脇に置いておくことにした．

[220] C 結婚したばかりの日，目覚めた時．
SdeS ほう．
C 6月のことです．(5ヵ月前)
SdeS ふんふん．
C そうなるなんて考えても見なかった．
[225] SdeS ふむ．
C ぜんぜん．いつも逆らってました．自分のしたいことをしている近くの人を詮索したりしなかった．そんなことは自分は絶対に

しないと言うだけです．

SdeS　ふんふん．

C　そういうわけでもなく……，そう，若い時は．

SdeS　わかりますよ．

[230]　C　それで，目覚めて，考えてみて，思いついたので言ったんです，「結婚したんだ」と．

SdeS　ふむ．なるほど．

C　いい感じだったかいやな感じだったかわかりません．でも本当に，私をじっくり考えさせるようなことだったんです．

SdeS　ふんふん，ふんふん．

C　それで振り返ると，どんなにめちゃくちゃだったか……（長い間）わからないんです．

[235]　SdeS　ええ．

C　そうして，今結婚しているんだと……そう，ちょうど……絶対，言うことはできないですよね，25歳で死ぬだろう，なんて．

SdeS　確かに．

C　25で結婚するだろうとも言えません．その年までに結婚したいと望むことはできるけれど，それを知ることはできない．

SdeS　それはそうです．わかるわけがない．

[240]　C　いつそれが起きるのか．私みたいに，私は30初めころには結婚したいと言いました．

SdeS　ふむ．

C　そして，32歳です．

SdeS　ええ．

C　それで，あの日目覚めて，思いついた．本当に考えました．今でも時々思いつきます．

[245]　SdeS　それでは，自分でも驚いた，と？

C　そう思います．

第14章　ちょっと待って，それが奇跡なんだ！　　365

SdeS　ええ．

C　そう考えて……自分は本当に結婚しているという事実を受け入れることができるんです．十分に……

SdeS　ええ．

[250]　C　私は責任というものを受け入れていますが，本当に自分を捕らえたのは誓約だったんです．

SdeS　ふむ．

C　わかりますよね．

SdeS　ええ．

C　……自分の中の何かが，それまで知ることもなかった誓約を生じさせたんです．

[255]　SdeS　そうですか．

C　そう，準備はあったんです．でも，僕はそうじゃなかった．気持ちが……

SdeS　わかりますよ．あなたが何を言っているのかわかります．

C　心の底では準備できていたんですが，気持ちは混乱していた．

SdeS　ええ．

[260]　C　それで，心が導く，というのがありますね，ええ．

　彼の「心が気持ちを導く」とか自分でも驚いてしまうということは，彼の解決を発展させるのを助けるのに役立つメタファーであることが明らかとなった．

奇跡の翌朝についての視野を広げる

[261]　SdeS　ええ．それで，奇跡の明くる朝に……あなたは奇跡が起こったことを知らないので，奥さんに伝えられません．ですが，奥さんはどうやって発見するんでしょう．何が，サインとなりますか．

C 今，家内は僕が幸せだとは全然思っていません．

SdeS そうですね．

C というのは，この変化を，彼女の家族と共に経験したのです．

[265] SdeS ほう．

C 日に日に結婚の力に引っ張られて．

SdeS ふむ．

C あの人達は助けようとする素振りもみせなかった．

SdeS そうですか．

[270] C でも，僕たちの1ヵ月前に結婚した他の姉妹には，援助を示したのです．

SdeS ああ．

C そう，妻が落ち込んでるとわかっていましたが，彼女はしっかりしています．どんな女性も結婚の日を夢見るものですから．

SdeS ええ．

C 彼らにはもう一人娘がいるんですが，6月に彼女が結婚すると，あの人達は……その用意をして，たくさんお金を払い，そして，そう，たくさん援助をしたんです［沈黙］陰で……

[275] SdeS ああ．

C そうして，やってくれたんです．

SdeS ふうむ．

C 彼らは姿さえ見せなかったのです．

SdeS ふむ．

[280] C そして今もまだ，それにつきあい，妻もまたそうだということもわかっています．彼女は違うといっても，そうなんです．

SdeS ええ，たぶん．

C それで，今は，多分，妻は一緒にいても僕がそんなに気分は良くないと思っているでしょう．だって，彼女の親は援助しようと

しなかったんだから．僕は彼女と結婚したという事実があっても．

SdeS そうですね．

C 彼らとではなく，ね．でも，彼女が，彼女がそう感じてるってわかってる．

[285] SdeS 確かに．

C それで，私もそんなふうに感じて，なぜなら，あの人達が私を嫌っているかもしれないにもかかわらず，そう感じるのです．どうしたって，やっぱり，僕は彼女が選んだ人間なんですから．

SdeS ほう．

C 僕があの人たちの娘を幸せにするとか，姉や妹を幸せにするとかしても，十分と思ってはくれないでしょう．

SdeS ええ．

[290] C それで……自分の上に雲がかかってきたような気がするんです……

SdeS いいでしょう．では，奇跡が起こったら，彼女はどうやってこの奇跡の存在を発見すると思いますか．

C どうやって，彼女が発見するかですか．

SdeS ええ．前の夜のうちにあなたに奇跡が起こりました．彼女はどうやってそれを発見するかということです．

C 思うんですが，[沈黙] 輝きに気づくと思います．

[295] SdeS ふむ．どうやって．なんなんでしょう．あなたの何が彼女に気づかせるのでしょう．何が教えるんですか，どういう具合に．彼女が気づくのはどんな違いなんですか．

C ああ．何かしたこともないようなこと……次の日彼女が起きて，働きに行く時，車まで送って，キスするでしょう．

SdeS いいでしょう．それが，違いですね．それがあなたに何かが起こったと伝えるんですね．

C ええ．そんなことしませんから．

SdeS　ふむ．

[300]　C　ベッドに寝ていると［沈黙］時々彼女が来て，キスしてくれて……それから，彼女，彼女は，し続けてくれるんです．

SdeS　んーふむ．

C　それで，それで僕はただ寝ているでしょう，そう，眠ったふりをしていますから．でも彼女の様子に聞き耳を立てているんです．

SdeS　そうですか．

C　でも，彼女は僕を起こそうとはしないんです．それで僕はドアまで歩いていって彼女にキスのお返しをする．

[305]　SdeS　いいですね．

C　それとも，起きて，朝食を準備する．

SdeS　そうですか．

C　そんなところです．

SdeS　わかりました．

[310]　C　彼女が体重ばかり気にしているんなら，そうですね，朝食にたいした意味は無いですけど．

SdeS　ふむ．

C　でもそれが，何か違うことです．

SdeS　なるほど．

C　僕がいい気分だって彼女は気づくでしょう．

[315]　SdeS　わかりました．では，えっと……

C　そう，彼女がやってきて言うんです．「ビール欲しい？」そして，もし僕が力強く，「いらない」って言ったら

SdeS　ふむ．

C　彼女は知って，それから何か考えるんでしょう．

SdeS　そうですか．「いらない」といって，それを表明するんですね．

[320]　C　そうです．

第14章　ちょっと待って，それが奇跡なんだ！

SdeS　ふむ．

C　そう，こんな感じです．「必要ないんだよ」って落ち込まないで．「いらない」っていうんじゃなく，そう，本当は欲しいのに，病気で，また始まるのが怖くて，飲めないっていう．

SdeS　ふむ．

C　でも「いらない」っていうんです．笑顔で「いらない」って言うんです．彼女にはその時，わかるでしょう．

[325]　SdeS　そうですか，そうですか．うん．それが，彼女にとってのいいサインになる．他に，その日のサインになるようなものは考えられますか？　他の何か？

C　彼女は，日中，僕が時々するようにあちこちに座っているのを見なくなって，不思議に思うでしょう．

SdeS　ほう．

C　わかりますか．テレビがついていて，こんな風に座っていたら，彼女は僕がテレビを見ていると思うでしょうが，本当は考えているんです．

SdeS　ふんふん，ふんふん．

[330]　C　そう．空想か何かと言いたいでしょうが……

SdeS　ええ．

C　空想よりは少しは，ましです．だって［沈黙］そうですよね．毎日をどう扱おうかって考えているんですから．

SdeS　ふむ．

C　でも，僕はそのことを隠そうとするんです．

[335]　SdeS　そうですか．

C　彼女が見てなくとも，やっぱり，隠すんです．

SdeS　いいでしょう．では，その代わりに何をすると思いますか？

C　多分，本を読むでしょう．

SdeS　そうですか．ふむふむ．それで，もし彼女が，本を読んでいるあなたを見るとしたら．

[340]　C　彼女が，本を読んでいる僕を何度も見て，また，さらに見るようになって，僕がもっと微笑んでいたら，何かが変わったってわかるでしょう．

SdeS　ふむ．

C　今，僕がいったように，彼女は僕が多少落ち込んでいるようだと感じているんです．

SdeS　ふむ．

C　それで，僕と彼女で話し合って，彼女にここに来ることにするって言って……

[345]　SdeS　そうですか．

C　彼女も，そう考えているようで．

SdeS　ふむ．奥さんにここに来るつもりと告げた時，驚きましたか．

C　いいえ．でも，僕が予約をして，出かけた時は驚いていました．やったことなかったから．

SdeS　ああ．

[350]　C　昨日くるつもりだったんですけど……

SdeS　ええ．

C　家内が娘とどこかに行ってしまって，ここに来る方法が無くなってしまったんです．今僕の車が動かないもんですから．

SdeS　ふむ．

C　でも，ここからは，かなりいい感じに生活できるんです．歩くこともできたと思うんです．

[355]　SdeS　ほう．

C　でも，のろのろしてたんです．

SdeS　それで，それであなたがですよ，あなたが，今日，これか

第14章　ちょっと待って，それが奇跡なんだ！　　371

らするなら，奥さん驚くでしょうね．

C 驚くだろうな．

SdeS ええ．

[360] C それでうん……

SdeS あなたも驚きますか？

C 多少は．

SdeS ふむ．

C だって，やれてたということは知ってるんですけど，本当に自分の尻も上がらなくって，でもしてました．

多くの人々が，一度相互作用的になると，自分の奇跡についての想像がかなり広がっていく．そして私たちは，彼や彼の妻を驚かせる何かを見いだしたのである．

[365] SdeS そうですね．

C 今，自分で，自分を励まし一歩進め，自分にとっていいことを摑もうとしています．

SdeS では，その機会はどうやって訪れると考えますか．

C 年をとることだと思います．

SdeS そうですか．

[370] C それで，人生というものを実感し，もっと価値のあるものと思い始めたんです．

SdeS ほう．

C なにも構わなかった若い頃よりも．

SdeS わかりますよ．ええ．

C 人生では，時に，どんなに頑固であることか．そう，決して刑務所やなんかに入ったわけではないですけど，ただ，いろんなことがあっても，全然生かせなかった．

[375] SdeS　ふむ．
C　楽しい仕事，職を持って，仕事，仕事．小さなことですよね，そう……．
SdeS　ええ．
C　母はいつも私を見張っていました．
SdeS　ほう．
[380] C　そう，私は実際，決して，母は，母は私が飲むのを好きじゃあなかった．
SdeS　確かに．
C　私は彼女に隠れて飲んでいました．そう，多くの人々を裏切ってるような気がして……
SdeS　ふむ．
C　……それで，自分に自信を持った．
[385] SdeS　そして，あなた自身も．
C　そう，一番重要なことです．それで，自分で，自分にあったプロの助けを探したいと感じました．悪くなる気はしないんです．

「成功尺度」を考案する

SdeS　ええと，わかりました．違ったタイプの質問を始めたいと思います．うん……数字の質問なんです．いいですか．0は，……この奇跡の後の状態とでもしましょうか．いいですか？
C　はい．
SdeS　それで，マイナス10は，飲酒問題が最悪の時としましょう．
C　ええ．
SdeS　では，マイナス10から0の間で，今どのへんにいるという事ができますか？
C　正直に？
SdeS　ふん．

C 多分, だいたい3ですか.

[395] SdeS だいたい3. マイナス3の意味ですか?

C マイナス3です.

SdeS いいでしょう. 最悪状態よりは, ずいぶんいいですね.

C 違います.

SdeS 違うんですか?

[400] C 良い状態よりは, かなり悪いのです.

SdeS なるほど.

C で, マイナス3です.

SdeS ええ……ええと……こんな風にやってみましょうか. [黒板を使用する] これが, 0. 奇跡の後です. あっちの方向に行くと, マイナス10.

C わかりました. 上に……

[405] SdeS ここが最悪 [−10を指して].

C ああ, そうですか. 8くらいですかね?

SdeS ここ [−8を指して]?

C そうです. だいたい7から8. 7.5から8.

SdeS マイナス7, マイナス8. いいでしょう. その通りに受け取りましょう. わかりました. では, どうでしょう. 何が違うのでしょうか. マイナス10からマイナス7に, どうやって変わることが出来たんでしょうか?

誤りであった. 0から10の私たちが普段使うような尺度を使うべきだった. 奇跡の翌朝について散々話した後に, −10から0の尺度を持ち出したことは彼を混乱させたようだった.

[410] C たくさんのことですね.

SdeS ええ.

C　うむ．今自分が感じていることと比べて……もし，奇跡が起こって，その時の気持ちよりは，それは，少しは，幸せになる事がありますから．

SdeS　ほう．

C　でも少し，悩む事もあります．

[415]　SdeS　確かに．

C　そう．それで，それで，アルコールは，そうすると，7点のうち5点もあります．

SdeS　ほう．

C　わかりますか．

SdeS　わかります，ええ．

[420]　C　そう．そうなんです．アルコールの割合が大きいです．

SdeS　ふむふむ．

C　でも，まだ2.5か3くらいあって，それは様々なことです．ぐちを言いましたよね，車が今動かないって．

SdeS　ええ．ええ．

C　妻の車を使えば，小言を聞かなくっちゃならなくなるでしょう．

[425]　SdeS　たしかに．

C　うん．僕の経済状態は今めちゃくちゃなんです．少しもきちんとしてないですよ．そういうことです．

SdeS　ええ．

C　他には……

SdeS　もちろん……

[430]　C　もっと，うまくやってた．

SdeS　いいですよ．いい．いい．そうですね．

C　わかりますよね．[沈黙] そんなことが，今の大半です．

SdeS　ふむ．

C　自分の車がないから，行きたいところにも行けないし，したい

こともできない．そう，仕事やなんかに行くのにも．妻は決まった時間に働いていますから．それで私は，毎日彼女の車で職場に降ろしてやって……それから行くんです……自分の仕事に．フルタイムの仕事を見つけようとしましたけど，1時間9ドルとか10ドルくれる仕事だったらどうなります？ 毎朝7時にメノモニーフォールに行かなくっちゃならないでしょうよ？

[435] SdeS 確かに．

C そして，彼女は南の方で7時半に仕事が始まる．

SdeS そうですか．

C わかるでしょう．これが私を悩ましている事です．

SdeS 確かに．当然です．

[440] C そんなことが，今気になっていることです．初めて運転した時からそうなんです．いや，ええっと，そう長いわけじゃないです，ここ10年のうちで，2度目かな．車がないっていうのは．

SdeS そうですか．

C でも，いつもどんなに金がかかっても，手に入れてましたからね．ええ，いつもすぐに，手に入れていました．

SdeS そうですか．なるほど．

C でも，今，手に入れる金がないんです．買う金が入ったら奇跡だと思いますよ．

[445] SdeS ふむ，ふむ．

C わかりますよね．それで，自分でつけを払うことになったんです．そして，落ち込ませるようなことが多少ありました．でも，それで，悩むこともないでしょう，さっき言ったように．

SdeS たしかに．

C そう，そんなことはたいした問題じゃないんです．昔はそうだったし．今，お金はおそらく減ってきているし．

SdeS　ふむ．

[450]　C　でもひと頃，そのことで，本当に駄目になったんです．でも考えて，言ってみたんです．おい，今やあのことから離れたぞ，そう．アウトだって，誰もがわかる．あの人たちがどう自分を思っているか分かっているし，僕があの人達をどう思っているかあの人達は知っている．じゃあ，そのままほっておけ．そうじゃないですか．

SdeS　たしかに．

C　そんなこんなが私を悩ますんです．

SdeS　ほう．

C　その他は，幸せになるようなことがちょっとはあります．いい家を手に入れたし．

SdeS　ええ．

[455]　C　いい妻がいます．

SdeS　ええ，ええ．いいですね．

C　ですよね．

SdeS　あなた方お二人にとっては，うまくいっている……結婚以来？

[460]　C　ええ，浮き沈みはありました．

SdeS　当然ですよ．

C　他の誰もでしょうが，僕たちはひどい目にあってきたんです．でも彼女はずっと僕についていてくれるんです．

SdeS　ふんふん．いいですね．

C　駄目になるほど疲れ切ることはないですね．誰でも我慢には限界がありますから．

[465]　SdeS　それはたしかに．

C　ええ．そりゃたしかですよ．でも，彼女は，一番のプレッシャーがどこからくるのか知っているんです．

SdeS　ふむ．

C　彼女はその，うん．僕が今扱わなくちゃいけないことをわかっているんですよ．

SdeS　なるほど．

[470]　C　けど，僕はそのことを，他の何かのせいにして支えにするようなことはしません．僕が言えることは，たった1つで，そうだな，これが自分の人生に起こったことだということ，そうです，取りはずせなくって，変えられなくて，自分でできる一番いいことは，そのことを忘れるようにして放っておくことなんです．

SdeS　たしかに．

C　そうすれば過ぎていくんです．そして私は，そこにとまっていられない．そこにとまっていられるなら，こんなに遠くまで来るはずがない．

SdeS　ふむ．わかりました．

C　でも，それよりほかは，ちょうど追いかけられるものを本当に見つけられるって感じるんです．私だってとっても幸せな男になれるはずだって思うんです．

[475]　SdeS　わかりますよ．ええと……

C　だって，ずっと長い間，落ち込んでたんですから．

SdeS　そうですね．ええ．

C　それで，みんな，鬱は最悪の病気だっていうんです．そして，人々は病気にかかるのだと．そうですか？

SdeS　ああ，そうですね．

[480]　C　そうですか．

SdeS　では，考えてみてください．どう……少し違うふうにやってみたいと思います．さっきの数です……今度は10を最高にして，0からはじまります．

C　わかりました．

セラピストにとっての驚きを（偶然に）構成する

SdeS　いいですね．それで，10は……ああ，あなたがこうなりたいと思うような……これまで話し合ってきた奇跡であるとか，誰もがひどく望むようなことです．いいですか？　そして，0はそれとは反対です，もし起これば起こることであるし，起こらなければ起こらないことです．あなたはどの辺りに位置しているといえますか．

C　0です．

[485]　SdeS　ほう，ええ？　ふむ．

C　なぜなら……私は，そう，自分をすごく高めたいわけでもないし，ひどく落としたいわけでもないから．

　この質問を使って0が返ってきたのは，10年間のうち初めてのことだった．しかし，答えの背景にある彼の理由づけは，かなりきちんとしている．ここに確かな原理が含まれている．つまり，誰も，答えを聞くまでは質問が何であったのかを本当に知ることはできないものなのである．（もし，私がこの質問に対し理想的な答えをもつことができるならば，彼の説明を伴っているだろう．しかしながら，受け取った答えは受け取った答えであって，それは得られる全てである．クライアントの答えは，どのようなものであれ受容し，真剣に扱われねばならないものである．）

[487]　SdeS　ふむ．

C　わかりますか，私が言いたいのは……

SdeS　はい．

[490]　C　そこから外にも，望むことはたくさんあります．

SdeS　ええ．

C　もし，もっていない物なら，僕はえーと，欲しいのは新しい車．そのために銀行強盗するつもりはないけど．だって，もしそんなことが起きたら．

SdeS　ええ．

C　どうなるかなんて，どうする事も出来ないでしょう．

[495]　SdeS　ふむ．

C　それで，望みがかなえばかなったで，やれますよ．

SdeS　わかります．

C　ああ，3000万ドルの宝くじに当たりたいと願っているわけじゃないけど．

SdeS　いやですか？

[500]　C　いやですね．

SdeS　どうして？

C　[沈黙] 正気じゃいられないから．ほんとうに．

SdeS　ええ？

C　ポケットに30ドル持って，儲けようと数に賭けて，10時間後に3000万ドル手に入る．だめ，私にはすごすぎる．あつかえるはずないです．

[505]　SdeS　ほう．

C　だって，すごく貧乏だったら，扱えずに自分を傷つけることになると思うし，すごく金があっても，やっぱりうまく扱えずに自分を傷つけると思うから．

SdeS　わかります．そうですよ．

C　25万ドルの現なまなら，取りにいけます．生活のためになるし，生活上欲しい物全部を用意できるでしょう．

SdeS　ええ．

[510]　C　……家．ちょっといい．ちょっといい商売に投資して

のんびり座って，商売を経営して，財産を維持するんです．

SdeS　ほう，ほう．

C　少しの金はとっておいて，それがしたいこと全部です．そんなに欲はないんで．

「飲酒をやめたい尺度」を考案する

SdeS　わかりました．それでは……もう1つやってみましょう．10はあなたが飲酒を止めたいと思うことを表わします，そう，いいですか．飲むのを止めるんですよ．それをできるだけ強く願うんですよ．そして0は，ええと，飲むなら飲むし，飲みたくないなら飲まないことを意味します．

C　ええっと，待って，違うように思えるんですけど．

[515]　SdeS　なぜ？

C　だって，飲みたいなら飲む，飲みたくないなら飲まないなんて言えませんから．何故って，遅かれ早かれ，……

SdeS　でも，私が言ったのは0が何を意味するかですよ．

C　たしかに．わかりますよ．でも僕の金銭的な事情がいえる方法ではありません……

SdeS　たしかに．

[520]　C　同じカテゴリーに入れることはできないです．

SdeS　ええ．

C　遅かれ早かれ，僕の健康問題が関わってきて，僕をどこかで止めちゃいますからね．

SdeS　そうですね．

C　それで，自分の健康について考えるようになったんです．肝硬変になる時を知りたいのか，やめるには遅すぎるのか？　それとも，今止めたいのか？　そこが，違いなんです．

[525]　SdeS　そうですか．

C それで，皆は，金を持ってどこか他に行くこともできる．私は，とにかく生活しないわけにはいかないんです．

SdeS たしかに．わかりますよ，それで，

C 私は10だと思います．

SdeS あなたは，あなたは10だとおっしゃるんですね……なるほど．

[530] C そうです．だって，本当に，心から止めたいんですよ．それは，疑いないです．

SdeS わかりました．それでは，ええと，そうですね．これと似たようなものをもう一つお願いできますか．

C ああ，はい．

「自信尺度」を考案する

SdeS はい．今回10は，私も詳しくは知りませんが，あなたが人並みにやりたいことをできるという自信のあることを意味します．そして0は，「くそっ．千載一遇のチャンスでさえものにできない」です．あなたはどの位置にいると思いますか．

C だいたい5です．

[535] SdeS だいたい5ですか．

C ええ．

SdeS わかりました．

C 全部を取り去るなんてことにはならないだろうから，ちょっと取り去って，諦めてできないっていうだけです．50%くらいは挑戦するチャンスはあると思うんです．

SdeS わかります．

[540] C でも，その後，何が起ころうと，取り組まなくちゃなりません．

SdeS いいですね．そう……かなり納得がいくように聞こえます．

うん．かなり，納得がいく．とりわけ，重要なことだからでしょうね．

C　ええ．重要です．とても，重要．

SdeS　ふむ．

C　飲むのを止められれば，幸せだろうに．これが私を落ち込ませるんです．

[545]　SdeS　ええ？　あなたも先程おっしゃっていましたけど，それは，ああ，困難は，飲酒の代わりに何をするかということなんです．

C　それが，いつもある問題なんです．

SdeS　たしかに．

C　ええ．今できれば……

SdeS　病院での90日とは違いますよ．

[550]　C　そうですね．

SdeS　しゃばに出るようなもんですよ．

C　しゃばですよね．落ち込んで使えなかったエネルギーや時間や脳細胞も，次の日痛くて使えなかった筋肉も使うことができたら，それら全てをアルコールにつぎ込む代わりに何か良いことに用いることができたら，そうしたら，私は，物事は，うまくいくでしょうね．でも私，私は，うまくやれないだろうな．

SdeS　ほう．

C　わかりますよね．そんなふうに……ちょっと待ってください，そしたら……それが，奇跡なんだ！

　この章のタイトルは，「奇跡」に込められた十分な意味に彼が気付いたことから採った．私は，奇跡という概念を［115］で紹介し，引き続き，彼がそれを繰り返し用い発展させた．彼の描写した奇跡の断片のいろいろ，また，彼の身の上に起こった出来事，そしてさ

らに，彼は，ヘザーとロバートソン (Heather & Robertson, 1981) の，「正常な」飲酒パターンへの変化に繋がる広範囲の文脈および状況の変化に対する研究で展開した概念に一致する．しかし，この種のことが，他ならぬこのケースや別のケースにおいても，好ましい結果を予想する根拠となり得るかは疑問である．実際，どのケースでも予想可能かどうかは疑問視されねばならない．ともかく，これらの事柄で，自然とそして普通に私たちはより楽天的になる．様々な研究において，ヘザーとロバートソン (Heather & Robertson, 1981) は，正常な飲酒への移行は，しばしば，仕事先での関係改善，家族関係や社会への適応がよくなった事，異なった環境への引越し，そして生活状況における大きな変化と関係する，と報告している．興味深いことに，彼らは，「これらに深い人格変化をもたらすようなことは何もなされていない」(p. 26) と報告している．つまり，このような主要な変化は治療によって起こったものではなく「自然発生」的なものとみなされている．さらに，これらの変化は，(1)正常な飲酒へと引き戻そうとするわけでなく，(2)飲酒行動に新しく展開した変化によって"引き起こされた"わけでもなく，ただ(3)偶然飲酒行動の変化をもたらした生活状況の変化とみなされている．

　上記の生活状況と飲酒パターンの変化は，両方向的因果関係で捉える必要はない．一連の出来事の詳細でさえ，きわめて重要であるというわけではない．というのは，これらの変化は，互いに強化し合う一対のものとしてもみなすことができるからである．加えて，いくつかのケースにおいて，このような変化がしばしば起こるというのは，充分筋が通っている．研究に継ぐ研究 (Fingarette, 1988； Heather & Robertson, 1981; Peele, 1989) の結果，状況や文脈の要因は，人間行動全般に影響するのと同様，飲酒行動にも影響するということが示された．[2]

[555] SdeS　まさしく，それが話していることですよ．
C　ええ．今やっと分かりましたよ，ねえ？
SdeS　ほう．
C　それが，奇跡です．
SdeS　ふんふん．
[560] C　ええ，そうだ．間違いない．もし，そうできれば，もし持っているエネルギーを他の何かに向けられれば．教会の手伝いとか，
SdeS　その他の何かに．
C　子供とか，あと……
SdeS　ええ．何かに．
C　図書館に働きに出る，パートタイムで，とか．ただ自信を持ってそこにいること，そう，幸せだろうな．

　クライアントは，奇跡の翌日の様子としても役に立ちうる変化のための条件を作り出している．

[565] SdeS　そう，そう．そこです．
C　ええ．
SdeS　ああ，そこに見つけたんですね．そこにはこの誘惑のすべてがあるんです．
C　やめて，見つける，そこには誘惑がある．
SdeS　そうです．そうすれば，誘惑に打ち勝つ何かをすることになるんです．飲む代わりに何かをするのです．飲酒は時間を取り上げてしまうでしょう？

(2) 研究の被験者が，アルコールに対し何ら制限されていない時でさえ，状況は他の何よりも被験者の飲酒への意思決定に影響するようである（Fingarette, 1988）．

[570]　C　非常に多くの時間を取られます……缶ビール1つで3時間とられるという感じです．

SdeS　ほう．

C　だって，とても早く動いて，時間はそのまま時を刻むから．

SdeS　そうですね．そう，それは大きな問題ですよね．あなたは，代わりに何をするつもりですか．

C　そのことを考えるのは，自分にとって，とても重要な事です．

[575]　SdeS　そのとおりですね．

C　つまり，私が飲むのを止めるかどうかに関わらず，何かするための一連の目標がないならば……

SdeS　ええ．

C　……止めるのに役立ないのでしょう．

SdeS　そうですね．ふむ．

[580]　C　わかりました．

SdeS　そうですね．今，5分か10分くらいとって，パートナーと話してきたいと思います．それで，5分か10分くらいで戻りますので，座ってお待ち下さい．それから，私たちの考えをお伝えしたいと思います．

C　はい．わかりました．

　実験として，読み進む前に，ここで10分か15分の休憩をとってみてください．私がしないであろうことは何でしょうか？　有益な終了メッセージに展開するように，彼の言った言葉のどれをどのように組み合わせることができるのでしょうか．

休憩後

SdeS　ええと，私たちは，えー，あなたが話した，結婚した翌朝にとても感銘を受けました．

C　ええ．

[585]　SdeS　しばしば，心で何かを，そう，結婚するとかその誓約をなすとかを求めるのだとあなたは発見しました．あー，頭では……

C　詰まっていたんです．

SdeS　……まだ，わかっていなくとも．

C　ほんとうに決心できなかったんです……

SdeS　ええ．でもあなたは……

[590]　C　心の底では，すでに決心がついていたのに．

SdeS　ええ，そう，それで，私達は，またここで起こっている事について考えるんです．そして，今日あなたはここにいる．

C　ああ．そう，そう．

SdeS　それで，あなたに実験として提案したいことがあります．えー，あなたは，この実験から学ぶものがあると私たちは考えます．

C　そう思うんですか？

[595]　SdeS　はい．いいですか？

C　はい．

SdeS　そう，私たちが望むのは――これは秘密ですよ，いいですね？　今から次回の面接まであなたにしていただきたいことなんですが，2日間選んでですね，あー，その2日の間に，内緒で，奇跡が起こったふりをして欲しいんです．

C　ほう．

SdeS　それで，その日を観察してください．なぜなら，これに関してあなたに間違いはないと思うからです．酒を飲みたい気持ちを克服できた時の御自分の様子を観察してきてください．そして，その日，あなたの奥さんがどんな風に対応するかを観察してください．これは，彼女には内密に．その前にも後にも言ってはいけ

ません．全部自分の胸にしまっておいてください．そして，次回あなたがいらっしゃった時，あなたが何を学んだかについて話し合いましょう．

[600] C わかりました．

SdeS いいですか？

C いつになるでしょう？

SdeS ええと，一緒に考えましょう．次の2，3週のうちのどこかに．

C あと，面接はどうでした？

[605] SdeS ああ．あなたはどうでした？

C はい．楽しみました．

SdeS いいですね．それが，あるべき姿です．私たちは，いくらかでも楽しんでるべきだといつも思ってますよ．

　何百回もセッションを行ってきたが，クライアントが自分との面接について質問するようなことは初めてである．また，セッションの最後にクライアントが自ら楽しんだなどと言うことも初めてのことである．この言葉は，フォローアップの時かあるいはセラピーが終了したずっと後にクライアントから時折口にされるものである．

第15章　エピローグ

> 問題というものには型があるものだ．しかし，
> "私の場合については，――どうもわからない．"
> (Wittgenstein, 1958, #123)

　私だけのスタイル．そのセッションの最後には，クライアントは自分なりのやり方を知り始める場合が多い．もしくは少なくとも，自分なりのやり方を見出せる自信を持ち始めるような場合が多い．したがって，多くの提案を行ったり，「エリクソン・スタイルの……奇抜な課題」(Efran & Schenker, 1992, p. 72) を考え出すことで，クライアントを凌駕する必要はセラピスト側にはない．むしろセラピストに必要とされることは，クライアントが自ら選んだ方向に自信を持って進んでいくことを単純に支えることなのである．

　私は，70年代の大半と80年代の一部を「エリクソン・スタイルの……奇抜な課題」を目指して費やしたので，未だにクライアントへのそういった介入を提案することを抑えるのに困難を覚えている．とはいえ，このような高級な課題を計画するのは非常に難しく，さらにそのような賢明な課題を計画するようにセラピストを指導することは容易な仕事ではない．大半のケースにおけるこのような賢明な課題は，クライアントが既に口にしていた彼ら自身の方法に基礎を置くシンプルなものに比べ，効力が劣るとさえ思われるからである．

＊　＊　＊

　スティーヴン・フリードマンの考え (Steven Friedman, 1983, p. 72) に反して，「ミラクル・クエスチョン」も「他の解決志向アプロー

チ」も,「常に奇跡を作り出している」とは限らない (pp. 71-72).
奇跡がいつも生まれると無邪気に望まれるはずもない.つまり,セ
ラピーを行うことはそんなに容易なことではないのだ.実際,どの
ような方法であれ,セラピーは何ものをもつくり出すことはない.
クライアントが描く奇跡がいつも起きるということはなく
(Efron & Veenendaal, 1993),起こると期待されるはずもないかもし
れない.ミラクル・クエスチョンは,もともと奇跡の創出も促進も
意図してはいなかった.クライアントが問題というものにかかわら
ず,また,伝統的な仮定,すなわち解決とは問題を理解し,それを
取り除くことだということにもとらわれずに,クライアントがセラ
ピーから何を引き出したいのかを,描写するように工夫されている
だけなのである.

　セラピーが進行するうちに,クライアントが進みたいのは何処で
あるのか,クライアントが起こればよいと思うことは何であるのか
といったことに関する細かな点や独自性が見えてくる.それらはク
ライアントとセラピスト双方に多くの驚きをもたらすものだ.しか
し,セラピーの方向を決めるために,ミラクル・クエスチョンへの
クライアントの反応が重要であるとしても,いつもそれを得られる
保証はない.「そして,ある事件が私の願望を沈黙させるというこ
とは,その事件が当の願望を満たすということを意味しない.おそ
らく私は,自分の願望が充たされていたとしても,満足してはいな
かったことであろう.」(Wittgenstein, 1958, #441) セラピーの初期
段階で,クライアント自らがどこに進みたいかを明確にセラピスト
側が期待することは,非現実的なことなのである.もしそうである
ならば,セラピーを必要としないであろうから.そのような理由に
よって,我々はクライアントとの次のような契約は必要でないと考
えている.それは,(a)セッションの明確な数,(b)明確な目標,(c)明
確な目標に向けての経過の測定,である.そのようなことをしてし

まうと，変化に向けての可能性を再び束縛し，制限することになるだろう．また，クライアントが奇跡の明くる朝を述べる時に思い描いたイメージや願いと同じぐらいの満足もしくはそれ以上の満足を与える何者かを，クライアントが考え出し，発見する可能性をも制限してしまう．

＊　＊　＊

　少なくともなんらかの満足を持ちながら，この本を読み終えられることを願う次第である．読み始めの時に望んだことがしっかりと手にできなかったかもしれないけれども．この本は，私が執筆前に望んでいたように，執筆途中で考えていたようにもなっていない．この本を書き出して，以前の著書以上に，本は自ら意味づける方向をとり，私はそれに従っただけなのである．しかし私は満足を覚えている．この本は徐々に展開してきた私の実践活動を描いており，短期療法を実践するにあたって，クライアントと私がともに行った結果について，現在，考えているところを表してくれている．短期療法，それは，私たち共同の努力がもたらす実践の結果によって評価されるようなコミュニケーションの語用論であり，コミュニケーション行動の成果なのである（Watzlawick, Beavin, & Jackson, 1967, p. 22）．

　グスタフ・マーラーはかつて，自らの交響曲はそれぞれ隔絶された独自の世界であると語った．それぞれが自らのことばを持っている．一つ一つの本についても同じことがいえる．それぞれの本には，その独自のことばがあり，独自の構成があり，独自のゲシュタルトがあり，独自の性質がある．少なくともこの本においては，コーラスにソロを入れるように引用した多くの著者に負うところが大きい．多くの声，生き生きとし，また死んだような虚構のような声には，自らの言い分がある．どのような状況でも悪用しないでおきたいと

思っている．その中にうまく言い得た何かがあるならば，私は語るままにさせておく．時に長過ぎ，何度も同じことを語っているかもしれない．しかし私は，それらを言い換えることに非常な困難を覚える．

　クライアントもそれと同じなのである．私は彼らが自分の言い分を持つことを望んだ．そのためにこの本の一部は，全セッションの写しという結果となった．このようにしてできるだけ彼らの世界に近づきたかったのだ．セラピーを行うのと同様に，自分の占める部分は最小限に留めることを願った．ゆえに，言い換えは少なく，編集もほとんどない．写しを読めば，読者はオーディオテープを聞いたのと同じことである．

　私は完成された理論や広大な計画を発展させるつもりもないし，発展させてきたわけでもない．むしろ，すべてを説明し，あたかも全てを説明するために計画されたかのように使い得る最小限の理論を発展させるつもりである．この本の理論的な部分は，道具のひとつに過ぎない．それ以上ではない．さてそれが成功しているかどうか．

　私はこの本を書き，並べ，組み立てることに多くの喜びを感じた．みなさんがこの本を読むにあたって，うんざりすることがなければよいと思う次第であり，私が執筆していた時と同じような喜びを得られたとしたら身に余ることだと思う．

引　用　文　献

Ackerman, N. (1966). *Treating the troubled family*. New York: Basic.
Bakhtin, M. (1981). *The dialogic imagination* (C. Emerson & M. Holquist, Trans.; M. Holquist, Ed.). Austin: University of Texas Press.
Bandler, R., & Grinder, J. (1975a). *The structure of magic*. Palo Alto: Science and Behavior Books.
Bandler, R., & Grinder, J. (1975b). *Patterns of the hypnotic techniques of Milton H. Erickson, M.D.* Cupertino: Meta Publications.
Barnard, C. (1993). O'Ireland! *Modern Maturity*, Feb/Mar issue.
Bass, A. (1988). The double game: An introduction. In J. H. Smith & W. Kerrigan (Eds.), *Taking chances: Derrida, psychoanalysis, and literature* (pp. 66–85). Baltimore: Johns Hopkins University Press.
Bateson, G. (1972). The cybernetics of self: A theory of alcoholism. In G. Bateson, *Steps to an ecology of mind*. New York: Ballantine.
Bateson, G. (1979). *Mind and nature: A necessary unity*. New York: Dutton.
Bateson, G., Jackson, D.D., Haley, J., & Weakland, J.H. (1956). Toward a theory of schizophrenia. *Behavioral Science*, 1, 251–264.
Berg, I. K., & Miller, S. (1993). *Working with the problem drinker*. New York: Norton.
Bidley, D. (1962). *The psychology and ethics of Spinoza*. New York: Russell & Russell.
Capra, F. (1977). *The tao of physics*. New York: Bantam.
Chomsky, N. (1968). *Language and mind*. New York: Harcourt, Brace, Jovanovich.

Chomsky, N. (1980). *Rules and representations*. New York: Columbia University Press.

Clifford, J. (1988). *The predicament of culture: Twentieth century ethnography, literature and art*. Cambridge, MA: Harvard University Press.

Condillac, E. (1947). *Oeuvres philosophiques de Condillac* (Georges Le Roy, Ed.). Corpus Général des Philosophes Francais. Paris: Presses Universitaires de France. Cited in J. Derrida (1980). *The archeology of the frivolous* (J. P. Leavey, Trans.). Lincoln: University of Nebraska Press.

Coward, H. (1990). *Derrida and Indian philosophy*. Albany: State University of New York Press.

Culler, J. (1976). *Saussure*. London: Fontana Press.

Davies, D. L. (1962). Normal drinking in recovered alcohol addicts. *Quarterly Journal of Studies of Alcohol, 23*, 94–104.

Davies, D. L., Scott, D. F., & Malherbe, M. E. (1969). Resumed normal drinking in recovered psychotic alcoholics. *International Journal of the Addictions, 4*(2), 187–194.

Dell, P. (1985). Understanding Bateson and Maturana: Toward a biological foundation for the social sciences. *Journal of Marital and Family Therapy, 11*, 1–20.

de Man, P. (1983). *Blindness and insight: Essays in the rhetoric of contemporary criticism*. Minneapolis: University of Minnesota Press.

de Man, P. (1986). *The resistance to theory*. Minneapolis: University of Minnesota Press.

Derrida, J. (1973). *Speech and phenomena: And other essays on Husserl's theory of signs* (David Allison, Trans.). Evanston, IL: Northwestern University Press.

Derrida, J. (1976). *Of grammatology* (G. C. Spivak, Trans.). Baltimore: Johns Hopkins University Press.

Derrida, J. (1978). *Writing and difference* (A. Bass, Trans.). Chicago: University of Chicago Press.

Derrida, J. (1982). Signature event context. In J. Derrida, *Margins of philosophy* (Alan Bass, Trans.). Chicago: University of Chicago Press.

Derrida, J. (1988). My chances/mes chances: A rendezvous with some epicurean stereophonies. In J. H. Smith & W. Kerrigan (Eds.), *Taking chances: Derrida, psychoanalysis, and literature* (pp. 1–32). Baltimore: John Hopkins University Press.

De Saussure, F. (1966). *Course in general linguistics* (W. Baskin, Trans.). New York: McGraw-Hill. (Originally published as *Cours de linguistique générale*. Paris: Payot, 1922.)

de Shazer, S. (1982). *Patterns of brief family therapy*. New York: Guilford.

de Shazer, S. (1985). *Keys to solution in brief therapy*. New York: Norton. (*)

de Shazer, S. (1986). Ein Requiem der Macht. *Zeitschrift für Systemische Therapie, 4*, 208–212. (Reprinted as A requiem for power. (1988). *Contemporary Family Therapy, 10*, 69–76.)

de Shazer, S. (1988). *Clues: Investigating solutions in brief therapy*. New York: Norton.

de Shazer, S. (1989). Therapy is nothing but a bunch of talk. Paper presented at *Social Work Symposium*, Poughkeepsie, New York.

de Shazer, S. (1991). *Putting difference to work*. New York: Norton.

de Shazer, S. (1992). Essential, non-essential: Vivé la difference. Paper presented at the 5th International Congress on Ericksonian Approaches to Hypnosis and Psychotherapy.

de Shazer, S., & Berg, I. K. (1992). Doing therapy: A post-structural re-vision. *Journal of Marital and Family Therapy, 18,* 71-81.

Deutsch, F., & Murphy, W. (1955). *The clinical interview. Volume two: Therapy.* New York: International Universities Press.

Eco, U. (1992). *Interpretation and overinterpretation.* Cambridge, England: Cambridge University Press.

Efran, J., & Schenker, M. (1993). A potpourri of solutions. *Family Therapy Networker.* May/June, 71-74.

Efron, D., & Veenendaal, K. (1993) Suppose a miracle doesn't happen: The non-miracle option. *Journal of Systemic Therapies, 12(1),* 11-18.

Emerson, R. (1962). Power-dependence relations. *American Sociological Review, 27,* 31-41.

Emerson, R. (1964). Power-dependency relations: Two experiments. *Sociometry, 14,* 282-298.

Erickson, M. H. (1975). *Foreword.* In R. Bandler & J. Grinder (1975b). *Patterns of the hypnotic techniques of Milton H. Erickson, M.D.* Cupertino: Meta Publications.

Ferguson, C., & Moravisk, E. (Eds.). (1978). *Universals of human language.* Stanford: Stanford University Press.

Fingarette, H. (1988). *Heavy drinking.* Berkeley: University of California Press.

Foucault, M. (1978). *The history of sexuality: An introduction.* New York: Pantheon.

Foucault, M. (1980). *Power/knowledge.* New York: Pantheon.

Freud, S. (1912). A note on the unconscious in psycho-analysis. In J. Stachey (Ed. & Trans.) *The standard edition of the complete psychological works of Sigmund Freud* (Vol. 12, pp. 255-266). New York: Norton.

Freud, S. (1915-17) *The complete introductory lectures on psychoanalysis* (J. Stachey (Ed. & Trans.). *The standard edition of the complete psychological works of Sigmund Freud* (Vols. 15 & 16). New York: Norton.

Freud, S. (1938). Some elementary lessons in psycho-analysis. In J. Stachey (Ed. & Trans.) *The standard edition of the complete psychological works of Sigmund Freud* (Vol. 23, pp. 279-286). New York: Norton.

Freud, S. (1974). Letter to C. G. Jung. In W. McGuire (Ed.), *The Freud/Jung letters.* London: Routledge.

Friedman, S. (1993) Does the "miracle question" always create miracles? *Journal of Systemic Therapies, 12(1),* 71-72.

Gaita, R. (1991). Language and conversation. In A. P. Griffiths (Ed.), *Wittgenstein centenary essays.* Cambridge, England: Cambridge University Press.

Gasché, R. (1986). *The tain of the mirror: Derrida and the philosophy of reflection.* Cambridge, MA: Harvard University Press.

Geuss, R. (1981) *The idea of a critical theory: Habermas & the Frankfurt school.* Cambridge: Cambridge University Press.

Gilligan, S., & Price, R. (Eds.). (1993). *Therapeutic conversations.* New York: Norton.

Grosz, E. (1990). *Jacques Lacan: A feminist introduction.* London: Routledge.

Gustafson, J. P. (1986). *The complex secret of brief psychotherapy.* New York: Norton.

Harland, R. (1987). *Superstructuralism: The philosophy of structuralism and post-structuralism.* London: Methuen.

Haley, J. (Ed.). (1967). *Advanced techniques of hypnosis and therapy: Selected papers of Milton H. Erickson.* New York: Grune & Stratton.

Haley, J. (Ed.).(1985). *Conversations with Milton H. Erickson, M.D.*, Vol. 1. Rockville, MD: Triangle Press.

Heather, N., & Robertson, I. (1981). *Controlled drinking*. London: Methuen.

Hoyt, M. (1994). On the importance of keeping it simple and taking the patient seriously: A conversation with Steve de Shazer and John H. Weakland. *Constructive therapies*. New York: Guilford.

Irigaray, L. (1985). *Speculum of the other woman* (G. Gill, Trans.). Ithaca: Cornell University Press.

Jabès, E. (1959). *Je bâtis ma demeure: Poèmes, 1943–1957*. Paris: Galimard. Translation cited in Derrida, J. (1978). *Writing and difference* (A. Bass, Trans.). Chicago: University of Chicago Press.

Jackson, D. D. (1967). Aspects of conjoint family therapy. In G. Zuk & I. Boszormenyi-Nagy (Eds.), *Family therapy and disturbed families*. Palo Alto: Science and Behavior Books.

Janik, A., & Toulmin, S. (1973). *Wittgenstein's Vienna*. New York: Simon & Schuster.

Jastrow, J. (1948). *Freud: His dream and sex theories*. New York: Pocket Books.

Lacan, J. (1981). *Speech and language in psychoanalysis* (A. Wilden, Trans.). Baltimore: John Hopkins University Press.

Lacan, J. (1993). *The seminar of Jacques Lacan: Book III: The psychoses, 1955–1956* (J.-A. Miller, Ed.; R. Grigg, Trans.). New York: Norton.

Lodge, D. (1990). *After Bahktin: Essays on fiction and criticism*. London: Routledge.

Madigan, S. P. (1993). Questions about questions: Situating the therapist's curiosity in front of the family. In S. Gilligan & R. Price (Eds.), *Therapeutic conversations* (pp. 219–230). New York: Norton.

Mead, G. H. (1934). *Mind, self and society*. Chicago: University of Chicago Press.

Miller, G. (1993). Personal communication.

Miller, J.-A. (1991). Language: Much ado about what? In E. Ragland-Sullivan & M. Bracher (Eds.), *Lacan and the subject of language*. London: Routledge.

Nagel, E., & Newman, J. (1958). *Gödel's proof*. New York: New York University Press.

Nietzsche, F. (1968). The will to power (W. Kauffmann & J.R. Hollingdale, Trans.). New York: Vintage.

Nietzsche, F. (1974). *The gay science* (W. Kauffmann, Trans.). New York: Random House.

Norris, C. (1982). *Deconstruction: Theory and practice*. London: Routledge.

Norris, C. (1983). *The deconstructive turn: Essays in the rhetoric of philosophy*. London: Metheun.

Norris, C. (1989). *Deconstruction and the interests of theory*. Norman: University of Oklahoma Press.

Norris, C. (1992). *Uncritical theory: Postmodernism, intellectuals, and the Gulf War*. Amherst: University of Massachusetts Press.

Nye, A. (1988). *Feminist theory and the philosophies of man*. London: Routledge.

Peele, S. (1989). *Diseasing America*. Lexington: Lexington Books.

Ragland-Sullivan, E. (1991a). The sexual masquerade: A Lacanian theory of sexual difference. In E. Ragland-Sullivan & M. Bracher (Eds.), *Lacan and the subject of language*. London: Routledge.

Ragland-Sullivan, E. (1991b). Introduction. In E. Ragland-Sullivan & M. Bracher (Eds.), *Lacan and the subject of language*. London: Routledge.

Rhees, R. (1970). *Discussions of Wittgenstein*. London: Routledge.

Spencer-Brown, G. (1969). *Laws of form*. London: Allen and Unwin.

Spivak, G. C. (1976). Translator's preface. In J. Derrida, *Of grammatology*. Baltimore: Johns Hopkins University Press.
Staten, H. (1984). *Wittgenstein and Derrida*. Lincoln: University of Nebraska Press.
Sullivan, H. (1991). Homo sapiens or homo desiderans: The role of desire in human evolution. In E. Ragland-Sullivan & M. Bracher (Eds.), *Lacan and the subject of language*. London: Routledge.
Szasz, T. (1970). *Ideology and insanity*. Garden City, NY: Anchor.
Thomas, D. (1971). *The poems of Dylan Thomas* (D. Jones, Ed.). New York: New Directions.
Todorov, T. (1984). *Mikhail Bakhtin: The ideological principle* (W. Godzich, Trans.). Minneapolis: University of Minnesota Press.
Tomm, K. (1987). Interventive interviewing: Part II. Reflexive questioning as a means to enable self-healing. *Family Process, 26*(2), 167-183.
Tomm, K. (1988). Interventive interviewing: Part III. Intending to ask lineal, circular, strategic, or reflexive questions? *Family Process, 27*(1), 1-15.
Voloshinov, V. N./Bakhtin, M. (1986). *Marxism and the philosophy of language* (L. Matejka & I. R. Titunik, Trans.). Cambridge, MA: Harvard University Press.
Watzlawick, P., Beavin, J., & Jackson, D. D. (1967). *Pragmatics of human communication*. New York: Norton.
Weakland, J. H. (1993a). Conversation—but what kind? In S. Gilligan & R. Price (Eds.), *Therapeutic conversations* (pp. 136-145). New York: Norton.
Weakland, J. H. (1993b). Personal communication.
Weedon, C. (1987). *Feminist practice and poststructural theory*. Oxford: Basil Blackwell.
Wilden, A. (1981). Lacan and the discourse of the other. In J. Lacan (1981) *Speech and language in psychoanalysis* (A. Wilden, Trans. & Ed.). Baltimore: Johns Hopkins University Press.
Wittgenstein, L. (1958). *Philosophical investigations* (3rd Ed.). (G.E.M. Anscombe, Trans.). New York: Macmillan.
Wittgenstein, L. (1965). *The blue and brown books: Preliminary studies for the "philosophical investigations."* New York: Harper.
Wittgenstein, L. (1972). *Lectures and conversations on aesthetics, psychology, and religious belief* (Clifford Barrett, Ed.). Berkeley: University of California Press.
Wittgenstein, L. (1974). *Philosophical grammar* (A. Kenny, Trans.). Oxford: Oxford University Press.
Wittgenstein, L. (1980). *Remarks on the philosophy of psychology* (G. Anscombe & G. von Wright, Eds.). Oxford: Blackwell.

* (前掲, p.394) ド・シェイザー『短期療法　解決の鍵』(小野直広訳, 誠信書房, 1994年)

訳者あとがき

 本書は，Steve de Shazer, *Words Were Originally Magic*, W.W. Norton, 1994 の全訳である．そのまま翻訳すれば「言葉はもともと魔法だった」ということになるが，訳者らは内容を直截に示す方向を選択して主題を「解決志向の言語学」とした．

 本書の出版された1990年代半ばは，我が国では短期療法と家族療法の領域で「治療言語」という視点が流行になり始めていたころである．心理療法を言語の視点から見直そうという動きは精神分析学が早かった．フロイトをソシュールの言語学で見直そうとしたジャック・ラカンがその流れを代表する．またフロイト自身が本来そうであったとして本書の第1章が開始される．

 短期療法・家族療法の分野では1956年に出された二重拘束理論が，精神の病いを，まさに言語のやりとりから解こうとしたものであった．その後の理論的な展開は，MRI（メンタル・リサーチ・インスティテュート）のジョン・ウィークランドの1992年の初来日時の講演「二重拘束理論の意義と展開」（家族心理学研究第7巻1号）に実に詳しいが，いまや鬼籍に入られた．そしてこの講演は決定的に重要なものとなった．本書の著者ド・シェイザーは，そのウィークランドを本書を捧げたい一人としている．訳者らもまたこの訳書をウィークランドに捧げたい気持ちである．

 本書の内容は，ひとことで言えば，心理的援助のために自由連想であれ他の方法であれ来談者の告げる「ことば」の深層を探る必要はないということである．ことばの深層を探り新たに解釈し直す精神分析学．著者は近年隆盛をみているホワイトらのナラティブ・セラピーもその系統にあるとしている．来談者の語る「物語り」を新たな「物語り」に構成し直す．そのときに暗黙に前提される言語の深層構造．それを著者はラ

カンやソシュールを反面の相手としてとりあげ批判する．訳者らはこの点では全面的ではないにしろ賛意を覚えて訳出に臨んだ．

ド・シェイザーらは大いに自信があるようだ．なにしろ彼らは来談者の語り出す「問題」や「不満」はちょっと横に置いておいて，「——ところで上手くいっているところはありませんか」と質問するところからセラピーを開始する．そしてこの来談者の「問題の物語り」とセラピストが引き出す「解決の物語り」は上層下層といった直線的な関係にあるようには思えないという経験から新たな「言語学」を構想しようというのである．問題と解決が別のものであるという主張は決して著者らが初めて述べたことではない．本書を捧げているウィークランドらが諸論文で述べている．「ジョン・ウィークランド研究」(家族心理学年報「家族の離別と再生」号　金子書房，1992)に詳しい．さて著者らの「新言語学」．これが成功しているかどうかは読者の判断におまかせしたい．

著者は1986年に初めての来日を果たした．第3回日本家族心理学会である．監訳者らは招聘の目的で前年にニューヨークの関連学会でお目にかかるが，現在ではこの分野で世界をリードしているといっていい著者らも当時はどこかに「ただ今売り出し中」とでも形容したいものを感じたものである．そして現在も著者らが最も重要と言ってはばからない主論文をその年度の家族心理学年報「親教育と家族心理学」号（金子書房，1987）に「短期療法——解決の構成主義」として訳出した．このとき訳者はこの方法を次のように紹介している．

> MRIの方法とBFTC（ド・シェイザーら）の方法のそれは表裏である．前者が父で後者が母である．ベイトソンの両眼思考にならって読者に奥行視というボーナスを提供できれば幸いである．

あれから15年近くがたった．この方法は隆盛をみている．しかしこの隆盛のしかたに紹介者である訳者らは少し残念な思いもしている．「両眼視」にならずに「この方法こそが正しい」「問題からはじめてはいけ

ない」「操作はいけない」というのである．既に80年代の米国の若手がそうだった．我が国でもよく見受けるようになった．一昔前のロジャース派の全盛時に一部が似た状況である．これはあまり学術的なスタンスとは言えない．米国のビジネスとしてのセラピー諸流派の競争を我が国の学術の場にそのまま持ち込む．訳者らはこれを1986年の紹介の時点でもあらかじめ警戒したが，うまくいかないものである．

「両眼視」のために本書を建設的に批判するとすれば，セラピーを「言語のやりとり／会話」として扱おうとする時にベイトソンらが出した1956年の二重拘束理論の「よいところ」が検討されていないことである．そのために著者が本書で批判しようとする精神分析学からはじまるナラティブ系のセラピーに著者らの方法も自ら含み込まれてしまいかねない．さらに著者らの方法も含めて治療場面での会話テキストのトピック面にのみ焦点が当りテキストのマネジメント側面は無視されてしまう．

さて1986年の初来日からその後，夫人のインスー・キム・バーグが韓国のご出身ということもあり，ほぼ毎年，帰郷時に我が国へ寄っていただき，訳者らの仲間で，この派の方法を紹介する機会を提供してきた．昨年はこの方法の我が国での展開を巡って公開で訳者らと「対談」をする機会ができた．そこで解ったことは，この方法が欧米では「面接室」という小さな場所で発展したのに比して，日本ではカウンセリングの国家資格の未整備も手伝ってか，最初から教員や看護婦が学校や病院という大きな施設の中で専門の面接室を持つこともなく展開してきたということである．この方法を面接室を越えて広げたいと願う著者らは対談の中で，訳者らがこの方法を学校や病院をもさらに超えてテレビや新聞という媒体を活用して展開し社会システムを対象に変化／メイク・ディファレンスを導入し得ることを示した実践を知り大いに感心してくれ，いわば「べたほめ」をいただいたことが監訳者の記憶に新しい．

翻訳は章立てに沿って，水谷久康（ITC，川越高校　序・1・2章），加藤道代（東北大学　3・4章），若島孔文（東北大学　5・7章），田

上恭子（東北大学　6・8章），佐藤宏平（東北大学　9・13章），渡部敦子（東北大学　10・11章），大橋美保（愛知学院大学　12章），菅原雪絵（東北大学　14・15章）であるが，長谷川は監修者として本書全体の修正・訳文間の調整等のマネジメント役をさせていただいた．

　本書の翻訳にあたっては多くの方々のお力をいただいた．まずド・シェイザーのプライベートも入れると前後4回の来日時に直接間接のお世話をされ，最近では1999年の11月に著者ド・シェイザーと訳者の長谷川との「対談」を企画してくださった児玉真澄先生とITC家族心理研究センター（Interactional Therapy Center）のスタッフの皆さんにお礼を申しあげたい．本書は実はITC研究所が招聘したスティーヴとインスーの1994年の来日時に著者から監訳者に献呈されたものである．名古屋にあるこのITC研究所がこのアプローチを全国に広めるのに現在も大きな働きをしているといっていい（http://www.solution.gr.jp）．全国にいるこのアプローチの指導者はITCとなんらかの関連をもった者が多い．1986年の初来日からその後3回の公式来日を果たしているが，それからはいずれもITCの皆さんにお世話役をしていただいている．本書はそのITCの創設10周年記念のひとつにしたいという意味もある．また現在は法政大学出版局を勇退された稲義人氏には本書の翻訳権の交渉にあたっていただき，その過程で翻訳というものを社会へ出してゆく文化的価値についても議論することができた．同じく藤田信行氏には今回も初校から最後の校正までお世話になった．また三澤文紀，松橋仁美，生田倫子さんにもお礼を申し上げます．翻訳を始めた当時，臨床心理学専攻の大学院生として入学してきたばかりであり，まだ訳者らの「言語環境」に侵されていないという条件もあって，下訳ができあがる度に最初の読者役をお願いしたり，事務的な作業を応援していただいた．

　　　2000年11月1日　　　　　　訳者を代表して　　長谷川啓三

索　引

ア　行

アッカーマン，N.　83, 84, 85, 85-95, 97, 102-103, 114, 116-118
アルコール中毒　51, 52, 53, 57, 58, 60, 94, 97, 346-352, 354, 355, 358, 363, 373, 384
イデオロギー　115, 116
意味　4-6, 9-13, 15, 17-26, 29, 30-32, 46, 49, 57, 58, 59, 66, 67, 68, 69, 70, 71, 72, 73, 74, 97, 119-124, 351
イリガライ，L.　35
ウィークランド，J.H.　4, 43, 44, 83, 84, 104-114, 117, 118, 120, 147-149, 300, 304, 347
ウィードン，C.　34
ヴィトゲンシュタイン，L.　16, 21-22, 31, 40-41, 50, 62, 63, 64, 66, 68, 69, 83, 86, 94, 102, 115, 119, 263, 389, 390
エーコ，U.　14-15
エーバーリング，W.　248
エフラン，J.　121, 126, 389
エフロン，D.　390
エマーソン，R.　77, 78, 79, 87
エリクソン，M.H.　37-43, 150, 187, 264
思いやりの法則　71, 149, 150

カ　行

ガイタ，R.　9
会話　3-7, 14, 61, 63, 65, 66, 67, 68, 70, 71, 72, 74, 126
カプラ，F.　37
カラー，J.　16
グスタフソン，J.P.　83-85, 96-103, 114, 116-117, 118
クリフォード，J.　44

グリンダー，J.　11, 23-24, 26-27, 29, 62, 65, 68
グロス，E.　19, 29, 32, 34, 36, 46
クンデラ，M.　125
ゲス，R.　57, 115
ゲーデル，K.　61
ケリー，G.　55, 57, 60
言語　3, 7, 9-14, 17-19, 21-22, 29, 61, 62, 63, 64, 65, 66, 68, 69, 83-84, 101-104, 115
構造主義　11-12, 14-17, 19, 23, 25-26, 28-29, 30-31, 33-34, 62, 65
言葉，ことば　3-10, 12-15, 17, 19, 20, 24-25, 27, 28, 29, 31, 32, 68, 69, 70, 71
コワード，H.　12
コンサルテーション面接　220, 221, 222, 225, 248
コンディヤック，E.　7, 61

サ　行

ザッツ，T.　143
サリバン，H.　25, 33, 61
シェンカー，M.　121, 126, 389
〈自己〉なるもののサイバネティクス　51
自信尺度　382
システム理論　51, 52, 53, 54, 74
実践的批評　48
シニフィアン／シニフィエ　17-20, 23, 29, 31-35
シャーロック・ホームズ　14-16, 27, 39, 41, 42, 43, 147, 150, 220
ジャクソン，D.D.　347, 391
尺度　222, 225, 228, 260, 291, 292, 306, 332, 339, 342, 373, 382, 381
ジャストロウ，J.　23, 26

ジャベス, E. 61
ジョイス, J. 119
神学 52, 54, 56, 57, 58, 60
深層構造 20, 23-29, 52, 65
スコット, D.F. 349
ステーテン, H. 115
スピバック, G.C. 35, 36
スペンサー゠ブラウン 61
セラピー 6
ソシュール, F.de 11, 15-19, 23-24, 63, 68
ソリューション・トーク 83-117

タ 行

脱構築 28, 45, 48
男根のシニフィエ 33
断酒会 51, 52, 54, 58, 60, 346, 347, 357, 358
力 74, 75, 76, 77, 78, 79, 80
力 - 依存理論 77
チョムスキー, N. 11
デイヴィス, D.L. 348, 349
テキスト中心の読み 27, 28, 45-47, 49, 96-103, 104-114, 117
デリダ, J. 14, 16, 22, 25, 27, 28, 29, 30, 33-35, 47, 48, 59, 62, 70, 115
デル, P. 57
ドイッチ, F. 128
読者中心の読み 47, 84, 85-95, 102, 116, 117, 195
ド・シェイザー, S. 3, 6, 12, 27, 40, 52, 70, 73, 77, 79, 123, 125, 188
トドロフ, T. 64, 65, 66, 67, 68
トーマス, D. 16, 51
ド・マン, P. 48, 49, 59, 60, 115, 116
トム, K. 127-128

ナ 行

ニイエ, A. 26, 33, 34-35, 36, 97
ニーガル, E. 61

ニーチェ, F. 72, 307
ニューマン, J. 61
認識論 51, 52, 53, 54, 55, 56, 57, 58, 59, 60
ノリス, C. 28, 46, 47, 71, 87, 150

ハ 行

バーク, E. 346
バーグ, I.K. 12, 43, 44, 348
バス, A. 27
ハートソック, N. 77
バトラー, S. 119
バフチン, M. 63, 64-70
パラドキシカルな介入 194
ハーランド, R. 12
バンドラー, R. 11, 23-24, 26-27, 29, 63, 65, 68
ヒーザー, N. 350, 384
ビドレー, D. 80
ビーヴァン, J. 391
表層構造 23-29, 31-32, 65
ファーガソン, C. 36
フィッシュ, R. 108
フィンガレット, H. 346, 348, 350, 385
フェミニスト理論 34
フォークト, R. 248
フーコー, M. 76, 77, 78, 79, 87
仏教 12
フリードマン, S. 389
ブロアー, R. 48, 49
フロイト, S. 3, 7-9, 13, 15-16, 19-24, 26, 29, 61-79
プロブレム・トーク 83-117
分裂病 143, 144, 145
ベイトソン, G. 51-60, 74, 75, 76, 77, 78, 79, 114, 346, 347, 351
ヘイリー, J. 37, 38, 42, 96, 150, 187, 222, 347
ヘザー, N. 350, 384
ベーネンダール, K. 390

ペール, S. 346, 384
ベルナルド, C. 119
ホイト, M. 147, 148, 149
ポスト構造主義 12, 103
翻訳 20-21, 86, 94, 147-150

マ 行

マーフィー, W. 128
マーラー, G. 391
マレーベ, M.E. 349
ミード, G.H. 63, 68
ミラー, G. 148
ミラー, J.A. 31, 32
ミラー, S. 348
ミラクルクエスチョン 123, 125, 154-158, 263, 264, 268, 329, 359-364, 389, 390
メルロ=ポンティ, M. 31
モラビスク, E. 36

ヤ・ラ行

読み／書き 45, 49
ラカン, J. 15-16, 29, 30-36, 46, 50, 61, 63, 64, 66, 67, 115
ラグランド=サリヴァン, E. 33, 61
リース, R. 63, 68
理論形成 39
例外 158-176, 256, 258, 259, 273, 277, 280, 285, 364
ロッジ, D. 351
ロバートソン, I. 350, 384

ワ 行

ワイルデン, A. 30, 31
ワツラウィック, P. 108, 391

りぶらりあ選書

解決志向の言語学
――言葉はもともと魔法だった

発　行　2000年11月30日　初版第1刷

著　者　スティーヴ・ド・シェイザー
監訳者　長谷川啓三
発行所　財団法人　法政大学出版局
〒102-0073　東京都千代田区九段北3-2-7
電話03(5214)5540／振替00160-6-95814
製版，印刷　三和印刷
鈴木製本所
© 2000 Hosei University Press

ISBN4-588-02204-0
Printed in Japan

著者

スティーヴ・ド・シェイザー
(Steve de Shazer)
1941年生まれ．ミルウォーキー在住．解決志向アプローチを唱えて日本と欧米の若い心理臨床家をリードしている．日本へは「治療抵抗の死」という論文に注目した監訳者らが，日本家族心理学会 (1986年) に夫人のインスー・キム・バーグと共に招聘したのが最初である．その後再度公式訪問され，1999年にも来日し，この方法のその後の展開を討議した．現在も「例外」という概念の上に短期療法の技法を大いに洗練させている．

監訳者

長谷川啓三（はせがわ けいぞう）
東北大学大学院博士課程修了．教育学博士 (臨床心理学)．現在，東北大学大学院教授．本書の著者とその方法を1986年以来，わが国に紹介している．日本家族心理学会理事．日本システム看護学会代表．日本語臨床研究会会員．著訳書：『家族内パラドックス』(彩古書房)，ワツラウィック『希望の心理学』(法政大学出版局)，ワツラウィック，他『変化の原理——問題の形成と解決』(同)，ほか．

――――――― りぶらりあ選書 ―――――――

魔女と魔女裁判〈集団妄想の歴史〉	K.バッシュビッツ／川端, 坂井訳	¥3800
科学論〈その哲学的諸問題〉	カール・マルクス大学哲学研究集団／岩崎允胤訳	¥2500
先史時代の社会	クラーク, ピゴット／田辺, 梅原訳	¥1500
人類の起原	レシェトフ／金光不二夫訳	¥3000
非政治的人間の政治論	H.リード／増野, 山内訳	¥ 850
マルクス主義と民主主義の伝統	A.ランディー／藤野渉訳	¥1200
労働の歴史〈棍棒からオートメーションへ〉	J.クチンスキー, 良知, 小川共著	¥1900
ヒュマニズムと芸術の哲学	T.E.ヒューム／長谷川鉱平訳	¥2200
人類社会の形成（上・下）	セミョーノフ／中島, 中村, 井上訳	上 品 切 下 ¥2800
認識の分析	E.マッハ／広松, 加藤編訳	¥1900
国家・経済・文学〈マルクス主義の原理と新しい論点〉	J.クチンスキー／宇佐美誠次郎訳	¥ 850
ホワイトヘッド教育論	久保田信之訳	¥1800
現代世界と精神〈ヴァレリィの文明批評〉	P.ルーラン／江口幹訳	¥980
葛藤としての病〈精神身体医学的考察〉	A.ミッチャーリヒ／中野, 白滝訳	¥1500
心身症〈葛藤としての病2〉	A.ミッチャーリヒ／中野, 大西, 奥村訳	¥1500
資本論成立史（全4分冊）	R.ロスドルスキー／時永, 平林, 安田他訳	(1)¥1200 (2)¥1200 (3)¥1200 (4)¥1400
アメリカ神話への挑戦（I・II）	T.クリストフェル他編／宇野, 玉野井他訳	I ¥1600 II¥1800
ユダヤ人と資本主義	A.レオン／波田節夫訳	¥2800
スペイン精神史序説	M.ピダル／佐々木孝訳	¥2200
マルクスの生涯と思想	J.ルイス／玉井, 堀場, 松井訳	¥2000
美学入門	E.スリヨ／古田, 池部訳	¥1800
デーモン考	R.M.=シュテルンベルク／木戸三良訳	¥1800
政治的人間〈人間の政治学への序論〉	E.モラン／古田幸男訳	¥1200
戦争論〈われわれの内にひそむ女神ベローナ〉	R.カイヨワ／秋枝茂夫訳	¥2900
新しい芸術精神〈空間と光と時間の力学〉	N.シェフェール／渡辺淳訳	¥1200
カリフォルニア日記〈ひとつの文化革命〉	E.モラン／林瑞枝訳	¥2400
論理学の哲学	H.パットナム／米盛, 藤川訳	¥1300
労働運動の理論	S.パールマン／松井七郎訳	¥2400
哲学の中心問題	A.J.エイヤー／竹尾治一郎訳	¥3500
共産党宣言小史	H.J.ラスキ／山村喬訳	¥980
自己批評〈スターリニズムと知識人〉	E.モラン／宇波彰訳	¥2000
スター	E.モラン／渡辺, 山崎訳	¥1800
革命と哲学〈フランス革命とフィヒテの本源的哲学〉	M.ブール／藤野, 小栗, 福吉訳	¥1300
フランス革命の哲学	B.グレトゥィゼン／井上尭裕訳	¥2400
意志と偶然〈ドリエージュとの対話〉	P.ブーレーズ／店村新次訳	¥2500
現代哲学の主潮流（全5分冊）	W.シュテークミュラー／中埜, 竹尾監修	(1)¥4300 (2)¥4200 (3)¥6000 (4)¥3300 (5)¥7300
現代アラビア〈石油王国とその周辺〉	F.ハリデー／岩永, 菊地, 伏見訳	¥2800
マックス・ウェーバーの社会科学論	W.G.ランシマン／湯川新訳	¥1600
フロイトの美学〈芸術と精神分析〉	J.J.スペクター／秋山, 小山, 西川訳	¥2400
サラリーマン〈ワイマル共和国の黄昏〉	S.クラカウアー／神崎巌訳	¥1700
攻撃する人間	A.ミッチャーリヒ／竹内豊治訳	¥ 900
宗教と宗教批判	L.セーヴ他／大津, 石田訳	¥2500
キリスト教の悲惨	J.カール／高尾利数訳	¥1600
時代精神（I・II）	E.モラン／宇波彰訳	I 品 切 II¥2500
囚人組合の出現	M.フィッツジェラルド／長谷川健三郎訳	¥2000

――――――― りぶらりあ選書 ―――――――

スミス，マルクスおよび現代	R.L.ミーク／時永淑訳	¥3500
愛と真実〈現象学的精神療法への道〉	P.ローマス／鈴木二郎訳	¥1600
弁証法的唯物論と医学	ゲ・ツァレゴロドツェフ／木下, 仲本訳	¥3800
イラン〈独裁と経済発展〉	F.ハリデー／岩永, 菊地, 伏見訳	¥3800
競争と集中〈経済・環境・科学〉	T.ブラーガー／島田稔夫訳	¥2500
抽象芸術と不条理文学	L.コフラー／石井扶桑雄訳	¥2400
プルードンの社会学	P.アンサール／斉藤悦則訳	¥2500
ウィトゲンシュタイン	A.ケニー／野本和幸訳	¥3200
ヘーゲルとプロイセン国家	R.ホッチェヴァール／寿福真美訳	¥2500
労働の社会心理	M.アージル／白水, 奥山訳	¥1900
マルクスのマルクス主義	J.ルイス／玉井, 渡辺, 堀場訳	¥2900
人間の復権をもとめて	M.デュフレンヌ／山縣熙訳	¥2800
映画の言語	R.ホイッタカー／池田, 横川訳	¥1600
食料獲得の技術誌	W.H.オズワルド／加藤, 秀訳	¥2500
モーツァルトとフリーメーソン	K.トムソン／湯川, 田口訳	¥3000
音楽と中産階級〈演奏会の社会史〉	W.ウェーバー／城戸朋子訳	¥3300
書物の哲学	P.クローデル／三嶋睦子訳	¥1600
ベルリンのヘーゲル	J.ドント／花田圭介監訳, 杉山吉弘訳	¥2900
福祉国家への歩み	M.ブルース／秋田成就訳	¥4800
ロボット症人間	L.ヤブロンスキー／北川, 樋口訳	¥1800
合理的思考のすすめ	P.T.ギーチ／西勝忠男訳	¥2000
カフカ=コロキウム	C.ダヴィッド編／円子修平, 他訳	¥2500
図形と文化	D.ペドウ／磯田浩訳	¥2800
映画と現実	R.アーメス／瓜生忠夫, 他訳／清水晶監修	¥3000
資本論と現代資本主義（Ⅰ・Ⅱ）	A.カトラー, 他／岡崎, 塩谷, 時永訳	Ⅰ品切 Ⅱ¥3500
資本論体系成立史	W.シュヴァルツ／時永, 大山訳	¥4500
ソ連の本質〈全体主義的複合体と新たな帝国〉	E.モラン／田中正人訳	¥2400
ブレヒトの思い出	ベンヤミン他／中村, 神崎, 越部, 大島訳	¥2800
ジラールと悪の問題	ドゥギー, デュピュイ編／古田, 秋枝, 小池訳	¥3800
ジェノサイド〈20世紀におけるその現実〉	L.クーパー／高尾利数訳	¥2900
シングル・レンズ〈単式顕微鏡の歴史〉	B.J.フォード／伊藤智夫訳	¥2400
希望の心理学〈そのパラドキシカルアプローチ〉	P.ワツラウィック／長谷川啓三訳	¥1600
フロイト	R.ジャカール／福本修訳	¥1400
社会学思想の系譜	J.H.アブラハム／安江, 小林, 樋口訳	¥2800
生物学におけるランダムウォーク	H.C.バーグ／寺本, 佐藤訳	¥1600
フランス文学とスポーツ〈1870～1970〉	P.シャールトン／三好郁朗訳	¥2800
アイロニーの効用〈『資本論』の文学的構造〉	R.P.ウルフ／竹田茂夫訳	¥1600
社会の労働者階級の状態	J.バートン／真実一男訳	¥2000
資本論を理解する〈マルクスの経済理論〉	D.K.フォーリー／竹田, 原訳	¥2800
買い物の社会learn	M.ハリスン／工藤政司訳	¥2000
中世社会の構造	C.ブルック／松田隆美訳	¥1800
ジャズ〈熱い混血の音楽〉	W.サージェント／湯川新訳	¥2800
地球の誕生	D.E.フィッシャー／中島竜三訳	¥2900
トプカプ宮殿の光と影	N.M.ペンザー／岩永博訳	¥3800
テレビ視聴の構造〈多メディア時代の「受け手」像〉	P.バーワイズ他／田中, 伊藤, 小林訳	¥3300
夫婦関係の精神分析	J.ヴィリィ／中野, 奥村訳	¥3300
夫婦関係の治療	J.ヴィリィ／奥村満佐子訳	¥4000
ラディカル・ユートピア〈価値をめぐる議論の思想と方法〉	A.ヘラー／小箕俊介訳	¥2400

———— りぶらりあ選書 ————

十九世紀パリの売春	パラン=デュシャトレ／A.コルバン編 小杉隆芳訳	¥2500
変化の原理〈問題の形成と解決〉	P.ワツラウィック他／長谷川啓三訳	¥2200
デザイン論〈ミッシャ・ブラックの世界〉	A.ブレイク編／中山修一訳	¥2900
時間の文化史〈時間と空間の文化／上巻〉	S.カーン／浅野敏夫訳	¥2300
空間の文化史〈時間と空間の文化／下巻〉	S.カーン／浅野、久郷訳	¥3400
小独裁者たち〈両大戦間期の東欧における／民主主義体制の崩壊〉	A.ポロンスキ／羽場久浘子監訳	¥2900
狼狽する資本主義	A.コッタ／斉藤日出治訳	¥1400
バベルの塔〈ドイツ民主共和国の思い出〉	H.マイヤー／宇京早苗訳	¥2700
音楽祭の社会史〈ザルツブルク・フェスティヴァル〉	S.ギャラップ／城戸朋子、小木曽俊夫訳	¥3800
時間 その性質	G.J.ウィットロウ／柳瀬睦男、熊倉功二訳	¥1900
差異の文化のために	L.イリガライ／浜名優美訳	¥1600
よいは悪い	P.ワツラウィック／佐藤愛監修、小岡礼子訳	¥1600
チャーチル	R.ペイン／佐藤亮一訳	¥2900
シュミットとシュトラウス	H.マイヤー／栗原、滝口訳	¥2000
結社の時代〈19世紀アメリカの秘密儀礼〉	M.C.カーンズ／野﨑嘉信訳	¥3800
数奇なる奴隷の半生	F.ダグラス／岡田誠一訳	¥1900
チャーティストたちの肖像	G.D.H.コール／古賀,岡本,増島訳	¥5800
カンザス・シティ・ジャズ〈ビバップの由来〉	R.ラッセル／湯川新訳	¥4700
台所の文化史	M.ハリスン／小林祐子訳	¥2900
コペルニクスも変えなかったこと	H.ラボリ／川中子,並木訳	¥2000
祖父チャーチルと私〈若き冒険の日々〉	W.S.チャーチル／佐藤佐智子訳	¥3800
エロスと精気〈性愛術指南〉	J.N.パウエル／浅野敏夫訳	¥1900
有閑階級の女性たち	B.G.スミス／井上,飯泉訳	¥3500
秘境アラビア探検史（上・下）	R.H.キールナン／岩永博訳	上¥2800 下¥2900
動物への配慮	J.ターナー／斎藤九一訳	¥2900
年齢意識の社会学	H.P.チュダコフ／工藤,藤田訳	¥3400
観光のまなざし	J.アーリ／加太宏邦訳	¥3200
同性愛の百年間〈ギリシア的愛について〉	D.M.ハルプリン／石塚浩司訳	¥3800
古代エジプトの遊びとスポーツ	W.デッカー／津山拓也訳	¥2700
エイジズム〈優遇と偏見・差別〉	E.B.パルモア／奥山,秋葉,片多,松村訳	¥3200
人生の意味〈価値の創造〉	I.シンガー／工藤政良訳	¥1700
愛の知恵	A.フィンケルクロート／磯本,中嶋訳	¥1800
魔女・産婆・看護婦	B.エーレンライク,他／長瀬久子訳	¥2200
子どもの描画心理学	G.V.トーマス,A.M.J.シルク／中川作一監訳	¥2400
中国との再会〈1954－1994年の経験〉	H.マイヤー／青木隆嘉訳	¥1500
初期のジャズ〈その根源と音楽的発展〉	G.シューラー／湯川新訳	¥5800
歴史を変えた病	F.F.カートライト／倉俣,小林訳	¥2900
オリエント漂泊〈ヘスター・スタノップの生涯〉	J.ハズリット／田隅恒生訳	¥3800
明治日本とイギリス	O.チェックランド／杉山・玉置訳	¥4300
母の刻印〈イオカステの子供たち〉	C.オリヴィエ／大谷尚文訳	¥2700
ホモセクシュアルとは	L.ベルサーニ／船倉正憲訳	¥2300
自己意識とイロニー	M.ヴァルザー／洲崎惠三訳	¥2800
アルコール中毒の歴史	J.-C.スールニア／本多文彦監訳	¥3800
音楽と病	J.オシエー／菅野弘久訳	¥3400
中世のカリスマたち	N.F.キャンター／藤田永祐訳	¥2900
幻想の起源	J.ラプランシュ,J.-B.ポンタリス／福本修訳	¥1300
人種差別	A.メンミ／菊地,白井訳	¥2300
ヴァイキング・サガ	R.ブェルトナー／木村寿夫訳	¥3300

───── りぶらりあ選書 ─────

肉体の文化史〈体構造と宿命〉	S.カーン／喜多迅鷹・喜多元子訳	¥2900
サウジアラビア王朝史	J.B.フィルビー／岩永, 冨塚訳	¥5700
愛の探究〈生の意味の創造〉	I.シンガー／工藤政司訳	¥2200
自由意志について〈全体論的な観点から〉	M.ホワイト／橋本昌夫訳	¥2000
政治の病理学	C.J.フリードリヒ／宇治琢美訳	¥3300
書くことがすべてだった	A.ケイジン／石塚浩司訳	¥2000
宗教の共生	J.コスタ=ラスクー／林瑞枝訳	¥1800
数の人類学	T.クランプ／髙島直昭訳	¥3300
ヨーロッパのサロン	ハイデン=リンシュ／石丸昭二訳	¥3000
エルサレム〈鏡の都市〉	A.エロン／村田靖子訳	¥4200
メソポタミア〈文字・理性・神々〉	J.ボテロ／松島英子訳	¥4700
メフメト二世〈トルコの征服王〉	A.クロー／岩永, 井上, 佐藤, 新川訳	¥3900
遍歴のアラビア〈ベドウィン揺籃の地を訪ねて〉	A.ブラント／田隅恒生訳	¥3900
シェイクスピアは誰だったか	R.F.ウェイレン／磯山, 坂口, 大島訳	¥2700
戦争の機械	D.ピック／小澤正人訳	¥4700
住む　まどろむ　嘘をつく	B.シュトラウス／日中鎮朗訳	¥2600
精神分析の方法 I	W.R.ビオン／福本修訳	¥3500
考える／分類する	G.ペレック／阪上脩訳	¥1800
バビロンとバイブル	J.ボテロ／松島英子訳	¥3000
初期アルファベットの歴史	J.ナヴェー／津村, 竹内, 稲垣訳	¥3500
数学史のなかの女性たち	L.M.オーセン／吉村, 牛島訳	¥1700
解決志向の言語学	S.ド・シェイザー／長谷川啓三監訳	
精神分析の方法 II	W.R.ビオン／福本修訳	

表示価格は本書刊行時のものです．表示価格は，重版に際して変わる場合もありますのでご了承願います．なお表示価格に消費税は含まれておりません．